改訂

表示登記添付情報
作成の実務

地積測量図・調査報告情報

國吉正和 監修

内野 篤 著

日本加除出版株式会社

推薦のことば

　平成17年3月7日に全面施行となった不動産登記法に伴って不動産登記規則が施行され，土地家屋調査士が代理人として登記の申請をする際に，同規則第93条のただし書による「不動産調査報告書」が添付された場合には，登記官の裁量により実地調査を省略できる旨の規則が設けられた点，さらに，同規則第77条にて，地積測量図の内容がより精緻さを求められた点は，社会における土地家屋調査士の専門性及び職責が一層増したものと考えるべきであろう。また，平成22年4月の不動産登記規則の一部改正により，不動産登記事務取扱手続が一部改正され，同規則第77条に規定する「地積測量図に記録しなければならない事項」に国土調査法施行令第2条第1項第1号に規定する平面直角座標系の番号，記号，測量の年月日を記録しなければならなくなった点は，地積測量図に記載された情報の重要性が更に高まったといえる。

　そして，不動産の調査報告情報に関しては，調査報告書作成事務量の軽減，表示登記事務処理の効率化等を目的として様式の改定を行い，新様式が平成28年3月14日に運用開始となった（前様式との併用期間は平成28年9月16日まで）。本書はその様式の改定に伴い書籍内容の改訂がなされており，土地家屋調査士にとって最新情報を収録した有益な書となっている。

　いうまでもなく，不動産登記制度は国民の権利，社会の安定的な経済活動を保全するための制度である。本書は，不動産の表示登記申請における添付情報を中心に，重要な情報を収録し，解説を施した書籍であり，さらには不動産登記制度自体の保全に関し，重大な職責を担う土地家屋調査士の実務参考書として好適である。

　本書を活用することにより，土地家屋調査士が，今後ますます社会において存在感を発揮し，貢献，活躍することを願い，本書を広く推薦する次第である。

　平成28年10月

日本土地家屋調査士会連合会

会長　林　千年

監修のことば

　現在，登記申請に添付されている地積測量図は，地積の求積方法，筆界点間の距離及び筆界点の座標値，その座標値は，基本三角点等に基づく測量の成果によるものとするなど，以前の地積測量図とくらべると，地積測定機能のみならず現地特定機能がより強化され，境界の復元という観点からも，これまで以上に重要な資料となっている。

　境界の復元は基礎資料である地図及び地積測量図の沿革を知り，境界確定当時の測量技術，そして境界の変動も相対的に考慮した上で行わなくてはならない。そのため，土地家屋調査士は不動産登記法に精通し，境界に関する法律知識を習得，研鑽する必要がある。

　また，地積測量図などの図面や調査報告書は正確性や信頼性が高いものとして取り扱われ，不動産登記規則第93条により土地家屋調査士作成の報告情報とその他の情報からの判断により，登記官は必ずしも実地調査を要しないとされている。そして，作成した地積測量図は地図情報システムに登録され，調査報告書は30年間法務局で保存される。それらはまさに土地家屋調査士がその土地の表示に関する登記に携わった証となり，将来の境界確定で活用されてゆくばかりではなく，不幸にも境界紛争となった場合でも，その解決の手助けとならなければならない。

　したがって，地積測量図，調査報告書等の資料は，重大な公益的事務を担っており，土地家屋調査士は添付情報を作成するに当たり，正確性を確保することは将来の紛争予防へつながるはずである。情報提供の不足や誤りから，万が一不正確な地図が作成されてしまった場合は，後年にわたり紛争要因となり得ることを肝に銘じる必要がある。そのため土地家屋調査士には土地家屋調査士法第23条に虚偽の調査・測量の禁止規定があり，同法第71条に罰則の規定が設けられていることも忘れてはならない。

　本書は土地家屋調査士の中心業務であり専権業務として確立し，正確性を確保，追求すべき地積測量図，調査報告情報の作成を中心として，実務で必要だと思われる法律，手続に関する知識を集約した書籍を目指している。また，著

者の内野氏とは旧知の間柄ということもあり，本書の監修を引き受けたが，監修に当たり，要点をできるだけ簡潔にまとめることに重点を置いた。意図したところが十分に実現できていない点があるかもしれないが，今後の精進のためにも，ぜひ読者の方々の御叱声，御指摘を待ちたい。

　本書が土地家屋調査士を始め，表示登記に携わる方々において有益な書籍として実務に貢献できれば望外の喜びである。

　平成28年10月

東京土地家屋調査士会

名誉会長　國吉　正和

改訂版はしがき

　本書は，土地の表示に関する登記の申請の添付情報である，地積測量図及び不動産登記規則第93条ただし書に規定する調査報告情報の作成の実務について解説することを目的とするものです。初版の刊行から，早いもので5年が経過しました。

　この間に，登記関係法令の改正や運用の変更などが幾つかありましたが，中でも本書の柱の一つである調査報告情報の作成について，その様式が改定されたことは，実務において大きな変更となりました。

　改定様式は，報告事項全体の構成が見直された上，前様式では重複して記録していた情報の項目が整理され，また定型的な報告となる項目について，チェックボックス型式が積極的に採用されました。また，土地及び普通建物の様式では，連件申請に対応するものとなりました。

　本書では，改定様式の土地の調査報告情報の記録について，事例を掲げ，要点を簡潔・具体的に示し，分かり易く説明するよう心がけました。

　また，地積測量図の作成に関しては，測量の基礎とする測地系が，世界測地系（測地成果2000）から世界測地系（測地成果2011）に改定されたことがあげられます。特に，基本三角点等の成果である座標値が改定された地域では，調査資料及び測量の基礎とする測地系について，正確な情報収集と適切な判断を行うことが必要になりました。

　初版では，地殻変動に伴う地積測量図と調査報告情報の記録の方法については，東北地方太平洋沖地震に関する基本三角点等の成果の改定に伴う地積測量図測量の作成等の留意点についての最終的な通知等が発せられる前までの情報に基づいて記載していましたが，本改訂版では，これら通知等を網羅し，その内容に沿ってそれぞれの記録方法について記載しました。

　平成28年4月には，熊本地震に伴い，熊本地方を中心に大きな地殻変動がありました。この熊本地震の関係情報についても，現在分かっている範囲で掲載しました。

　前述のように本書は，地積測量図及び調査報告情報の作成に主眼を置くもの

ですが，その作成に至るまでに必要となる知識や規程・先例等についても多くの資料を掲げて実務の役に立つような構成としています。

　本書が，土地の業務に関する基本書として，土地家屋調査士の皆さまの実務の参考として頂ければ幸いです。

　監修をして下さった國吉正和先生には，初版と同様に本書の全体にわたって，精通した知識と業務経験に基づく的確な助言を頂きました。心より感謝申し上げます。また，改訂版の制作全般にわたって日本加除出版株式会社の佐伯寧紀氏には大変お世話になりました。この場を借りて厚く御礼申し上げます。

　　平成28年10月

土地家屋調査士／一級建築士

内野　篤

初版はしがき

　本書は，土地の表示に関する登記の申請の添付情報である，地積測量図及び不動産登記規則第93条に規定する調査報告情報の作成の実務について解説するものです。

　土地家屋調査士は，筆界の認定を伴う事件の業務遂行に当たっては，綿密な資料調査，精密な測量，隣接地所有者との立会を行い，厳格に筆界の認定をした上で，その成果としての地積測量図と調査・測量の結果を凝縮した調査報告情報を作成し，登記の申請の添付情報としています。この地積測量図と調査報告情報は，書面にすればたかだか数枚程度のものです。しかし，この調査及び測量，そして筆界の認定が適切に行われなければ，適正な地積測量図と調査報告情報の作成は望めません。ゆえに土地家屋調査士は，その労力と時間のほとんどを調査及び測量，そして筆界の認定に費やすことになるのです。

　本書の主題は前述のように，地積測量図と調査報告情報の作成ですが，このような背景から，第1章で土地家屋調査士について，第2章で土地の調査・測量及び登記申請に関する業務の流れについて，第3章で筆界の認定について触れ，第4章で地積測量図の作成について，第5章で調査報告情報の作成について記述することとしました。

　当初，地積測量図の作成に関する実務解説書を，との話を頂いた際には，地積測量図の作成方法とその内容については，不動産登記規則第77条をはじめ法令・先例等で細かく規定されているので，それらに従って作成すればよく，その必要性（需要）はないのではないか，と考えていました。しかし，関係の法令や先例等を改めてよく見てみると，自分自身，根拠や目的が曖昧なまま済ませていた事項が少なからずあり，旧法時代の先例を含め，現行法の規定や先例及び実務の取扱いを整理しておくことは，実務家にとって必要なことであると考えるに至りました。

　また，調査報告情報においても，調査・測量した事実を様式に従って記載すればよいのですが，改めて記載項目ごとに解説を加えることで，土地家屋調査士の調査・測量に関する基本を押さえ，より適切な調査報告情報の作成の参考

になるものと考えました。

　本書は，土地家屋調査士を目指して勉強をされている方や土地の業務経験の浅い土地家屋調査士の方の参考書として活用して頂きたいと願うとともに，ベテランの土地家屋調査士の方にも，何か問題や疑問が生じた場合に，基本に立ち返り，解決のヒントを見つけるための基本書として役に立てて頂ければ幸いです。

　本書の刊行に当たり，このような執筆の機会を与えてくださるとともに，ご指導を頂きました，元東京法務局不動産登記部門首席登記官細田進先生に心より感謝申し上げます。また，監修を頂いた國吉正和先生には，東京土地家屋調査士会会長として，公務ご多忙のなか，本書の全体にわたって豊富な知識と業務経験に基づく的確な助言を頂きました。日本加除出版株式会社の眞壁耕作氏，佐伯寧紀氏，増田淳子氏には，制作全般にわたり大変お世話になりました。この場を借りて厚く御礼申し上げます。

　平成23年10月

土地家屋調査士／一級建築士

内野　篤

凡　例

1．法令・先例などの引用に当たっては，ほかに明記のない限り，次のように略記しています。

【法令等】

旧不登法　　　　　→　（旧）不動産登記法（明治32年2月24日法律第24号）

不登法（新不登法）→　（現行）不動産登記法（平成16年6月18日法律第123号）

不登令　　　　　　→　不動産登記令（平成16年12月1日政令第379号）

不登規則　　　　　→　不動産登記規則（平成17年2月18日法務省令第18号）

不登準則　　　　　→　不動産登記事務取扱手続準則（平成17年2月25日法務省民二第456号民事局長通達）

不登細則　　　　　→　旧不動産登記法施行細則（明治32年5月12日司法省令第11号）

調査士法　　　　　→　土地家屋調査士法（昭和25年7月31日法律第228号）

調査士令　　　　　→　土地家屋調査士法施行令（昭和54年12月21日政令第298号）

調査士規則　　　　→　土地家屋調査士法施行規則（昭和54年12月25日法務省令第53号）

国土法　　　　　　→　国土調査法（昭和26年6月1日法律第180号）

国土令　　　　　　→　国土調査法施行令（昭和27年3月31日政令第59号）

民訴法　　　　　　→　民事訴訟法（平成8年6月26日法律第109号）

日調連調測要領　　→　日本土地家屋調査士会連合会「土地家屋調査士　調査・測量実施要領」（平成17年2月1日・第6版）

東京会調測要領　　→　東京土地家屋調査士会「調査・測量実施要領」（平成19年10月12日・改訂4版）

【先例】

・本文中

　平成20年6月12日民二第1670号民事局第二課長依命通知

　　→　平成20年6月12日付け民二第1670号法務省民事局民事第二課長依命通知

・（　）内

　昭61.9.29民三7272号依命通知

　　→　昭和61年9月29日付け民三第7272号法務省民事局民事第三課長依命通知

【判例】

・（　）内

　最三小判昭61.12.16民集40巻7号1236頁

　　→　昭和61年12月16日最高裁判所第三小法廷判決・最高裁判所民事判例集40巻7号1236頁

2．本書執筆の参考とさせていただいた書籍，また，実務にとって有益と思われる書籍を以下に掲げます。本書内での引用・参照については『　』に示した略名を表記しています。

【参考文献】

● 『公図の沿革と境界』　　新井克美「登記手続における公図の沿革と境界」（テイハン，1991年））

● 『表示登記総論』　　有馬厚彦「詳論 不動産表示登記 総論」（金融財政事情研究会，2002年）

● 『執務資料』　　最高裁判所事務総局「境界確定訴訟に関する執務資料」（法曹会，1985年）

● 『講義ノート』　　七戸克彦「土地家屋調査士講義ノート」（日本加除出版，2010年）

● 『一問一答筆界特定』　　清水響「一問一答不動産登記法等一部改正法　筆界特定」（商事法務，2006年）

● 『登記実務』　　登記研究編集室「改正不動産登記法と登記実務〈平成16年　解説編〉」（テイハン，2005年）

● 『土地沿革』　　友次英樹「増補版 土地台帳の沿革と読み方」（日本加除出版，2007年）

● 『基本実務Ⅰ～Ⅴ』　　日本土地家屋調査士会連合会「土地家屋調査士研修テキスト　土地境界基本実務Ⅰ～Ⅴ」（Ⅰ～Ⅳ・2004年，Ⅴ・2006年）

● 『境界理論』　　寶金敏明「境界の理論と実務」（日本加除出版，2009年）

● 『長狭物所有』　　寶金敏明「4訂版 里道・水路・海浜 長狭物の所有と管理」（ぎょうせい，2009年）

● 『鑑定手引』　　北條政郎・伊藤暢康・江口滋・名倉勇一郎「改訂版 境界確認・鑑定の手引―鑑定事例と裁判事例―」（新日本法規出版，2015年）

● 『業務と制度』　　村田博史監修・日本土地家屋調査士会連合会研究所編「土地家屋調査士の業務と制度　第2版」（三省堂，2009年）

● 『境界紛争』　　山野目章夫・清水響・松岡直武「境界紛争解決制度の解説―筆界特定・ADRのポイント―」（新日本法規出版，2006年）

● 『認定諸問題』　　芝井克英「筆界の認定をめぐる諸問題」（法務研究報告書〈第93集第1号〉法務総合研究所，2006年）

● 「兵庫県南部地震報告資料」　　土地家屋調査士会近畿ブロック協議会「震災地不動産表示登記報告会（土地家屋調査士震災復興業務）報告資料集」（1996年2月）

3．出典の表記につき，以下の略号を用いています。

民集　最高裁判所民事判例集

登先　登記先例解説集

登研　登記研究

登情　登記情報

C·O·N·T·E·N·T·S

第 **1** 章

土地家屋調査士

第1節　土地家屋調査士とは

1　土地家屋調査士法の規定による業務

　土地家屋調査士は，土地家屋調査士法（昭和25年7月31日法律第228号）で定められている国家資格者であり，同法第1条にあるとおり「不動産の表示に関する登記手続の円滑な実施に資し，もつて不動産に係る国民の権利の明確化に寄与する」ために同法第3条に規定される業務を行うものである。

　同法第3条第1項柱書で「調査士は，他人の依頼を受けて，次に掲げる事務を行うことを業とする。」とし，第1号から第8号までの業務を限定列挙している。第1号から第3号で不動産の表示に関する登記に係る業務を，第4号と第5号で筆界特定手続に関する業務を，第6号で第1号ないし第5号に掲げる事務についての相談を，第7号と第8号で土地の筆界に係る民間紛争解決手続に関する業務についてそれぞれ規定している。

　また，第2項から第5項までは民間紛争解決手続代理関係業務に関する，認定と研修について規定している。

　つまり，土地家屋調査士は，他人の依頼により，報酬を得て，表示に関する登記手続，筆界特定手続又は民間紛争解決手続に関する，代理，書類作成又は相談を業務として行うものである。

2　土地家屋調査士の実務

　一般的に，土地家屋調査士が扱っている業務の大半は，「不動産の表示に関する登記について必要な土地又は家屋に関する調査又は測量」（調査士法3条1項1号），「不動産の表示に関する登記の申請手続又はこれに関する審査請求の手続についての代理」（同項2号），「不動産の表示に関する登記の申請手続又はこれに関する審査請求の手続について法務局又は地方法務局に提出し，又は提供する書類又は電磁的記録（中略）の作成」（同項3号）であろう。

　全国の不動産の表示に関する登記申請事件（土地の表示に関する登記総件数2,110,602

件（個数4,505,138），建物の表示に関する登記総件数1,176,794件（個数1,367,822），平成27年，法務省HPより）のほとんどが，土地家屋調査士を代理人とする申請である。登記の申請は，本人による申請が建前ではあるが，一般国民にとっては，法律的にも，技術的にも，時間的にも，その敷居は高いのが現実である。特に，測量を伴う土地の登記の申請を行うことは，まず不可能と言ってもよい。不動産の登記に関する社会の要求がますます高度になる中，土地家屋調査士はその専門性を発揮し，表示に関する登記手続の代理人として，「登記手続の円滑な実施に資し，もつて不動産に係る国民の権利の明確化に寄与する」（調査士法1条）ことが，強く求められている。

　この社会の要請に応えるために土地家屋調査士は，「常に品位を保持し，業務に関する法令及び実務に精通して，公正かつ誠実にその業務を行わなければならない」（調査士法2条）とされている。これは，国民の大切な財産であり国家の基盤でもある不動産（土地・家屋）の表示に関する登記において，物件特定に係る重要な登記事項を扱う専門家としての職責を明確に示している。

　土地家屋調査士は，依頼者から委託を受け，代理人としてその業務を行うのであるが，委託者の利益だけを追求することなく，関係法令の遵守と正確な調査に基づいた合理的な判断を行う公正性が求められている。また，昨今の大規模災害や空地・空家の問題等，不動産の特定に苦慮する事案が見られ，その問題解決には，土地家屋調査士の知見を必要とする場面が多く発生している。これらの責務を全うするため，常に品位を保持し，関係法令及び実務に精通するための研鑽を怠ってはならない。

第2節　土地家屋調査士と地籍情報

1　地籍情報とは

　わが国では，不動産に係る財産的価値を高く認め，それを基盤として，金融そして経済が成り立っている。とりわけ土地の価値とその権利が重要視されている。

　土地とその上に建つ建物を担保に金融機関が融資をすることは，一般的に行われている。しかし，高収益を望める建物の場合を除いて，その多くは，建物そのものの価値はあまり認めていないのではないだろうか。時には，既設の建物は，その土地の利用に制限を加えている負の存在として扱われる場合が少なくない。このように，土地には様々な条件や制限があり，これを正確に把握し財産的価値を計ることは，経済活動において大変重要なことである。

　土地には，地理的な位置，境界，利用状況や地勢，定着物たる建物や工作物等の有無などの物理的状態，所有権をはじめとする各種の権利，都市計画等による各種の規制，歴史的な背景など，それぞれに固有の様々な情報を持っている。これらの土地にまつわる様々な情報を「地籍情報」と呼ぶこととする。

2　地籍情報の収集，創出，管理

　土地家屋調査士は，日々，業務の中で，土地の公法上の区画である「筆」を単位として，この地籍情報に触れ，とりわけ登記に係る分野の情報を収集・確認・創出している。その業務の成果の代表が，表題部に係る申請情報であり，地積測量図，建物図面，及び各階平面図並びに調査報告情報であり，境界に関する証明書（確認書）などである。これらは，地籍情報の基盤をなす重要な情報である。

　それでは，調査・測量を伴う分筆等の業務を例に，地籍情報との関わりを見てみよう（業務の流れの詳細は次章参照）。

(1)　土地の特定

　まず依頼された土地について，どこのどの範囲に存在するのかを特定する必要があ

る。一般的には，登記記録（所在，地番，地目，地積，及び所有者等並びにこれらの沿革を調査），登記所備付けの地図等の図面（当該土地を含む近辺の土地の配置状況から当該土地の概略の位置及び区画形状について調査）及び地積測量図（地図等よりさらに詳細な土地の位置，区画形状及び地積の情報に加え，筆界点に関する詳しい情報（境界標の種類や座標値など）を調査）などの資料調査，依頼人をはじめとする関係者から聴取して得た情報，現地における地勢，地物及び利用状況等の調査を行って総合的に判断をしている。この段階で収集した情報は，後続の筆界の推認・認定を行う際の基礎になるものであり，疎かにはできない基本的な地籍情報である。

(2)　地理的位置の測定

　次に，当該土地の地理的な位置情報を特定するための測量を行う。地積測量図には，筆界点の位置情報として，基本三角点等に基づく成果による座標値（不登規則77条1項8号）又は近傍に基本的な三角点が存在しない場合，その他基本的三角点に基づく測量ができないという特別の事情がある場合には，近傍の恒久的な地物に基づく測量の成果による座標値（不登規則77条2項）を記録する必要がある。また，基本三角点等又は恒久的地物の座標値等も記録する必要がある（不登準則50条1項・2項）。次の筆界の認定に関する作業を経て決定された筆界点の情報（座標値，境界標の種類，設置年月日，設置者等）はもとより，与点の情報（基準点の種類及び名称，座標値，標識の種類，管理情報等），新設した登記基準点等の多角点の情報（座標値，標識の種類，設置年月日，観測方法，精度等），恒久的地物等の引照点の情報（座標値，種類等）は，土地の地理的位置を特定するための重要な地籍情報である。

(3)　筆界の推認と認定

　筆界とは，基本三角点等に基づく成果による座標値で管理されている筆界であって，現地における境界標等の状況がこれと合致する場合（この場合には，現地における筆界の位置を認定することができる。）を除いて，一般的な場合には，これまでの調査と測量の結果を総合的に判断して，当該土地の筆界の位置を推認することになる。この作業は，土地家屋調査士業務の中でも大変重要な部分であり，筆界の位置を探求するために様々な手法を用いて検討がなされる。この筆界の位置の推認に至るまでの検討の情報（測量結果を用いた各種の計算や検討の過程と結果，採用したデータや証拠の内容とその理由等）は，筆界点に関連する重要な情報である。

　次に，推認した筆界を基に，隣接する他の土地の表題部所有者又は所有権登記名義人等に現地において筆界確認等の立会等を求める。そして，相互の境界の位置につい

てその認識が合致する場合には，その位置が，これまでの調査・測量の結果と矛盾が
なく合理的な範囲内であるときには，これをもって筆界と認定することとなる。ここ
での判断に至る根拠と，検討内容は，筆界認定の適否をはかるために欠かせない情報
である。

(4)　地積の測定

地積の測定は，認定した筆界に基づいて行い，筆界点の座標値及び地積を決定する。

ここに至ってようやく，基本的な地籍情報である筆界点と地積の情報を得ることと
なる。

(5)　分筆の際の分割位置の設定

分筆の場合には，新たな筆界を（登記手続を経て）形成するため，分割線（点）の
位置を設定（土地の一部の地目変更による分筆の場合は，その位置を認定）し，境界標の
設置等を行う。これはまさに，地籍情報の創出である。

(6)　成果の作成

以上のようにして得た様々な地籍情報を整理集積し，その成果として登記の申請情
報，地積測量図そして調査報告情報が作成される。そして，これらの情報を基に登記
がされ，登記記録として地籍情報の一部が公開されることになる。

登記所に提供した情報のうち，地積測量図以外の調査報告情報などの添付情報は，
定められた保存期間（表示に関する登記の申請情報及びその添付情報の保存期間は受付の
日から30年間（不登規則28条9号））を経ると，残念ながら廃棄されることになる。

なお，書面によって採集した地積測量図を電磁的記録に記録したことによって（不
登規則20条2項）申請書につづり込まれた地積測量図（不登規則20条3項）の保存期間
も同様である（不登規則28条9号）。

以上，見てきたように，土地家屋調査士は，業務の中で，様々な地籍情報に関わっ
ている。収集・創出したこれらの地籍情報は，境界に関する紛争の予防や資産価値の
保全のため，また，社会インフラの整備にも寄与するものであり，適切に管理される
ことが必要である。土地家屋調査士は，依頼者をはじめとする当該土地のすべての関
係者のため，収集，創出した地籍情報を適切に管理しなければならない。それは，土
地の境界に関する専門家として，より社会に認識され，またその期待に応えることに
もなると考える。

第 2 章

土地の調査・測量及び登記

申請に関する業務の流れ

土地家屋調査士の業務の流れ

　土地家屋調査士が日常業務を行っている中で，地籍情報を収集，創出していることは，前章で述べたところである。本章では，地積更正又は分筆を目的とした土地の調査・測量及び登記申請に関する業務の一般的な流れを追いながら地籍情報との関わりを概観することとする（業務の項目等は，日調連調測要領を参考に一部アレンジした上，これに若干の説明を付したものである。関連項目の詳細は，同要領及び各土地家屋調査士会で定めている同様の要領を参照願いたい。）。

【地積更正又は分筆の業務の流れ】

受　託
　(1)　事前打合せ（委託者の権限の確認・委託内容の打合せ）
　(2)　委託契約（委託内容の確認・概算報酬額の提示）

資料調査
　(1)　登記記録及び登記所備付資料
　(2)　登記所以外の官公署等保有資料
　(3)　民間保有資料

現地事前調査
　(1)　現況調査
　(2)　基本三角点等の調査

測量準備

　（各種測量機器の点検・調整・検定）

基礎測量
　(1)　登記基準点測量
　(2)　細部現況測量

計算及び検討
　(1)　筆界点等の復元計算
　(2)　画地調整計算

境界立会，確認

    (1)　公共用地境界

    (2)　民有地境界

地積の測定及び分筆測量

    (1)　地積の測定

    (2)　分筆測量（分筆求積・分割点の境界標設置）

登記申請情報等の作成

    (1)　地積測量図

    (2)　調査報告情報

    (3)　その他の添付情報

登記申請

    (1)　オンライン申請

    (2)　書面申請

公文書受領（登記完了証・登記識別情報）

成果引渡し

当然のことであるが，土地家屋調査士の業務は，当該不動産の所有者等又は何らかの権利を有する者からの依頼を受託することによって開始する（土地家屋調査士業務の契約の性質等については，『業務と制度』318〜323頁，鎌田薫「土地家屋調査士委嘱契約の法的性質」（土地家屋調査士370号（1988年），372〜374号（1989年））に詳しい。）。

1　事前打合せ

受託に当たっては，委託者との事前打合せを行い，委託者の権限の確認と委託内容について協議を行う。

(1)　委託者の権限の確認

委託者は，どのような権限に基づいて委託をするのか確認する必要がある。委託者は，所有権登記名義人であるのか，その相続人であるのか，代理人であるのか，あるいは代位者であるのか等々，委託の内容により必要な権限の種類は異なるので，後日，紛争になることのないよう注意して確認する。

(2)　委託内容の打合せ

委託内容の概要を確認し，どのような（登記）手続に拠ればその目的が達成できるのかを判断する。その上で，今後必要となる手続の概要や工程，概算費用等について提示する。また，当該委託に関係する紛争の有無や，関係者の保有する資料の有無などもここで確認しておきたい。

2　委託契約

上述の事前打合せを踏まえ，受託後に紛争となることのないよう，委託契約を締結するよう努めるべきである（日本土地家屋調査士会連合会では，委・受託書（モデル），業務委託契約標準約款（案）及び業務委託契約書のモデルが示されている。このほか，土

地家屋調査士会によっては独自にモデルを定めているところもある。参考までに暴力団排除条例に基づく契約の解除条項を追加した東京会の「業務委託契約標準約款（裏）」（第8条参照）も掲載。12頁以下参照。）。

(1) 委託内容の確認

　事前打合せで整理した委託の内容を確認する。契約書には，委託の内容に係る事項について可能な限り具体的に記載する。これは，委託者の意向を明確にし，また，トラブルを防止する観点から大切なことである。また，第三者の証明や承諾等が必要となる場合の手続の進め方などは，委託者によく説明し，必要な証明や承諾等が得られなかったり，予想外に時間がかかることとなったりした場合の対処方法についても契約書に記載しておくことが望ましい。

(2) 概算報酬額の提示

　委託業務に係る概算の報酬額見積書を作成して提示する。委託契約の時点ではなく，資料調査や現地調査を行った後に概算見積を提示する場合には，その旨を契約書に記載しておくことが望ましい。

委・受託書（モデル）

収入印紙

【土地】 委託目的業務	委託	備考
1．表示登記		
2．地目変更登記		
3．合筆登記		
4．分筆登記		
5．地積更正登記		
6．地図訂正		
7．境界確定測量		
8．境界復元		
9．土地調査・測量		
10．その他		

【建物】 委託目的業務	委託	備考
1．表示登記		
2．滅失登記		
3．表示変更・更正（増築等）		
4．表示変更・更正（種類等）		
5．区分建物表示登記		
A）（棟割−縦割り区分）		
B）（分譲マンション等）		
C）（増築区分）		
D）（敷地権表示）		
E）（共用部分たる旨）		
6．建物区分登記		
7．建物分割登記		
8．建物合併登記		
9．建物合体登記		
10．建物調査・測量		
11．その他		

業務内容

物件の表示

委託物件の所在地	
物件の概要	
注意事項等	

成果品

1．登記済証	5．境界承諾書
2．実測図	6．公正証書
3．計算簿	7．写真帳
4．参考資料	8．関係資料・その他

報酬額等

報酬内訳
1．調査業務　　　　　円　　5．附随業務　　　　　円
2．測量業務　　　　　円　　6．その他　　　　　　円
3．申請業務　　　　　円　　7．
4．書類の作成　　　　円

（又は、別途見積書）

報酬額合計	円
消費税	円
立替金	円
合計	円

（委託者と支払者が別なときは下記へ記名・捺印を願います）
（支払者）　住　所＿＿＿＿＿＿＿＿＿＿＿＿＿＿＿＿＿＿＿＿
　　　　　　氏　名＿＿＿＿＿＿＿＿＿＿＿＿＿＿＿＿＿＿印
（支払日・方法）

期間

着手（予定）年月日　　平成　　年　　　月　　　日
完了（引渡し）年月日　平成　　年　　　月　　　日予定

受託者

上記のとおり受託しました。　　平成　　年　　月　　日
　住　所
　氏　名　　土地家屋調査士　　　　　　　　　　印

委託者支払者

上記のとおり委託しました。　　平成　　年　　月　　日
　住　所
　氏　名　　　　　　　　　　　　　　　　　　印

出典：日調連調測要領〔別紙1−(2)〕

業務委託契約標準約款（案）

委託者○○○○（以下「甲」という（所有者丙，支払者丁）。）と，受託者土地家屋調査士△△△△（以下「乙」という。）とは，下記条項に従い契約を締結する。

（目　的）

第1条　この約款は，標記業務委託契約の履行に関し，互いに遵守すべき事項を定めたものである。

（委託業務の範囲）

第2条　甲が乙に委託する業務の範囲は，委託書の業務の内容に掲げる事項とする。

（業務の処理要領）

第3条　乙は，本件業務の実施については受託の趣旨に従い，不動産登記法その他の関係法令，通達並びに○○土地家屋調査士会会則並びに調査測量実施要領に準拠して，的確，迅速に処理しなければならないものとする。

2　乙は，本件業務を他の第三者に一括して行わせることはできないものとする。ただし，その作業内容が，乙の職能に基づく判断を要しない部分については，乙の自己責任において第三者に行わせることができるものとする。

3　隣接地との筆界が不明な場合又は分筆等により新たに標識を設置する場合は，隣接所有者の同意のもとに境界標識を設置するものとする。この場合，乙は，甲又は丙がする隣接所有者との筆界立会いに協力するものとする。なお，隣接所有者が不同意の場合は，境界標識を設置できないときもあり得る。

（成果品の納入）

第4条　乙は，本件業務の完了時に，甲又は甲の指定する者へ，委託書記載の成果品を納入しなければならない。

（報酬額の支払）

第5条　本件契約に係わる業務報酬額は，土地家屋調査士○○○○事務所で定める報酬額を基準に，甲，乙，丁の合意により定めるものとする。ただし，その定額をあらかじめ算出することができない場合は，その概算額を甲又は丁に告知し，委託業務の完了，引渡しの際に清算するものとする。

（業務の処理時間）

第6条　業務の処理時間は，委託書の定めるところによるものとする。ただし，立会い等の進行状況その他乙の責めによらない事由がある場合は延引することができるものとし，この場合は，必要に応じて相互に連絡をとるものとする。

（委託契約の解除）

第7条　甲の都合により，又は，乙が第三者等の故意又は過失により業務を継続することができない場合，及び筆界確認が不能のため以後の業務を処理することができない場合には，それぞれ，この委託契約を解除することができるものとする。

この場合，甲又は丁は，乙が既に実施した経過分の業務に関する報酬相当額を支払うものとする。また，乙に損害が生じた場合は，その賠償金を乙の請求に基づき支払うものとする。

ただし，乙において第3条の業務処理要領に違反し，又はその他の債務不履行により，甲から解除された場合にはこの限りでないものとする。

（瑕疵担保及び損害賠償責任）

第8条　委託業務の処理内容に関する瑕疵担保責任及び損害賠償責任の問題が生じた場合には，甲又は丙及び乙は，乙の責任の存続期間を業務完了の時から1年とすることに合意する。新たに設置した境界標識の管理責任は，現地引渡しの時をもって甲又は丙に帰属し，乙は免責されるものとする。

（その他）

第9条　本契約の内容又は本契約に定めのない事項で甲又は丙乙間に疑義が生じた場合には双方，信義誠実の原則に基づき協議し解決すべきものとする。

また，甲又は丙と乙の合意により，公正な第三者に参考意見を求めることができるものとする。

2　この契約に関し訴訟を提起するときは，乙の事務所を管轄する裁判所をもって第一審裁判所とする。

　　平成　　年　　月　　日

　　委託者
　　「甲」
　　　住　　所＿＿＿＿＿＿＿＿＿＿＿＿＿＿
　　　氏　　名＿＿＿＿＿＿＿＿＿＿＿＿＿＿

　　受託者
　　「乙」
　　　住　　所＿＿＿＿＿＿＿＿＿＿＿＿＿＿
　　　氏　　名＿＿＿＿＿＿＿＿＿＿＿＿＿＿

出典：日調連調測要領〔別紙2-(1)〕を一部改変

業務委託契約書

　○○○○（以下「甲」という。）と土地家屋調査士△△△△（以下「乙」という。）との間に，＊＊＊＊に関する＋＋＋＋業務（以下「委託業務」という。）の委託に関し，次のとおり契約を締結する。
（総　則）
第１条　甲及び乙は，この契約書に定めるほか別紙仕様書に従い，この契約を履行しなければならない。
（契約期限）
第２条　乙は，委託業務を契約締結の日から平成　　年　　月　　日までの間に履行しなければならない。
　２　乙は，その責めに帰すべき理由によって，前項に定める委託期間内に契約を履行しないときは，延滞１日につき業務委託料の1,000分の１に相当する額を延滞違約金として甲に支払わなければならない。
（業務委託料）（着手金，中間金，一方的解約の時）
第３条　甲は，業務委託料として¥　　　　　．－（うち消費税額¥　　　　　．－）を，契約履行確認の後に乙に支払う。
　２　甲は，前項の支払請求があったときは，その日から○○日以内に委託料を支払うものとする。
（関係書類の提出）
第４条　乙は，契約締結後速やかに，次の書類を各１部，甲に提出しなければならない。
　(1)　委託業務着手届
　(2)　委託業務工程表
（権利義務の譲渡及び成果の帰属）
第５条　乙は，この契約によって生ずる権利又は業務を第三者に譲渡し，又は承継させてはならない。
　２　委託業務の成果は，すべて甲に帰属する。
（再委託等の禁止）
第６条　乙は，この契約の履行について，全部又は大部分を第三者に委託し，又は請け負わせてはならない。ただし，甲の承諾があった場合はこの限りではない。
（委託業務内容の変更等）
第７条　甲は，必要があるときは，委託業務の内容を変更し，又は委託業務を一時中止させることができる。この場合において，委託料又は委託期間を変更する必要があるときは，甲乙協議して，書面によりこれを定める。
（委託業務実施についての報告）
第８条　甲は，必要に応じて乙に対して，委託業務の実施状況について報告を求めることができる。
　２　乙は，委託業務の実施に当たって，事故が発生したときは，速やかに甲に報告し，甲の指示を受けなければならない。
（部分使用）
第９条　甲は，本契約に基づく委託期間内であっても，その成果品及び関係書類の提出を求めることができる。
　２　前項の場合，乙は甲の指定する期日までに遅滞なく甲の指定する成果品及び関係書類を提出しなければならない。
（検査及び引渡し）
第10条　乙は，委託業務を完了したときは，遅滞なく甲に報告しなければならない。
　２　甲は，前項の届出を受理したときは，遅滞なく成果品について検査を行うものとする。
　３　乙は，前項の検査の結果不合格となり，成果品について甲から修正を命ぜられたときは，遅滞なく修正して甲の再検査を受けなければならない。
　４　乙は，検査に合格したときは，遅滞なく当該成果品を甲に引き渡さなければならない。
（契約の解除）
第11条　甲は，次の各号の一に該当するときは，この契約を解除することができる。このとき，乙に損害が生じても，甲はその責めを負わない。
　(1)　委託期間内に契約を履行しないとき。
　(2)　乙又はその使用人が，甲の係員の指示若しくは監督に従わず，又は職務の執行を妨げたとき。
　(3)　契約上の義務を履行しないとき。
　(4)　契約の相手方として必要な資格が欠けたとき。
（瑕疵担保）
第12条　成果品の引渡しの後，瑕疵が発見されたときは，乙は，甲の指定する期間内にこれを修正しなければならない。
（秘密の保持）
第13条　乙は，本業務の処理上知り得た秘密を他に漏らしてはならない。また，委託期間後も同様とする。
（損害の負担）
第14条　乙が本業務を行うに当たり第三者に損害を与えたときは，甲の責めに帰すべき場合を除き，乙が負担するものとする。
　２　乙の過失により，甲が損害を受けたときも同様とする。
（疑義の解決）
第15条　この契約の履行に関し疑義が生じたときは，甲乙協議して定めるものとする。

　この契約を締結を証するため，本契約書を２通作成し甲乙記名押印の上，甲乙各自１通を保有する。

　平成　　年　　月　　日

　委託者　　住　　所　＿＿＿＿＿＿＿＿＿＿＿＿＿＿＿＿＿＿＿＿＿＿
　「甲」　　氏　　名　＿＿＿＿＿＿＿＿＿＿＿＿＿＿＿＿＿＿＿＿＿＿

　受託者　　住　　所　＿＿＿＿＿＿＿＿＿＿＿＿＿＿＿＿＿＿＿＿＿＿
　「乙」　　氏　　名　　土地家屋調査士　△　△　△　△　　　職印

出典：日調連調測要領〔別紙２-(2)〕を一部改変

業務委託契約標準約款（案）

　委託者●●●●（以下「甲」という。）と，受託者土地家屋調査士▲▲▲▲（以下「乙」という。）とは下記条項に従い契約を締結する。

（目　的）
第1条　この約款は，標記業務委託契約の履行に関し，互いに遵守すべき事項を定めたものである。

（委託業務の範囲）
第2条　甲が乙に委託する業務の範囲は，委託書の業務の内容に掲げる事項とする。

（業務の処理要領）
第3条　乙は本件業務の実施については受託の趣旨に従い，不動産登記法，その他の関係法令，通達並びに東京土地家屋調査士会会則及び調査測量実施要領に準拠して，的確，迅速に処理しなければならないものとする。

2　乙は本件業務を，他の第三者に一括して行わせることはできないものとする。ただし，その作業内容が，乙の職能に基づく判断を要しない部分については，乙の自己責任において第三者に行わせることができるものとする。

3　隣接地との筆界が不明，又は分筆等により新たに標識を設置する場合は，隣接所有者の同意のもと境界標識を設置するものとする。この場合，乙は甲がする隣接所有者との筆界立会いに協力するものとする。なお，隣接所有者が不同意のときは，境界標識を設置できない場合もありえる。

（成果品の納入）
第4条　乙は本件業務の完了時に，甲又は甲の指定する者へ委託書記載の成果品を納入しなければならない。

（報酬額の支払）
第5条　本件契約に係わる業務報酬額は，土地家屋調査士▲▲▲▲事務所で定める報酬額を基準に甲の合意により定めるものとする。ただし，その定額をあらかじめ算出することができない場合は，その概算額を甲に告知し，委託業務の完了，引渡しの際に清算するものとする。

（業務の処理期間）
第6条　業務の処理期間は，委託書の定めるところによるものとする。ただし，立会い等の進行状況その他，乙の責によらない事由がある場合は延引することができるものとし，この場合は，必要に応じて相互に連絡をとるものとする。

（委託契約の解除）
第7条　甲の都合により，または，第三者等の故意又は過失により業務を乙が継続することができない場合若しくは筆界確認が不能のため以後の業務を処理することができない場合には，それぞれ，この委託契約を解除することができるものとする。

　　　この場合，甲は乙が既に実施した経過分の業務に関する報酬相当額及び乙に損害が生じた場合は，その賠償金を乙の請求に基づき支払わなければならないものとする。

（暴力団排除条例に基づく契約の解除）
第8条　甲は，本契約締結日以降本契約が終了するまでの間において，乙に対して次に掲げる事項を表明し，保証するものとする。

(1)　自ら暴力団，暴力団関係企業，総会屋等若しくはこれらに準ずる者又はその構成員（以下総称して「反社会的勢力」という。）ではないこと。

(2)　前号に該当する反社会的勢力が経営に実質的に関与すると認められる関係がないこと。

(3)　第一号に該当する反社会的勢力に資金等を提供し，又は便宜を供与すると認められる関係がないこと。

(4)　前各号に該当する反社会的勢力等でなくなった時から5年を経過していること。

(5)　反社会的勢力に自己又は自社の名義を利用させ，本契約を締結するものでないこと。

(6)　法的な責任を超えた不当な要求行為をしないこと。

(7)　自ら又は第三者を利用して，他人に対して脅迫的な言動若しくは暴力行為を用いる行為を行っていない，又は該当行為を目的としないこと。

(8)　自ら又は第三者を利用して，偽計又は威力を用いて他人の権利等を妨害し，若しくは信用を毀損する行為を行っていない，又は当該行為を目的としないこと。

2　乙は，甲が第1項の表明保証に違反，又は違反が発覚した場合，何ら催告することなく本契約を解除することができ，かかる解除によって甲に損害又は損失が生じたとしてもこれを賠償する責めを一切負わないものとする。この場合，甲は乙が既に実施した経過分の業務に関する報酬相当額を乙の請求に基づき支払わなければならないものとする。

（損害賠償責任）
第9条　委託業務の処理内容に関する損害賠償責任の問題が生じた場合，甲及び乙は，乙の責任の存続期間を業務完了のときから■年とすることに合意した。ただし，新たに設置した境界標識の管理責任は，現地引渡しのときをもって甲に帰属するこのとする。

（その他）
第10条　本契約の内容又は本契約に定めのない事項で甲乙間に疑義が生じた場合には双方，信義，誠実の原則に基づき協議し解決すべきものとする。

　　　また，甲と乙の合意により，公正な第三者に参考意見を求めることができるものとする。

2　この契約に関し訴えを提起するときは，乙の事務所を管轄する裁判所をもって第一審裁判所とする。

　　平成　　　年　　　月　　　日

| 委託者「甲」 | 住　所 |
| | 氏　名 |

| 受託者「乙」 | 住　所 |
| | 氏　名 |

出典：東京会「業務委託契約標準約款（案）」を一部改変

資料調査

適切な資料の調査と収集は，公正かつ適正な業務の遂行に欠かせない重要な作業である。委託内容や委託地の状況により，調査をすべき内容等は異なるが，概ね次のような地籍に係る資料を調査収集し，専門家として的確な判断を行い，手続を進めていかなければならない。なお，登記所関係以外の資料については，地域の慣習その他の事情により様々な態様の資料が存することもあり，ここでは，一律に論ずることはできないことをあらかじめお断りしておく。土地家屋調査士は，業務を行う地域の慣習に精通して調査に当たらなければならない（調査士法25条2項）。

1 登記記録及び登記所備付資料

登記所に備え付けられている地籍情報には，以下のものがある。
・登記記録（閉鎖された記録を含む。）
・地図・地図に準ずる図面
・土地所在図
・地積測量図
・地役権図面
・建物図面・各階平面図

登記記録の調査は，委託地の地籍情報収集の基礎である。委託地及び隣接地の現在の登記記録事項の調査は当然のこと，必要に応じて閉鎖された登記記録（紙の閉鎖登記簿を含む。）や旧土地台帳を調査し，現在に至るまでの経緯を明らかにして，他の資料調査や後続の測量における基礎資料とする。

委託地の筆界を認定するに当たり，必要な範囲の土地に係る地図又は地図に準ずる図面（必要に応じ旧公図等），土地所在図，地積測量図（必要に応じ閉鎖図）を調査する。また，地役権の設定されている場合は，地役権図面の調査も忘れてはならない。そのほか，建物図面・各階平面図が委託地の区画の調査に有効な場合には，これを調査する（例えば，分筆合筆の経緯が複雑な場合，建物図面等により，過去の区画とその利用状況を確認することができるときには，委託地等の区画の特定に有効な資料となる場合が考

えられる。）。

　これら登記所備付図面の調査は，地籍情報のうち，筆界の位置・形状に関する基礎情報となるものである。とりわけ，地積測量図は，委託地の筆界の位置の認定には特に重要な資料である。しかし，その作成の年代により，記載された情報の取扱いには，注意が必要である（『基本実務Ⅱ』第3章第3節3地積測量図参照。地積測量図の作成年代による特徴については，本書58頁以降を参照。）。

2　登記所以外の官公署等保有資料

　登記所以外の官公署等で保有している地籍情報としては，以下のものがある。
　・公共用地境界図
　・土地区画整理確定図
　・土地改良確定図
　・耕地整理（確定）図
　・課税台帳附属の地籍図（地番図）
　・道路台帳図
　・基本三角点等の成果等
　これらの，登記所以外の官公署等が保有する資料の調査も，委託地の地籍情報の収集には欠かせないものである。代表的なものを掲げたが，前述のように，これら以外にも地域の慣習や事情により調査すべき資料は様々である。

　公共用地境界図（道路境界図など個別の呼称は様々である。）は，道路・水路等の公共用の官有地と民有地の境界（所有権界）について，所有者等の関係者が協議し，合意が調った場合に作成されるものである。直ちに筆界を表す性質のものではないが，筆界の認定に際して重要な資料となる。

　委託地の筆界が，土地区画整理，土地改良又は耕地整理等により創設されたものである場合には，これらの確定図を調査しなければならない。民間施行の土地区画整理事業の場合，官公署には，確定図等の資料が保管されていないことが多いので，収集が困難な場合もある。そのような場合は，地区内の土地所有者等が保有している資料を調査して，収集する必要がある。

　課税台帳附属の地籍図（地番図などとも呼ばれる。）は，固定資産税の課税を担当する役所が保有する地図等に類似の図面である。委託地がいわゆる公図地区である場合の地籍図のルーツは，登記所に移管前の旧土地台帳附属地図副本であって，当該役所において書入れ等の管理が行われているものである。したがって，例えば，委託地の

区画形状や隣接関係が，地図に準ずる図面と現地とで齟齬がある場合に，それが分筆や合筆による書入れの不適切，又は，再製作業による転写の誤りである可能性が疑われるときには，必ず調査すべき資料である。

　道路台帳図と例示したが，地方公共団体等が管理する道路に関する図面等の資料を総じて表現したものと考えていただきたい。代表的なものとして，道路の現況図や道路の管理区域図がある。また，地方公共団体等によっては，道路境界の予定線を示す資料として数値管理された情報を指す場合もある。これらの資料は，公共用地境界確定協議に先立つ調査のための資料とすることが多いことから，状況に応じて，調査し，収集する。

　与点となる基本三角点等の成果表や点の記，網図等は，不動産登記規則第77条第1項第8号に規定されている「基本三角点等に基づく測量の成果による筆界点の座標値」を得るために欠かせない資料であるので，調査し，収集する必要がある。

3　民間保有資料

　上記のほか，以下の民間保有資料の調査・収集も必要となる。

(1)　境界確認書等

　委託地はもとより，隣接地において，過去に境界確認書が作成され取り交わされている場合には，調査の上，収集する。

　委託地又は隣接地が，過去に，分筆や地積更正の登記がされている場合には，境界確認書の存することが考えられる（その年代や地域にもよるが，近年である場合には，存する可能性は高い。）ので，関係者に確認し，収集する。

　また，売買に際して，調査，測量及び立会の上，境界確認書を取り交わしたが，地積更正登記等は行わなかったという場合もあるので，よく確認する必要がある。

　いずれの場合にも，発注者の手元にはその際の他の資料（実測図，写真等）があることが考えられるので，併せて確認したい。

(2)　実測図等

　過去に委託地や隣接地を測量した際の実測図等があれば，必要に応じてできる限り収集したい。個人が保有する実測図等の中には，分筆等のために行った測量の成果として作成されたものや，登記簿の一元化の前に作成された申告用の図面などの貴重な資料もあるので，登記記録等の調査によりその可能性がある場合にはもちろんのこと，

その他の場合にあっても，委託者や関係者に確認することが必要である。

　また，市街地において実務上よく目にするものに，建物の建築に当たって作成された敷地実測図がある。この多くは，建築地の現況を実測したものであり，隣接地所有者との立会等を行っていないことが多く，また行っていたとしても立会者の権限の確認や境界の調査・検討が，筆界の認定に際して行われる場合のように厳格になされていることは少ない（厳格に立会等をしている場合には，その際の境界確認書や，その成果としての，地積測量図等が存在することが考えられるので，併せて調査・収集することとなる。）ため，直ちに筆界認定の資料となるものではない。しかし，建築時点での占有状況等の概略を知ることができることから，参考となる場合もある。また，時にはこれをもって境界の主張をする関係者もいるので，状況に応じて調査を行うようにしたい。

第4節　現地事前調査

　資料調査の結果を踏まえ，委託地の特定と物理的状況を把握するための調査を行う。

1　現況調査

　委託地の地形や地物，境界標の有無及び占有状況等を調査し，物件の特定と各調査資料との整合性を確認する。現況の把握は，後日の測量の作業計画を立てる上でも大切な作業である。当然のことであるが，調査のため委託地以外の土地に立ち入る場合には，その土地の管理者（実際にその土地を占有，使用している者）にその目的や調査の内容等を説明し，許可を得た上で行わなければならない。相手方へのアプローチがまずかったり，説明が十分でなかったりするとトラブルのもとになるので気を付けたい。

　また，現地において関係者と面談をし，委託地に関する話を聴く場合があるが，その際にはその者の資格（当事者適格等）を確認することが大切である。

2　基本三角点等の調査

　事前に調査した成果表や点の記に基づいて，現地における標識を調査する。目視により移動や毀損などの異常がないか確認する。また，相互の視通や机上で計画した新点（登記基準点）の設置予定位置の状況も確認する。

　近傍に基本三角点等が存しない場合その他の基本三角点等に基づく測量ができない特別の事情がある場合には，近傍の恒久的な地物を調査し，その適否を確認する。

第5節 測量準備（各種機器の点検・調整・検定）

　測量に先立ち，使用する機器の点検・調整・検定を行う。

　点検の方法は，国土交通省作業規程の準則（平成20年国土交通省告示第413号）第36条・運用基準により行うものとされている。

　また，公嘱登記に関する測量の場合で計画機関が指定するとき，又は，認定登記基準点の設置をする場合においては，国土交通省作業規程の準則第14条に規定している測量機器の検定に関する機関の基準を満たす機関の検定を取得する必要がある（日調連調測要領27条解説）。

【公共測量―作業規程の準則　解説と運用】

> （機器の点検及び調整）
> 第36条　観測に使用する機器の点検は，観測着手前及び観測期間中に適宜行い，必要に応じて機器の調整を行うものとする。

　観測に使用する機器は，機器毎に所定の検査を行うほか，機器の点検を観測着手前及び観測期間中に適宜行い，必要に応じて機器の調整を行い，常に所要の精度が確保できる状態を維持し，品質の確保に努めなければならない。その方法は次のとおりである。
1　TS（測角部）及びセオドライト
　(1)　機能点検
　　ア．光学求心装置にフラツキがなく正常であること
　　イ．各軸の回転が円滑であること
　　ウ．気泡管調整機構が正常であり，気泡の移動が滑らかであること
　　エ．望遠鏡視度調整機構が円滑で観測中に視度が変わらないこと
　　オ．水平角及び鉛直角の読取装置が正常で正しく読み取ることができること
　(2)　観測による点検
　　水平角及び鉛直角の点検は，第37条に定める方法により，次のとおり行う。
　　ア．水平角の点検
　　　　3方向について，0°，60°，120°及び30°，90°，150°の3対回をそれぞれ1セットとする観測を2セット行い，各セットの倍角差，観測差及び各セットの中数値をT1，T2としたときの｜T1－T2｜が次表に定める許容範囲にあるか否かを点検する。

機　器　区　分	倍角差	観測差	セット間較差｜T1－T2｜
1級トータルステーション，セオドライト	15″	8″	5″
2級トータルステーション，セオドライト	30″	20″	15″
3級トータルステーション，セオドライト	60″	40″	30″

イ．鉛直角の点検

　　3個の異なった目標をそれぞれ1対回観測し，高度定数の較差が次表の許容範囲にあるか否かを点検する。

機　器　区　分	許容範囲
1級トータルステーション，セオドライト	10″
2級トータルステーション，セオドライト	30″
3級トータルステーション，セオドライト	60″

2　TS（測距部）及び測距儀の機能点検

（1）　機能点検

　ア．光学求心装置にフラッキがなく正常であること。

　イ．デジタル表示ランプが正常であること。

　ウ．モニタメータの表示は，当該測距儀の取扱説明書に示されている正常範囲内であること。

（2）　TS（測距部）及び測距儀の測定による点検

　ア．国土地理院比較基線場又は国土地理院に登録した比較基線場において，5測定を1セットとし2セットの測定を行い，その平均値と基線長との差が，次表に定める許容範囲内にあるか否かを点検する。

測　定　項　目	許容範囲
国土地理院比較基線場基線長との比較（1級，2級）	20mm
50m比較基線場	20mm

　イ．比較基線場の使用が困難な場合は，500m以上離れた2点A，Cを結ぶACのほぼ中央にB点を設け，AB，AC，BCについて，各3セットの測定を行ってそれぞれの平均値を求め，ACとAB＋BCとの較差が許容範囲内であるか否かを点検する。

3　GNSS測量機

（1）　機能点検

　ア．光学求心装置にフラッキがなく正常であること。

　イ．モニタメータの表示は，当該GNSS測量機の取扱説明書に示されている正常な範囲内であること。

　ウ．アンテナケーブルが正常であること。

　エ．コネクターが正常であること。

（2）　GNSS測量機の観測による点検

　　国土地理院GNSS比較基線場又は国土地理院に登録した基線場において，観測値と基線長との差が次表に定める許容範囲にあるか否かを点検する。

項　　目	許容範囲
水平成分ΔN・ΔEの差	15mm
高さ成分ΔUの差	50mm

　ウ．GNSS比較基線場の使用が困難な場合は，1km以上離れた2点以上の任意の点を設け，検定されたTS等により測定し，基線長とする。GNSS観測は第37条に準じて観測し，基線長との差が許容範囲内にあるか否かを点検する。

4　レベル

　　測標水準測量の観測に使用する機器は，適宜，点検及び調整を第63条に定める観測方法によって行い，許容範囲にあるか否かを点検する。測標水準測量に使用する機器は，3級レベル及び2級標尺である。

項　　　目	3級レベル
読　定　単　位	1mm
許　容　範　囲	3mm

出典：『—公共測量—作業規定の準則　解説と運用』（日本測量協会，2012）

【作業規程の準則（平成20年国土交通省告示第413号）】

(機器の検定等)

第14条　作業機関は，計画機関が指定する機器については，付録1に基づく測定値の正当性を保証する検定を行った機器を使用しなければならない。ただし，1年以内に検定を行った機器（標尺については3年以内）を使用する場合は，この限りでない。

2　前項の検定は，測量機器の検定に関する技術及び機器等を有する第三者機関によるものとする。ただし，計画機関が作業機関の機器の検査体制を確認し，妥当と認められた場合には，作業機関は，付録2による国内規格の方式に基づき自ら検査を実施し，その結果を第三者機関による検定に代えることができる。

3　作業者は，観測に使用する主要な機器について，作業前及び作業中に適宜点検を行い，必要な調整をしなければならない。

測量機器検定基準

〈付録1〉

1．適用測量分野
基準点測量（地形測量及び写真測量及び応用測量において、基準点測量に準ずる測量を含む）

2．測量機器検定基準

2-1　セオドライト

検定項目	検定基準
外観	<性能及び測定精度に影響を及ぼす下記の事項> 1)さび、腐食、割れ、きず、凹凸がないこと。 2)防食を必要とする部分にはメッキ、塗装その他の防食処理がなされていること。 3)メッキ、塗装が強固で容易にはがれないこと。 4)光学部品はバルサム切れ、曇り、かび、泡、脈理、きず、砂目、やけ、ごみ及び増透膜のきず、むらがないこと。
構造	1)鉛直軸、水平軸、合焦機構等可動部分は、回転及び作動が円滑であること。 2)固定装置は確実であること。 3)微動装置は作動が良好であること。 4)光学系は実用上支障をきたすような歪み、色収差がないこと。 5)気泡管は気泡の移動が円滑で、緩みがないこと。 6)整準機構は正確で取り扱いが容易であること。 7)本体と三脚は堅固に固定できる機構であること。 8)十字線は、鮮明かつ正確であること。
性能	<コリメータ観測による> 1）水平角の精度基準（3方向を3対回2セット(0°,60°,120° 及び30°,90°,150°)観測による） （表1） 2）鉛直角の精度基準（3方向(+30°,0°,-30°)を1対回観測による） （表2） 3）合焦による視準線の偏位（無限遠,10m,5mの3目標を1組とし、正・反各々5組の水平角観測による） （表3）

表1
機器区分	倍角差	観測差	セット間較差
1級セオドライト	10″	5″	3″
2級セオドライト	30″	20″	12″
3級セオドライト	60″	40″	20″

表2
機器区分	高度定数の較差	自動補償範囲限度の較差
1級セオドライト	7″	視準方向に対して補償範囲限度迄傾けて、左記較差内
2級セオドライト	30″	
3級セオドライト	60″	

表3
機器区分	許容範囲
1級セオドライト	6″
2級セオドライト	10″
3級セオドライト	20″

23

2-2　測距儀

検定項目	検定基準
外観及び構造	前項（セオドライト）の規定を準用するものとする。

性能				

判定項目		許容範囲	備考
基線長との比較	1級	15mm	5測定（1セット）
	2級	15mm	を2セット観測
位相差（最大値と最小値の較差）		10mm	

基線長との比較に用いる比較基線場は、国土地理院の比較基線場又は国土地理院に登録した比較基線場とする。

2-3　トータルステーション（以下「TS」という。）

検定項目	検定基準
外観及び構造	前項（セオドライト）の規定を準用するものとする。

判定項目	許容範囲		
	1級TS	2級TS	3級TS
測角部	1級セオドライトの性能に準ずる。	2級セオドライトの性能に準ずる。	3級セオドライトの性能に準ずる。
測距部	2級測距儀の性能に準ずる。	2級測距儀の性能に準ずる。	2級測距儀の性能に準ずる。

2-4　レベル

検定項目	検定基準
外観及び構造	前項（セオドライト）の規定を準用するものとする。

判定項目	許容範囲		
	1級レベル	2級レベル	3級レベル
コンペンセータの機能する範囲	6′以上		
視準線の水平精度（標準偏差）	0.4″	1.0″	――
マイクロメータの精度	±0.02mm	±0.10mm	――
観測による較差	0.06mm	0.10mm	0.50mm

レベルの種類により、該当する項目とする。

2-5　水準標尺

検定項目	検定基準
外観及び構造	1)湾曲がなく、塗装が完全であること。 2)目盛線は、鮮明で正確であること。 3)折りたたみ標尺又はつなぎ標尺は、折りたたみ面又はつなぎ面が正確で安定していること。

判定項目	許容範囲		
	1級標尺		2級標尺
	1級水準測量	2級水準測量	3・4級水準測量
標尺改正数（20°C）	50μm/m以下	100μm/m以下	200μm/m以下
目盛幅精度	公称値の±20μm		――

2-6　GNSS測量機

検定項目	検定基準
外観及び構造 （受信機、アンテナ）	外観：2-1セオドライトの外観、1)から3)の規定を準用する。 構造： 　1)固定装置は確実であること。 　2)整準機構は正確であること。 　3)防水構造であること。

判定項目		級別性能基準	
		1級	2級
受信帯域数	GNSS受信機	2周波	1周波
	GNSSアンテナ	2周波	1周波

判定項目	観測方法別性能基準
	スタティック法・短縮スタティック法・キネマティック法・RTK法・ネットワーク型RTK法
水平成分ΔN・ΔEの差	15mm以内
高さ成分ΔUの差	50mm以内

　　測定結果との比較に用いる基準値は、国土地理院の比較基線場又は国土地理院に登録した比較基線場の成果値とする。
　　なお、比較基線場での観測時間等は次表を標準とする。

観測方法	距離	観測時間	使用衛星数		データ取得間隔
			GPS・準天頂衛星	GPS・準天頂衛星及びGLONASS	
2周波スタティック法	10km	2時間	5衛星以上	6衛星以上	30秒
1周波スタティック法	1km	1時間	4衛星以上	5衛星以上	30秒
2周波短縮スタティック法	200m	20分	5衛星以上	6衛星以上	15秒
1周波短縮スタティック法	200m	20分	5衛星以上	6衛星以上	15秒
キネマティック法	200m以内	10秒以上	5衛星以上	6衛星以上	5秒以下
RTK法	200m以内	10秒以上	5衛星以上	6衛星以上	1秒
ネットワーク型RTK法	200m以内	10秒以上	5衛星以上	－	1秒

　①　衛星の最低高度角は15度とする。
　②　GPS衛星と準天頂衛星は、同等として扱うことできるものとする（以下「GPS・準天頂衛星」という。）GPS及びGLONASS衛星を利用できるGNSS測量機の場合は、GPS・準天頂衛星及びGLONASS衛星の測量及び解析処理を行うものとする。
　③　GPS・準天頂衛星及びGLONASS衛星を用いた観測では、それぞれの衛星を2衛星以上用いるものとする。
　④　キネマティック法、RTK法、ネットワーク型RTK法の観測時間は、FIX解を得てから10エポック以上のデータが取得できる時間とする。
　⑤　2周波スタティック法による測定結果と基準値との比較をすることにより、1周波スタティック法、1、2周波短縮スタティック法による測定を省略することができる。
　⑥　1周波スタティック法による測定結果と基準値との比較をすることにより、1周波短縮スタティック法による測定を省略することができる。

性能

2-7　鋼巻尺

検定項目	検定基準
外観及び構造	1) 目盛が鮮明であること。 2) 測定精度に影響を及ぼす、折れ、曲がり、さび等がないこと。
性能	（下表参照）

判定項目	許容範囲
セット内較差（10測定）	1mm以内
セット間較差（2セット）	0.5mm以内
尺の定数	15mm／50m以内（20℃、張力98.1N（10kgf））

　　基線長との比較に用いる比較基線場は、国土地理院の比較基線場又は国土地理院に登録した比較基線場とする。

【日調連調測要領　第27条】

> （測量機器）
>
> 第27条　土地の測量に使用する機器は，精度区分，作業区分に適合したもので
> なければならない。
>
> 　　2　主要な機器については，一年ごとに所定の検定を行うものとする。ま
> た，公嘱登記に関する測量の場合は，計画機関が指定する機関の検定を
> 受けるものとする。
>
> 　　3　主要な機器については，作業前及び作業中に適宜点検を行い，必要な
> 調整・整備をしなければならない。

【趣　旨】

　　測量に使用する機器について定めたものである。

【運　用】

　　土地の測量に使用する主要な機器は，次表に掲げるもの又はこれらに相当する以上のものとする。

機　　　　器	性　　　　能	対　象　作　業
1級トータルステーション	最小読定値　1秒読 測定精度±（5mm＋5ppmD） 測定距離2km以上	1〜4級登記基準点測量 多角測量・一筆地測量
2級トータルステーション	最小読定値10秒読 測定精度±（5mm＋5ppmD） B：測定距離2km以下 A：測定距離2km以上	2〜4級登記基準点測量 多角測量・一筆地測量
3級トータルステーション	最小読定値20秒読 測定精度±（5mm＋5ppmD） 測定距離2km以下	4級登記基準点測量 多角測量・一筆地測量
1級GPS測量機	5mm＋1ppmD	1〜4級登記基準点測量 多角測量・一筆地測量
2級GPS測量機	10mm＋2ppmD	1〜4級登記基準点測量 多角測量・一筆地測量
1級セオドライト	最小読定値　1秒読	1〜4級登記基準点測量 多角測量・一筆地測量
2級セオドライト	最小読定値10秒読	2〜4級登記基準点測量 多角測量・一筆地測量
3級セオドライト	最小読定値20秒読	4級登記基準点測量 多角測量・一筆地測量
光波測距儀	測定精度±（5mm＋5ppmD）	1〜4級登記基準点測量 多角測量・一筆地測量
3級レベル	水平器感度40″／2mm相当	測標水準測量
2級標尺	標尺改正数200μm/m	測標水準測量
鋼巻尺	JIS 1級　以上	

（注）D：測定距離

【解　説】

1．自社検定

　　所定の検定及び機能点検は，国土交通省作業規程の準則第36条運用基準（別紙9参照）により
行うものとする。

2．指定機関検定

　　指定機関検定が必要な場合は，国土交通省作業規程の準則第14条で規定している測量機器の検
定に関する機関の基準を満たす機関の検定を取得する。検定機関の有効期間は1年間のため作業
期間中に検定が失効する場合は，業務着手前に取得しておくものとする。

第6節　基礎測量

1　登記基準点測量

　細部現況測量等を行うための基礎となる登記基準点を設置する。基本三角点等の事前調査の結果を基に，選点，標識設置，観測及び計算を行う。日本土地家屋調査士会連合会では，登記基準点測量作業規程（平成20年7月10日施行）及び同運用基準（平成20年7月10日施行）を定めるとともに，日調連調測要領においても同様に規定している。これらは，概ね公共測量における基準点測量の基準に準じたものとなっており，1級から4級の登記基準点についての基準が定められている。

【日調連調測要領　第58〜65条，第67条，68条】

（要　旨）
第58条　登記基準点測量とは，既設の基準点（以下「既知点」という。）に基づき土地の測量の基準となる点（以下「新点」という。）の位置を定める作業をいう。
　2　登記基準点測量を行うにあたっては，登記基準点測量作業規程等により作業を行うことを要する。

（登記基準点測量の方式）
第59条　登記基準点測量は，標準として次の方式により行うものとする。
　⑴　結合多角方式　既知点を結合する多角網を形成して行う方式
　⑵　単路線方式　2点の既知点を単一の多角路線で結合する方式
　2　RTK-GPS測量方式及びネットワーク型RTK-GPS測量方式による場合は，既知点及び新点を基線ベクトルによって結合する結合多角方式又は単路線方式により行う。
　3　標高決定は，測標水準測量によることができる。

（選　点）
第60条　選点とは，現地において既知点の現況を調査するとともに新点の位置を選点する作業をいう。
　2　新点は，後続作業における利用等を考慮し適切な位置に選定するものとする。

　　3　公嘱登記の測量においては，新点の位置及び視通線を地形図に記入した選点
　　　　図，又は網図を作成するものとする。

（永久標識の埋設）
第61条　新点に永久標識を埋設するときは，当該敷地の所有者又は管理者の承諾を得な
　　　　ければならない。
　　2　前項の永久標識を設置したときは，点の記を作成するものとする。

（観　測）
第62条　観測とは，TS等を用いての関係点間の水平角，鉛直角及び距離の測定，又は
　　　　GPS測量機を用いてのGPS衛星からの電波を受信し，位相データ等を記録する作
　　　　業をいう。
　　2　観測は，測点に測量機器を整置し観測条件を整えた後，次に定めるところによ
　　　　リ，実施するものとする。
　　（1）　TS等観測
　　　　①　水平角観測は，方向観測法により，所定の対回数の観測を行うものとする。
　　　　②　鉛直角観測は，所定の対回数の観測を行うものとする。
　　　　③　距離測定は，所定のセット数を行うものとする。
　　（2）　GPS観測，RTK-GPS観測，ネットワーク型RTK-GPS観測
　　　　干渉測位方式で所定の観測を行うものとする。
　　（3）　観測は，TS等及びGPS測量機を併用することができる。
　　（4）　測標水準測量
　　　　必要に応じて測標水準測量を行うものとする。
　　　　測標水準測量は，国土交通省公共測量作業規程（以下「公測規程」という。）
　　　　に定められた4級水準測量に準じて行うものとする。

（再　測）
第63条　水平角，鉛直角及び距離の観測において，それぞれ次に定める点検を行い所定
　　　　の許容範囲を超えた場合は再測しなければならない。
　　（1）　水平角の観測　倍角差及び観測差の点検
　　（2）　鉛直角の観測　高度定数の較差の点検
　　（3）　距　離　測　定　1セット内の観測値の較差及び各セットの平均値の較差の
　　　　　　　　　　　　点検
　　（4）　鋼　　巻　　尺　2読定の較差及び往復測定の較差の点検

（点検計算）
第64条　観測の終了後，点検計算を行い，許容範囲を超えた場合は再測を行う。
　　（1）　TS等観測

　すべての単位多角形（内部に路線を持たない多角形路線）及び次の条件により選定されたすべての点検路線について，水平位置の閉合差を計算し，観測値の良否を判定する。必要に応じて標高の閉合差及び標高差の正反較差を点検するものとする。

① 点検路線は，既知点と既知点を結合させる

② 点検路線は，なるべく短いこと

③ すべての既知点は，1つ以上の点検路線で結合させる

④ すべての単位多角形は，路線の1つ以上を点検路線と重複させる

(2)　GPS観測

次のいずれかの方法により行う。

① 点検路線は，異なるセッションの組み合わせによる最少辺数の多角形を選定し，基線ベクトルの環閉合差を計算する

② 重複する基線ベクトルの各成分を比較点検する

③ 既知点が電子基準点のみの場合は，2点の電子基準点を結合する路線で基線ベクトル成分の結合計算を行い点検する

(3)　RTK-GPS観測，ネットワーク型RTK-GPS観測

　RTK-GPS測量方式による場合は，基線ベクトルの環閉合差（直接観測法）又は重複観測によるセット間較差（間接観測法）の比較により行う。

（平均計算）

第65条　平均計算は，標準として次に定めるところにより行うものとする。

(1)　TS等観測による1～2級基準点測量

① 水平位置は，厳密水平網平均計算（観測方程式法）を行って求めるものとする

② 標高は，厳密高低網平均計算（観測方程式法）を行って求めるものとする

③ 厳密網平均計算を行う場合は電子計算機を用いて行うものとし，使用するプログラムは所定の点検を行って使用する

(2)　TS等観測による3～4級基準点測量

① 水平位置は，厳密水平網平均計算（観測方程式法）又は簡易水平網平均計算を行って求めるものとする

② 標高は，厳密高低網平均計算（観測方程式法）又は簡易高低網平均計算を行って求めるものとする

③ 簡易網平均計算を行う場合は，水平位置及び標高の閉合差は，原則として，距離に比例して配布するものとする

④ 簡易網平均計算を行う場合は，原則として電子計算機を用いて行うものとする

(3)　GPS観測，RTK-GPS観測

① 水平位置及び標高は，三次元網平均計算を行って求める

② 三次元網平均計算を行う場合は電子計算機を用いて行うものとし，使用する
プログラムは所定の点検を受けたものとする

（基礎測量のためのGPS多角測量）

第67条　筆界点の復元又は画地調整において，必要に応じてGPS多角測量を行う。

2　GPS多角測量は，４級以上の基準点を既知点とする単路線方式を原則とする。

3　GPS多角測量の標識は，原則として一時標識とする。ただし，既設の筆界点又
は引照点を多角点の標識と兼ねることができる。

4　GPS多角測量の方法は，GPS４級基準点測量に準じて行うものとする。

5　筆界点の復元にあたって，近傍の４級以上の基準点等が亡失している場合は，
３級基準点以上の既知点に基づき直接多角点を設けることができる。ただし，測
量の方法はGPS３級基準点測量を準用するものとし，既知点までの路線長は５
km以下でなければならない。

6　RTK-GPS測量方式及びネットワーク型RTK-GPS測量方式によるときは，観
測方法等については，GPS多角測量に準ずるものとする。

（一筆地測量のためのGPS多角測量）

第68条　数値地区，図解地区，基準点地区，街区点地区において基準点から直接一筆地
の筆界点を測量することが困難な場合は，GPS単路線多角測量を行う。

2　公図地区，未整備地区において筆界点の測量にGPS測量機を整置する点（以下
「GPS器械点」という。）を必要とする場合は，数個のGPS器械点を多角点とする
GPS単位多角測量を行う。

3　未整備地区においては，位置を特定するために，対象地から顕著な恒久的地物
まで数個の器械点を多角点とするGPS開放多角測量を行う。

4　GPS多角測量の方法は，GPS４級基準点測量に準じて行うものとする。

5　一筆地の測量にあたって，近傍の４級以上の基準点等が亡失している場合は，
３級基準点以上の既知点に基づき直接多角点を設けることができる。ただし，測
量の方法はGPS３級基準点測量を準用するものとし，既知点までの路線長は５
km以下でなければならない。

6　RTK-GPS測量方式及びネットワーク型RTK-GPS測量方式によるときは，観
測方法等については，GPS多角測量に準ずるものとする。

2 細部現況測量

細部現況測量は，登記基準点等を用いて，現況平面測量を行う。受託地及びその周
辺土地の境界標をはじめ，囲障，建物，その他の構築物，道路，水路及び地形等，お

よそ筆界の認定を行うに当たって参考になると思われるものすべてを測量する。

　また，後続の公共用地の境界協議に当たり，現況平面測量のほか，その地方公共団体等の定める規程により，横断面測量等が必要となる場合もある（河川との境界協議において，要求されることが多い。道水路一律に要求している役所もある。）ので，調査の上必要な作業を行う。

第7節　計算及び検討

　筆界は，基礎測量で得たデータと資料調査で収集した資料とを照合，点検，計算し，筆界の位置について検討を行い推定する。この筆界の位置を推定する作業は，土地の調査・測量業務において極めて重要なものであり，土地家屋調査士の専門能力が最も要求される作業の一つである。

　ここで行う計算には，次のようなものがある。

1　筆界点等の復元計算

　筆界点等の復元計算とは，測量で得た現況データと筆界点等（筆界点のほか，所有権界，占有界等の筆界を推定するための境界点（線）を含む。）を示す資料とを照合し，その資料が示す筆界点等の位置を計算して求めることをいい，筆界点等が表示されている図面などの資料と現況とで符合する点や相対的位置関係を見出し，それを基準にして，資料に示された数値をもって，現地で不明となっている筆界点等の位置を計算して求めるものである。

(1)　座標値の記載されている資料による場合，現況データとの整合性が認められるときには，符合する点を基準として座標変換計算を行うのが一般的である（座標変換計算には数種あるが，その現場に最も適する方法によることが大切である。）。

(2)　筆界点間の距離や引照点からの距離，又は，三斜求積の底辺・高さの値など，距離情報のみ記載されている資料の場合，現況と符合する点（又は状況）を基準として，距離情報から他の点（の座標値）を求めることになる。このとき，留意すべきは，当該図面全体の（誤差を考慮した上での）整合性を確認し，個々のデータの特徴を踏まえ，これを加味して計算する必要があることである。

2　画地調整計算

　画地調整計算とは，測量で得た現況データと収集した各種の資料とを照合，検討し，周辺土地との均衡調整を図りながら，面積，辺長の調整計算を行い，推定される筆界

点の位置を計算して求めることをいう。

　例えば，委託地の筆界点の位置が不明である場合に，当該筆界点に関する明確な資料（地積測量図等）が存しないときは，現地における地物や占有の状況，関係者の証言，地図に準ずる図面に描画された当該筆界点における筆界線の接続形状（屈曲形状，Ｔ字の三筆境形状等），委託地と当該筆界点に関係する隣接地等の登記面積と現況面積の差異などから，関係する土地相互の区画形状や面積の均衡がとれるように当該筆界点の位置を求めることとなる。

　また，委託地や隣接土地等の筆界が現地において明確でない場合に，当該筆界点に関して復元計算ができるような複数の資料が存するときは，それぞれの資料の持つ特徴（内包する誤差や作成方法等）を踏まえた上で復元計算し，さらに前例と同様に，現況地物等，地図等，区画形状及び面積の均衡がとれるように当該筆界点の位置を求めることとなる。

　画地調整のパターンや計算手法は，それぞれの委託地の状況や存する資料により様々であり，一概にこうすればよいと言えるものではない。土地家屋調査士は，知識と経験に基づいて筆界の位置を探求する必要がある。

　そして，将来紛争とならないように，また，紛争となってしまった場合においても，求めた筆界点の位置は，公正かつ論理的に検討した結果であることが大切である。

　筆界点等の復元計算及び画地調整計算を行う場合，基礎とする資料の扱いについては，その作成当時の作業方法及び誤差の許容限度など一つ一つのデータが持つ意味合いや特徴，性質を十分考慮し，また，他の資料との整合性にも注意して行わなければならない。

第8節　境界立会・確認

　筆界の確認は，推定した筆界の位置に基づいて，相隣接する土地の所有者等が立会等を行い，現地における筆界（正しくは，「筆界と推定される境界」の意味である。本節及び次節において同じ。）の位置を確認する。

　当事者間においては，互いの土地の境界の位置について，認識の一致が確認され，これまでの調査・測量によって推定された結果と矛盾なく合理的な範囲で合致すると判断できる場合，これをもって，筆界の位置を認定することができる（筆界の認定に関する詳細は第3章参照。）。

1　公共用地境界

　境界の立会・確認による筆界の認定の考え方は，隣接地が，道路等の公共用地である場合と民有地である場合とで理論的に何ら異なるものではない。現地立会を行い，境界の位置に関する協議が調ったら，状況に応じて境界標を設置し，図面を作成して，当該境界を確定するために必要な範囲の土地所有者等が記名押印をしたものを役所に提出し，後日，境界協議が調ったことの証明書（公文書）が発行されるのが一般的である。

　過去に当該境界が確定している場合（境界協議の成立，換地確定等）には，現地の状況を確認（立会又は実測データの提示等）した後，所管の役所から，境界（図面）に関する証明（書）の発行を受ける場合が多い。

　なお，所有者又は公物管理者として行う境界協議は，所有権界を対象とした手続であることに注意を要する。とはいえ，当該協議は，所有権界＝筆界であるとの認識の下で手続が行われており，筆界に関する客観的資料から推定される位置から合理的な範囲を超えるような協議は，まずなされない。

2　民有地境界

　相隣接する土地の所有者等と現地立会の上，筆界の位置について確認がされた場合，

状況に応じて境界標を設置し，境界を互いが確認した旨の書面（一般に「境界確認書」，「境界承諾書」，「境界立会確認書」などと呼ばれる，実測図付きのもの【例1】）を作成し，当事者が記名押印等の上，互いに所持するのが一般的である。

　また，立会・確認した当事者全員が，同一の書面に記名押印を行う方法もある（【例2】）。この方式は，委託者側のみが原本を保有することとなるため，後日の紛争予防や，将来隣接地側において境界確認が必要となったときのことを考えると，前の例による方が優れていると言える。しかし，どのような方式によるかは，それぞれの現場の状況と慣習等を考慮して判断すればよい。

　これらの筆界又は境界に関する証明書や確認書は，登記の申請の際に筆界の認定資料となるものである。

【例1】 境界立会確認書（東京会調測要領　別紙5）

境 界 立 会 確 認 書

　下記土地の境界については，甲及び乙が現地において立会の上，相互に異議なく境界標で示す（別紙土地境界図朱線部）とおり承諾確認する。

　なお，今後第三者に土地の権利を移転する場合には，第三者に本確認書並びに承諾確認の事実及び地位を承継させなければならない。

記

1　境界を確認した土地の表示

　　甲の土地：＿＿＿＿＿＿＿＿＿＿＿　　　所有者＿＿＿＿＿＿＿＿

　　乙の土地：＿＿＿＿＿＿＿＿＿＿＿　　　所有者＿＿＿＿＿＿＿＿

2　立会年月日　　平成　　年　　月　　日

　　平成　　年　　月　　日

　　甲所有者　住　　所　＿＿＿＿＿＿＿＿＿＿＿＿＿＿＿

　　　　　　　氏　　名　＿＿＿＿＿＿＿＿＿＿＿＿＿＿＿　㊞

　　乙所有者　住　　所　＿＿＿＿＿＿＿＿＿＿＿＿＿＿＿

　　　　　　　氏　　名　＿＿＿＿＿＿＿＿＿＿＿＿＿＿＿　㊞

注）本書と別紙土地境界図の綴り目には契印をする。

【例2】立会確認書（東京会調測要領　別紙4）

立 会 確 認 書

土地の表示 _____

所 有 者　住 所　_____

　　　　　氏 名　_____ 　㊞

　　　私は，上記土地の測量に当たり隣接土地所有者として土地の境界について異議なく確認しました。

隣接地番	隣接土地所有者（立会人） 住 所　氏 名　電話番号	所有者との関係	立会年月日	押 印
			平成　　　年 　　月　　日	
			平成　　　年 　　月　　日	
			平成　　　年 　　月　　日	
			平成　　　年 　　月　　日	
			平成　　　年 　　月　　日	

　本立会証明書のとおり本職が立会の事実を確認し，測量したものであるとともに，本人による記名・押印であることを証明します。

平成　　　年　　　月　　　日
　　　事 務 所
　　　土地家屋調査士

注1　管理人，代理人が立会した場合は，その者の住所・氏名・電話番号を
　　　併記して押印する。
注2　この立会証明書と境界を明らかにした図面を合綴した場合は，立会人
　　　の契印を要する。

【例２の裏面】

地形・境界点見取図

第9節　地積の測定及び分筆測量

　地積の測定は，確認された筆界点に基づき，境界標の設置及び地積の測定を行う。分筆の場合には，引き続き分筆測量を行う。

1　地積の測定

　地積の測定は，確認された筆界点の測量を行い，境界標を設置する。境界標が，正しく設置されたことを検測し，筆界点座標，面積及び辺長を計算し，併せて点間距離及び地積の公差を確認する。

　前節の境界確認の段階で，あらかじめ推定された点で確認された場合は（既に座標データとして持っているはずであるから），改めての筆界点測量は必要ない。また，境界標の設置は，前節の境界確認の際に行われることも多いと思われるが，作業区分としては本節に属するものと考えている。

2　分筆測量

(1)　分筆求積

　分筆の場合の求積は，分割前の土地全部についての1「地積の測定」の結果と委託契約の内容に従って，分割する面積及び形状の検討と計算を行い，委託者の意向に沿ったものであるかを確認する。

　全体の面積や形状が当初の予定と異なることもあって，分割の形状等を変更することになることも少なくないので，委託者とは，よく打合せをして，後で問題の起こらないようにしなければならない。

(2)　分割点の境界標設置

　分割点については，仮杭等を測設し，委託者の確認を得る。分割点に問題がなければ境界標を設置し，全体の検測を行う。

　ここでの境界標設置は，筆界が確認された後の委託地内のことではあるが，隣接地との筆界線上に設置することとなる場合には，不要なトラブルを防止する観点から，その旨を，あらかじめ隣接地の所有者等の関係者に話しておくことが望ましい。

 登記申請情報等の作成

登記の申請情報及び添付情報は，委託された目的に従って，準備・作成する。

地積の更正や分筆の登記の申請において，添付情報の中で特に重要なものは，地積測量図と調査報告情報である。

1　地積測量図

登記申請の添付情報とすべき地積測量図は，委託された目的に従い，作成する。

地積測量図には，これまでに調査・測量をして得た地籍情報を基に，規定の方式に従い必要な情報を記録しなければならない。地積測量図の作成に係る詳細は，第4章に記述した。

2　調査報告情報

登記申請の添付情報とすべき調査報告情報を作成する。

調査報告情報には，これまでに調査・測量をして得た地籍情報を整理して記録する。特に，申請地の筆界の認定に関する情報（どのような作業，検討，手続を行って認定するに至ったのか等の情報）は，地積測量図が公正に作成されたものであることを裏付ける重要な地籍情報であるため，事実を正確に記録する必要がある。

調査報告情報の作成に係る詳細は，第5章に記述した。

3　その他の添付情報

その他の添付情報として，代理権限証明情報及び必要に応じた法定添付情報（相続証明情報，住所変更証明情報，抵当権消滅承諾情報，地役権証明情報等）並びに，法定外の任意提供情報（境界の確認又は証明に関する情報等）を準備・作成する（境界確認書，公共用地境界の証明書，その他の筆界に関する情報は，調査報告情報の中の筆界の認定に関する情報の附属情報又は参考情報として提供するものであるという考え方もある。）。

登記の申請は，地積の更正や分筆等，委託内容に応じ，適切な申請をする。

登記の申請は，電子情報処理組織を使用する方法（不登法18条１号）又は，申請情報を記載した書面を提出する方法（同条２号）のいずれかにより，申請情報を登記所に提供してしなければならない。そして，いずれの場合も添付情報を併せて提供又は提出しなければならない（不登令10条，15条）。

1　オンライン申請（電子情報処理組織を使用する方法による申請）

オンライン申請は，平成16年改正の不動産登記法（平成17年３月７日施行）により導入された。その後，平成20年１月11日政令第１号「不動産登記令の一部を改正する政令」（平成20年１月15日施行）により，いわゆる「特例方式」が規定された。「特例方式」の導入により，それまでほとんど利用されることがなかったオンライン申請が利用されるようになった。利用されていなかった一番大きな理由は，申請人の電子署名がされた代理権限証明情報を提供することが難しかったからである。なぜならば，個人の公的個人認証サービス電子証明書又は法人の電子認証登記所電子証明書の取得が少なかったことに加え，申請人側に電子署名するためのコンピュータシステムの環境が整っていなかったからである（現在も個人においてはこの状況はほとんど変わっていない。）。今後，マイナンバー法の施行により，個人番号カードの取得が増え，環境改善が進むことが期待される。

登記に関するオンライン申請のシステムは，平成23年２月14日から「登記・供託オンライン申請システム」に変更され，それまでの「法務省オンライン申請システム」に比べて利用しやすいものとなった（プログラムの動作環境の変更とソフトの操作の改善が主な変更点である。関係法令が改正されたわけではないので，申請情報及び添付情報の扱い等は基本的に変更はない。）。

(1)　申請方法について

登記申請は，「登記・供託オンライン申請システム」用に法務省が提供している

「申請用総合ソフト」又は民間ベンダーの申請用ソフト（以下「申請用総合ソフト等」という。）を使用して行う。表示に関する登記の申請の主な流れは次のようになる。

①　申請書作成・編集画面で申請情報を入力する。

②　合筆等の申請で登記識別情報を提供する場合には，登記識別情報提供様式を作成し，添付する。

③　合筆等の登記完了後の登記識別情報通知について，オンラインによる通知を希望する場合には，登記識別情報通知取得用届出様式を作成し，添付する（取得者特定ファイルは同時に作成され，システムに保存される。）。

④　他の添付情報を添付する。

⑤　申請書に電子署名を付与する。

⑥　申請データを送信する。

⑦　登録免許税の納付を要する場合には，受付後，納付情報が届いたら登録免許税を納付する。

⑧　特例方式とした添付情報がある場合には，不動産登記規則別記第13号様式と併せて原本を登記所に持参又は送付する。

(2)　添付情報について

　オンライン申請をするときは，申請情報と併せて添付情報を送信しなければならず（不登令10条），添付情報は作成者による電子署名が行われているものでなければならない（不登令12条2項）とされている。これがオンライン申請における原則である。しかし，表示に関する登記申請の添付情報は，種類・数とも多く，様々な人の手により作成されていることにより，この原則によることは困難と考えられることから，表示に関する登記の申請の添付情報（申請人又はその代表者若しくは代理人が作成したもの並びに土地所在図，地積測量図，地役権図面，建物図面及び各階平面図を除く。）が書面に記載されているときは，当該書面に記録された情報を電磁的記録に記録したものを添付情報とすることができるとされ，この場合の当該電磁的記録は，当該電磁的記録を作成した者による電子署名が行われているものでなければならず（不登令13条1項），また，当該電磁的記録は原本の写しであることから，登記官が定めた相当の期間内に，原本である当該書面を登記官に提示しなければならない（同条2項）と規定されている。

　つまり，代理権限証明情報（委任状）や登記原因証明情報などの申請人又はその代表者が作成した情報には，申請人又はその代表者の電子署名が行われていなければオンライン申請はできないということである。これが，オンライン申請の普及が進まな

い大きな理由となっていた（申請代理人である土地家屋調査士は，日本土地家屋調査士会連合会認証局の電子証明書を取得・使用することができる状況であったので，土地家屋調査士側のシステムにとっては阻害要因ではなかった。）。

　そして，平成20年1月15日からは，添付情報（登記識別情報を除く。）が書面に記載されているときは，不動産登記令第10条及び第12条第2項の規定にかかわらず，当分の間，当該書面を登記所に提出する方法により添付情報を提供することができる（不登令附則5条1項）とするいわゆる「特例方式」が導入された。これにより，申請人（又はその代表者）の電子署名というハードルが取り払われ，オンライン申請が広く普及することとなった。

　登記識別情報については，この特例方式は認められていないので，申請用総合ソフト等で登記識別情報提供様式を作成し，添付情報としなければならない。また，登記完了後に新たな登記識別情報をオンラインにより通知を受け取得する場合には，登記識別情報通知取得用届出様式及び取得者特定ファイルを作成し（公文書一括取得をする場合には両方を，一括取得しない場合には登記識別情報通知取得用届出様式のみを）添付情報としなければならない。

　さらに，表示に関する登記の申請等のオンライン利用の促進を図るため，オンライン手続に係る負担軽減策として，法定外添付情報^(注)の原本提示の省略に係る取扱いの運用が平成27年6月1日から開始された（平成27年4月3日民事第二課法務専門官事務連絡「資格者代理人がするオンラインによる表示に関する登記の申請又は嘱託における法定外添付情報の原本提示の省略に係る取扱いについて」。以下「平成27年4月3日事務連絡」という。）。

　　（注）　法定外添付情報とは不登法，不登令その他の法令に定める添付情報（法定添付情報）以外の添付情報で，各法務局又は地方法務局の表示に関する登記に係る調査要領等（土地建物調査要領，土地建物実調要領などとして定められている。）で規定されているものをいう。

【平成27年4月3日法務局民事行政部首席登記官・地方法務局首席登記官宛て法務省民事局民事第二課法務専門官事務連絡】

　　　　資格者代理人がするオンラインによる表示に関する登記の申請又は嘱託における法定外添付情報の原本提示の省略に係る取扱いについて

　　現在，表示に関する登記の申請又は嘱託においては，不動産登記法（平成16年法律第123号），不動産登記令（平成16年政令第379号）その他の法令に定める添付情報（以下「法定添付情報」という。）のほか，登記官の心証形成に資するものとして，各局の表示登記事務処理要領等に規定する添付情報（以下「法定外添付情報」という。）の提供を

求める取扱いがされているところです。

　また，オンラインにより表示に関する登記の申請又は嘱託をする場合において，法定添付情報が書面に記載されているときは，当該書面に記載された情報を電磁的記録に記録したものを添付情報とすることができ（不動産登記令第13条第1項），この場合において，当該申請人は，登記官が定めた相当の期間内に当該書面を提示しなければならない（同条第2項）とされており，法定外添付情報の提供においても同様の取扱いがされているところです。

　ところで，平成26年4月1日に決定された「オンライン手続の利便性向上に向けた改善方針」（平成26年4月1日各府省情報化統括責任者（CIO）連絡会議決定）においては，オンライン手続に係る負担軽減策として，手続を代理する資格者代理人が原本を確認した場合には，原本の提示を省略する等の取組が示されているところ，このような取組を行うことにより，表示に関する登記の申請又は嘱託についてのオンライン利用の促進を図ることができるものと考えられます。

　そこで，今般，オンラインによる表示に関する登記の申請又は嘱託の利用促進及び事務処理の効率化を図ることを目的として，下記のとおり取り扱うこととしましたので，貴管下登記官への周知方よろしくお取り計らい願います。

　なお，本件については，日本土地家屋調査士会連合会においても，各土地家屋調査士会に対し周知される予定ですので，申し添えます。

記

1　法定外添付情報の原本提示の省略の取扱い

　　資格者代理人がオンラインにより表示に関する登記の申請又は嘱託をする場合において，法定外添付情報（法定外添付情報に添付されることがある印鑑に関する証明書及び法人の代表者の資格を証する情報を含む。）を電磁的記録に記録したもの及びこれが原本と相違ない旨の記録がされた不動産登記規則（平成17年法務省令第18号）第93条ただし書に規定する不動産の調査に関する報告書（以下「調査報告書」という。）が提供されたときは，法定外添付情報を電磁的記録に記録したものが不鮮明である等の理由により登記官が原本の提示を求める場合を除き，当該法定外添付情報の原本の提示を省略することができるものとする。ただし，農地を農地以外の地目に変更する地目の変更の登記の申請をする場合に提供する農地に該当しない旨又は農地の転用許可があったことを証する官公署の証明書，都市計画法（昭和43年法律第100号）第36条第2項の規定に基づく検査済証等，通達等で添付の取扱いが定められているものは，その通達等に従うものとする。

2　運用開始日等

　　本年6月1日（月）以降に資格者代理人がするオンラインによる表示に関する登記の申請又は嘱託を対象とする。

　　なお，法定外添付情報の提供は，各局の表示登記事務処理要領等で規定していることに鑑み，各局においては，運用開始日までに各土地家屋調査士会との間で本件について協議を行うこと。

3　調査報告書への記録

　　資格者代理人が調査報告書に法定外添付情報を電磁的記録に記録したものが原本と相違ない旨の記録をする場合には，原則として，調査報告書中「Ⅱ資料に関する調査又は確認」欄の「特記事項」欄に記録するものとする。

4　その他
　他の土地家屋調査士会に所属する資格者代理人からオンラインによる表示の登記の申請又は嘱託がされた場合であって，自局管内の土地家屋調査士会と異なる取扱いがされたときは，当該他の土地家屋調査士会を管轄する法務局又は地方法務局に取扱い方法を確認するなど，円滑な運用に留意すること。

　従前，オンライン申請における法定外添付情報の取扱いは，法定添付情報と同様の取扱いがされてきたところである。つまり，法定か法定外かにかかわらず，添付情報（申請人又はその代表者若しくは代理人が作成したもの並びに土地所在図，地積測量図，地役権図面，建物図面及び各階平面図を除く。）が書面に記載されている場合は，これを電磁的記録に記録し，かつ当該電磁的記録の作成者の電子署名が行われたものを添付情報とすることができ（不登令13条1項），この場合には登記官が定めた相当の期間内に，当該書面を提示しなければならない（不登令13条2項）取扱いであった。

　法定外添付情報の原本提示の省略の取扱いは，不動産登記令第13条第2項に規定されている書面（原本）の提示を省略するものである。平成27年4月3日事務連絡では，電子署名について特に触れていないが，不動産登記令第13条第1項による添付情報であることを前提としているため，原本提示の省略の取扱いを受けるためには，法定外添付情報を電磁的記録に記録しこれに電子署名を行わなければならない。また，提供した法定外添付情報を電磁的記録に記録したものが原本と相違ない旨を調査報告情報に記録して提供する必要がある（調査報告情報の記録については，第5章172頁参照）。

　原本提示を省略することができる法定外添付情報については，各法務局又は地方法務局で管内の取扱いを定めている。具体的には，各局の調査要領等（土地建物調査要領，土地建物実調要領などとして定められている。）において登記の目的に従って法定添付情報のほかに添付情報とするように定めている情報とされている。ただし，農地を農地以外の地目に変更する地目の変更の登記の申請をする場合に提供する農地に該当しない旨又は農地の転用許可があったことを証する官公署の証明書，都市計画法（昭和43年法律第100号）第36号第2項の規定に基づく検査済証等，通達等で添付の取扱いが定められているものはその通達に従う（平成27年4月3日事務連絡1）ものとしてこれらを除く取扱いとなっている。

　また，日調連からも本取扱いに関する留意事項が示されている（【資料18】参照）。

　なお，添付情報ファイルに関する詳しい情報は，登記・供託オンラインシステムのサイト内「オンライン申請ご利用上の注意」（http://www.touki-kyoutaku-online.moj.go.jp/cautions/cautions_top.html）のページの「添付ファイルに関する留意事項」及び『第2版　Q&A表示登記オンライン申請の実務』（日本加除出版，2015）に掲載されて

いるので参照いただきたい。

(3)　電子証明書について

　土地家屋調査士が代理人として登記の申請をオンラインで行う場合の電子署名は，セコムトラストシステムズ株式会社が運営する認証局が発行する「セコムパスポート for G-ID 土地家屋調査士電子証明書」（平成26年10月30日法務省告示第456号）によるものでなければならない（土地家屋調査士法施行規則（昭和54年12月25日法務省令第53号）第26条第2項。なお当初の日調連認証局の電子証明書は，平成27年2月27日をもって全て失効となった（認証サービスの廃止は，平成27年3月15日）。）。

　土地家屋調査士法人が代理人として登記の申請をオンラインで行う場合の電子署名は電子認証登録所電子証明書によるものであるが，当該法人にすべての業務に係る代表権を有する者がいない場合は，前述の土地家屋調査士（個人）の電子証明書によるものとなる。

　なお，電子証明書及び電子署名に関する詳しい情報は，登記・供託オンラインシステムのサイト内「オンライン申請ご利用上の注意」（http://www.touki-kyoutaku-online.moj.go.jp/cautions/cautions_top.html）のページの「電子証明書・電子署名に関する留意事項」，日調連のサイトの「会員の広場」内「オンライン申請関係」のページ及び『第2版　Q&A表示登記オンライン申請の実務』（日本加除出版，2015）に掲載されているので参照いただきたい。

(4)　登記識別情報及び登記完了証に関する情報について

　平成16年改正により，登記済証の制度に代わって，登記識別情報及び登記完了証の制度が設けられた。そして，申請情報の添付情報として登記識別情報を提出しなければならないとされている。不動産登記法第22条に規定する申請をする場合において，同条ただし書の規定により登記識別情報を提供することができないときは，申請情報の内容として当該登記識別情報を提供することができない理由を記載しなければならない（不登令3条12号，不動産登記規則の一部を改正する省令（平成20年法務省令第1号，平成20年1月15日施行））。また，申請をした登記が完了したときに，登記官から通知される登記識別情報を記載した書面の交付を，送付の方法によることを求める場合には，その旨及び送付先の別の記載が必要となる（不登規則63条3項）。また，登記完了証の交付を送付の方法により求める場合には，その旨及び送付先の住所を申請情報の内容としなければならない（不登規則182条2項，不動産登記規則の一部を改正する省令（平成23年法務省令第5号，登記完了証に関する改正は平成23年6月27日施行））ことが新

たに規定された。

（注１）　不動産登記規則63条１項柱書の法務大臣が別に定める場合として，不動産登記の申請をオンライン申請でした場合であっても，当面，登記識別情報通知書の交付を申し出ることができることとされた（http://www.moj.go.jp/MINJI/minji144.html）。これにより，オンライン申請の場合においても登記識別情報通知書を送付する方法によって交付を受けることができることとなった（不登規則63条３項）。

（注２）　不動産登記規則182条１項柱書の法務大臣が別に定める場合として，不動産登記の申請をオンライン申請でした場合であっても，当分の間，登記完了証を書面により交付することを申し出ることができることとされた（http://www.moj.go.jp/MINJI/minji05_00057.html）。これにより，オンライン申請の場合においても登記完了証を送付する方法によって交付を受けることができることとなった。

2　書面申請（申請情報を記載した書面を提出する方法による申請）

　従前のとおり，申請書を添付情報と併せて登記所へ提出する。申請情報等の提供方法は，平成16年改正前と基本的に同じである。登記識別情報及び登記完了証に関する申請情報の記載事項は，前述のオンライン申請の場合と同様である。

第12節　公文書受領（登記完了証・登記識別情報）

　申請した登記の手続が完了すると，登記官から公文書（登記完了証及び登記識別情報を総称して公文書という。）が交付又は通知されるので，これを受領する。

1　登記完了証

　電子申請の場合には，原則オンラインによって送信された登記完了証を受領することになるが（不登規則182条１項１号），当分の間，書面により交付することを申し出ることができるとされている。書面による場合には，登記所の窓口で書面によって交付される登記完了証を受領することになる（不登規則182条１項２号，47頁注２）。

　いずれの場合にも書面での登記完了証は，送付の方法による交付を求め，これを受領することもできるとされている（不登規則182条２項）。

　なお，登記完了証は，一定期間経過しても受領しない場合には，廃棄されて受領することはできないとされている（不登規則182条の２第１項）。

　この一定期間とは，電子申請の場合には，オンラインによって受信することが可能になった時から30日を経過しても自己の使用に係るファイルに記録しない場合であって（不登規則182条の２第１項１号），書面申請による場合には，登記の完了の時から３月を経過しても受領しない場合である（不登規則182条の２第２項）。

2　登記識別情報

　電子申請の場合には，原則オンラインによって送信された登記識別情報を受領することになるが（不登規則63条１項１号），当分の間，書面により交付することを申し出ることができるとされている。書面による場合には，登記所の窓口で交付される書面に記録をした登記識別情報を受領することになる（不登規則63条１項２号，47頁注１）。

　いずれの場合にも書面での登記識別情報は，送付の方法による交付を求め，これを受領することもできるとされている（不登規則63条３項）。

　なお，登記識別情報は，一定期間経過しても受領しない場合には，廃棄されて受領

することはできないとされている（不登規則64条1項2号・3号）。

　この一定期間とは，電子申請の場合には，オンラインによって受信することが可能になった時から30日以内に自己の使用に係るファイルに記録しない場合であって（不登規則64条1項2号），書面に記載した登記識別情報を登記の完了の時から3月以内に受領しない場合である（不登規則64条1項3号）。

（注1）　登記完了証

　　登記完了証は，登記の申請等に基づいて登記官が登記が完了したときに登記官から申請人等に対して，登記が完了した旨を知らせる通知である（不登規則181条1項）。

　　すなわち，不動産の表示に関する登記の申請が，表題部所有者若しくは所有権の登記名義人又はその相続人その他の一般承継人（以下「所有権の登記名義人等」という。）から提出され，登記が完了したときには，登記官から所有権の登記名義人等に登記完了証が通知される（不登規則181条1項）。

　　また，所有権の登記名義人等の債権者が，所有権の登記名義人等に代位して申請された登記が完了した場合には，代位者と被代位者に登記完了証が通知される（不登規則183条1項2号）。また，登記官が職権で表示に関する登記をした場合には，当該不動産の所有者の登記名義人等に通知される（不登規則183条1項1号）とされている。

　　なお，登記完了証の通知は，二人以上であるときは，そのうちの一人に通知すれば足りる（不登規則第181条1項）とされている。

（注2）　登記識別情報

　　登記識別情報とは，不動産登記法第22条本文の規定により登記名義人が登記を申請する場合において当該登記名義人自らが当該登記の申請をしていることを確認するために用いられる情報である（不登法2条14号）。

　　表示に関する登記の申請に基づいて登記が完了したときに登記官から登記識別情報の通知がされるのは，申請人自らが登記名義人となる場合（不登法21条）であることから所有権の登記のある土地の合筆の登記，及び所有権の登記のある建物の合併の登記と合体の登記の場合の所有権者等である。

　　このような登記の申請に基づく登記が完了したときに通知される登記識別情報は，登記申請人が登記名義人であることを識別することができる情報であることから，各不動産の登記名義人ごとに異なる一意性のものであって（不登規則61条），かつ，登記名義人以外の者には，知り得ないという秘密性が保持されてる情報であるとされている（不登法21条，不登規則63条，不登準則37条）。

第13節　成果引渡し

　委託された登記とその関係業務が完了したら，当該業務の成果である情報を整理して委託者へ引き渡す。引き渡す情報の内容は，当初の委託契約によることとなるが，情報のまとめ方は，書面はファイル（穴開けファイル，クリアポケットファイルなど）にまとめ，電子データはCD-Rなどのメディアに記録する方法が一般的である。

　地積更正又は分筆の業務における引き渡す情報のリスト（例）は，概ね次のようなものである。

- ・　案内図
- ・　地図又は公図の写し
- ・　登記事項証明書（登記完了後）
- ・　登記完了証
- ・　地積測量図（申請図の写し又は証明書）
- ・　実測図（現況図，求積図など）
- ・　境界に関する証明書等（隣接地所有者リスト，官民の境界協議証明書，民民の境界確認書など）
- ・　境界標写真
- ・　測量計算簿等
- ・　その他資料（参考とした近隣の地積測量図，公共用地境界図など）

第 3 章

筆界の認定

筆界とは

1　はじめに

　本章では，土地の登記申請等を行うことを前提とした場合の，筆界の現地における位置の認定（推認）について述べることとする。筆界の認定（推認）作業は，土地の物理的位置の特定及び地積の決定をすることに直結する極めて重要なものであり，公正かつ正確に行われなくてはならない。その結果として，登記情報及び添付情報である地積測量図が作成できるのであり，筆界の認定（推認）に至った経緯の概要を調査報告情報に記録し，添付情報とすることができるのである。

　　（注）　筆界の認定権限は登記官にあるため，正確には「筆界の認定」とは，登記官が分筆や地積の更正等の登記（地図訂正等を含む。）をする前提として，筆界の位置を検討し認定することをいい，土地家屋調査士（又は土地家屋調査士法人）が調査・測量の上，筆界の位置を判断することを「筆界の推認」などということになろうが，本書では，特にこれらを区別する必要がある場合のほかは，ともに「筆界の認定」と表現することとする。
　　　　　また，紙面の関係もあり，筆界及びその認定に関する一般的な事項を平易かつ簡潔に記述することとした。詳細は，優れた文献が多数あるので参照していただきたい（凡例参照）。

2　筆界とは

　土地と土地との境界は，「私法上の境界」と「公法上の境界」に大別される。
　「私法上の境界」は，所有権をはじめとする私権の及ぶ範囲の境であり，所有権界，占有界などの民事実体法上の境界である。一方，「公法上の境界」は，不動産登記法を拠り所とするもので，地番の付された土地と隣接する土地との境であり，これを「筆界」と称してきた。そして，筆界特定制度の規定が盛り込まれた平成17年の不動産登記法の改正（平成17年法律第29号，平成18年1月20日施行）により，第123条第1号で「表題登記がある一筆の土地（以下単に「一筆の土地」という。）とこれに隣接する他の土地（表題登記がない土地を含む。以下同じ。）との間において，当該一筆の土地が登記された時にその境を構成するものとされた2以上の点及びこれらを結ぶ直

線をいう。」と定義され，立法的に初めて明確にされたのである。これにより，今後は様々な場面において筆界の定義や解釈は，本規定に倣うことになろう。しかし，この規定は，不動産登記法第6章，すなわち筆界特定制度に関する限りの用語定義であることには留意すべきである。

　無番地と他の無番地との間にも（広義の）筆界が認められる場合がある。『境界理論』20〜21頁では，「無番地の土地（里道・水路・海浜などの長狭物を含む。）といえども地租改正時における地押調査等の結果，公図その他の登記図簿上，一個の国有地として認知され，隣接地との筆界が描かれているならば，その事実から他の筆（あるいは他の無番地）との筆界の形成を認定することができる。したがって，無番地と有番地の境はもちろん，登記図簿上その存在が認められている無番地同士（例えば，里道敷と国有無番地の官舎敷地）あるいは当該無番地と脱落地間においてすら筆界を認めることができると解される」とし，「無番地の土地についても『表題登記がある1筆の土地』に準じて，相隣接地との筆界を確認する必要があり得ることは明らかゆえ，これらの国有無番地相互間あるいはこれらと脱落地との間についても筆界を認めるのが相当である」と記述されている。

　また，筆界点と筆界点を結ぶ線が直線でない場合であっても，境が現地において明確に認識できるときは，当然，筆界と認められよう。

　筆界の認定に当たっては，まず最初に，その筆界が形成された経緯を調査し把握することが必要である。なぜならば，それに基づいて関係資料の調査と収集が行われること，また，調査・測量（立会を含む。）においても，それを軸にして現地の状況を把握することが必要だからである。

　筆界は，創設・形成された経緯により，(1)原始筆界，(2)後発的筆界に分類することができる。

(1)　原始筆界

　明治初期における地租改正事業によって創設された筆界を「原始筆界」と呼んでいる。また，埋立て等によって新たに生じた土地について形成された筆界，土地区画整理事業や土地改良事業等によって形成された筆界も原始筆界であるが，前述のものと区別する意味で「後発的原始筆界」ともいわれる（『境界理論』10頁）。

(2)　後発的筆界

　原始筆界の形成後，分筆（合筆の後の再分筆を含む。）により新たに形成された筆界

を「後発的筆界」と呼んでいる。

　なお，言うまでもないが，地積の更正の登記の際に認定した筆界は，既に形成されていた筆界の位置を探求して発見したものであり，その時点において何ら筆界の形成がされるものではない。

第2節　筆界の認定

1　筆界の認定の手順

　一般的に，筆界の認定は，第2章「土地の調査・測量及び登記申請に関する業務の流れ」第3節以降の，資料調査から境界立会，確認の手順に従って行われる。

　項目を大掴みにして改めて確認すると，資料調査（第2章第3節），現地の調査・測量（第2章第4節〜第7節），立会（第2章第8節）を行い認定をするという流れである。

2　資料調査

　最初に，登記記録と地図等により対象の土地の特定を行い，前述した筆界の形成の経緯を登記記録等（閉鎖された登記記録及び旧土地台帳の記録事項を含む。）により調査，把握する。そして，当該土地の筆界ごとにその形成された時点の登記記録及びその附属書類（地積測量図等）をはじめ，登記所以外が保有する資料を収集し分析する。第2章でも触れたが，それぞれの資料の作成の経緯（意図，根拠）や精度等の特徴を十分に把握・理解した上で，当該筆界の認定に有効な情報を読み取っていく必要がある。

　次に，代表的な資料である登記所備付けの地図，地図に準ずる図面及び地積測量図に関して，その特徴と取扱いを概説する（凡例の参考文献参照）。

(1)　地　図

　地図は，昭和35年の（旧）不動産登記法の改正により，登記所に地図を備える（旧不登法17条）こととされ，一筆又は数筆の土地ごとにこれを作製するものとし，各筆の土地の区画及び地番を明確にするもの（旧不登法18条1項）として整備されてきた。現在は，不動産登記法第14条に規定され，一筆又は二筆以上の土地ごとに作成し，各土地の区画を明確にし，地番を表示するもの（不登法14条2項）としてその整備が図られているところである。

　しかし，法務局の作成によるものは極めて少なく，現在，備え付けられている地図の大半は，国土調査法（昭和26年法律第180号）による地籍図（国土法2条5項，20条1

項），土地区画整理法（昭和29年法律第119号）による所在図（土地区画整理登記令4条
2項3号），土地改良法（昭和24年法律第195号）による所在図（土地改良登記令5条2項
3号）等の他の法令に基づいて作成されたものである。

　一口に地図といっても，その作成の根拠法や作成年代，またその地域により，その
精度や性質は異なるため，その特質をよく踏まえた上で，筆界の認定の資料とするこ
とが必要である。

根拠法別の特質

　ア　「法務局作成の地図及び国土調査法による地籍図」（以下「地籍図」という。）に
　　　よる地図

　　これらの図面作成作業において確認された筆界は，その作業において創設・形成
　されたものではなく，従前から存在する筆界の現地における位置を探求して特定し
　たものである（地図作成における職権分筆，地図混乱地域における集団和解方式又はこ
　れに準じる場合，及び，地籍調査事業における代位登記に係るものを除く。）。

　イ　「土地区画整理法による所在図や土地改良法による所在図等」による地図

　　土地区画整理事業や土地改良事業等では，権利変換の確定後に筆界が創設・形成
　されたものであり，これら所在図等による地図に示されているのは（後発的）原始
　筆界である。

作成年代による特質

　ア　「平成元年度頃以降の地籍図」による地図

　　昭和61年の地籍調査作業規定準則等の改正により，細部測量については，数値法
　による精度の高い方法によることとされ，これにより作成された地籍図は，各筆界
　点を平面直角座標により表示，管理するもので「数値地図」と呼ばれている。平成
　元年度頃から法務局に送付された地籍図の大部分がこの数値地図であり，土地改良
　事業又は土地区画整理事業によって作成される所在図等についても同様に，数値法
　によって作成されるものが多くなっている（平9.8.27民三1488号通知）とのことで
　あるから，この年代以降の図面はその精度区分に従った現地復元性の比較的高いも
　のと考えることができる。

　イ　「平成16年度以降の平成地籍整備に係る地籍図」による地図

　　平成15年6月26日，内閣の都市再生本部において「民活と各省連携による地籍整
　備の推進」と題する方針が示され，都市再生の円滑な推進のため，国において，全
　国の都市部における登記所備付地図の整備事業を，強力に推進することとされた

（いわゆる「平成地籍整備」）。この方針に基づき，平成16年度から，法務省と国土交通省との連携により地籍整備事業が実施されることとなった。これまでの地籍調査と異なるのは，特に都市部における事業について，法務局職員が，不動産登記法に関係する場面において，協力をするということであった（平16.6.30民二1870号通達）。特に，現地調査における筆界調査に協力した場合の意義は大きく，成果としての筆界の質は，関与しない場合に比べて，格段に高くなったものと考えられる。

ウ　「近年の法務局作成地図」

　法務省は，昭和43年度から地図作成作業を行ってきたが，平成元年に「地図整備の具体的推進方策（平元.1.31民三178号通知）」が策定され，地図整備の基本方針の１つとして，「数値地図の整備」が掲げられた。

　そして，具体的推進方策として，作業地域は市街区及び準市街地であって，他の公的機関により地図が作成されない地域を選定する。この選定に当たっては，当該地域のうち地図混乱地域又は地図のない地域であって，地図づくりの必要性が高く，土地所有者等関係者の協力が得られる見込みのある地域等を優先させるものとするとされた。

　以後この方針により，整備が進められてきた。そして，平成16年度においては，日本土地家屋調査士会連合会が策定した「法務省〔旧〕不動産登記法第17条地図作製等基準点測量作業規程」及び「法務省〔旧〕不動産登記法第17条地図作製作業規程（基準点測量を除く）」を全国統一の作業規定として，全国21の法務局・地方法務局で地図作製作業が実施された（法務研究346頁）。その後も，「平成地籍整備」の一環として，各地で地図作成作業が行われている。これらの地図は当然ながら，各筆界点に平面直角座標を持った「数値地図」であり，成果である筆界点の座標値は，地図情報システムに記録されている。

　また，地域によっては，同時に平面直角座標による筆界点の座標値を記録した地積測量図も作成されているので，一般に（使用した近傍の基準点及び境界標等がすべて亡失等で不明とならない限り），地図と地積測量図の情報から，筆界を現地において特定することのできる，現地復元性の高いものである。

（注）　現在は，「法務省不動産登記法第14条第１項地図作成等基準点測量規程」（平成21年10月23日変更法務省民二第2538号民事局民事第二課長通知）及び「法務省不動産登記法第14条第１項地図作成作業規程」（基準点測量は除く。）が定められている。

(2)　地図に準ずる図面等

地図が備えられていない地域においては，地図が備え付けられるまでの間，これに

代えて，地図に準ずる図面を備え付けることができる（不登法14条4項）とされ，地図に代えて，旧土地台帳附属地図をはじめ，土地改良事業等によって作成された所在図等のうち，地図としては不適合とされたものが備え付けられている。

　この地図に準ずる図面のうちの約7割が，旧土地台帳附属地図である。この源は，明治初期の地租改正事業の際に作成された「改租図」，そしてその後の「地図更正ノ件」（明治20年6月20日大蔵大臣内訓第3890号）により作成された「更正図」であるといわれている。その地域や作成された時期などにより，それぞれの図面の精度にはかなりばらつきがあるものではあるが，これらの図面はまさに原始筆界を表したものといえるため，原始筆界を探求する上では欠くことのできない資料である。一般に，旧土地台帳附属地図は，距離，面積，方位，角度などの定量的な面についてはそれほど信用することはできないが，土地の配列関係や筆界が直線であるのか屈曲しているのかなどの定性的な面についてはかなり信用できるといわれている。

　現在，登記所に地図に準ずる図面として備え付けられているものは，和紙の原図から（アルミケント紙，ポリエステルフィルムなどに）再製されたもの（数度の再製作業を経ているものも少なくない。）を地図情報システムに記録したものである。地図及び地図に準ずる図面は，平成23年3月にすべての登記所において，地図情報システムにより事務処理されることとなった。筆界の調査に際しては，図面の再製作業において，移記の漏れや誤りがある可能性もあることを念頭に置き，旧土地台帳をはじめとする他の資料との整合性を確認しなければならない。そして，移記の漏れや誤りが疑われる場合には，再製作業により閉鎖された旧図を調査し，当該筆界の形成過程を含めて慎重に確認する必要がある。

(3)　地積測量図

　地積測量図（旧不登法までは，法文上「地積の測量図」と規定されているが，以下「地積測量図」と表示する。）は，土地の表題登記，地積の変更又は更正の登記，分筆の登記を申請する場合や，地図又は地図に準ずる図面の訂正（単に地番のみの誤りの場合を除く。）の申出をする場合に，添付情報として提供しなければならない図面である。その目的は，申請情報である地積についての根拠を明らかにするためである。現在，その作成方式と内容については詳細に規定され（不登規則73条〜75条・77条・78条，不登準則50条・51条），その土地の筆界に関する物理的な地籍情報（筆界点の座標値，境界標の表示，隣接地との接合状況等）が記録されることになっており，現地における筆界の位置を明確にする重要な資料となっている。

　地積測量図は，昭和35年の不動産登記法の改正（昭和35年法律第14号）によって登

記申請書の添付書面として規定され，土地台帳と登記簿の一元化作業が完了した登記所に申請書の添付書類として提供されたものが備え付けられ，公開されている。一元化完了前にも地積測量図は，土地台帳法（昭和22年法律第30号，昭和35年法律第14号により同年4月1日廃止）による申告書の添付書類として作成されていた。地方税法（昭和25年法律第226号）の施行と合わせて，土地台帳法の一部を改正する法律（昭和25年法律第227号）が施行され，昭和25年7月31日から台帳事務が登記所に移管されるまでは，税務（官）署に保管されていたが，登記所に引き継がれ保管されている例は少ないようである。また，移管後は，登記所に申告書附属書類として保管されることになったが，その保存期間は10年（土地台帳法施行細則（昭和25年法務府令第88号）3条2項，土地台帳事務取扱要領（昭29.6.30民事甲1321号通達）21条2項）とされていたため，これも保管されている例は少ないようである（一部の市町村には，「申告図」などと称して保管されている例もある。）。

　一元化後に提供され，現在公開されている地積測量図は，その作成時における作成基準（規定等）の違いにより，それぞれの年代によって精度の違いや特徴がある。筆界の認定に当たっては，その特性を十分理解し，正しく分析する必要がある。

　地積測量図の作成時期ごとの特性を簡単にまとめると，次のようになる。

【一元化後の申請書添付書類としての地積測量図】

Ⅰ：昭和35年4月1日（昭和37年5月1日）～昭和41年3月31日

（一元化作業完了日は登記所により異なることに注意）

1　主な記載事項

　①地番区域の名称，②方位，③縮尺，④地番（隣接地の地番を含む），⑤地積及びその求積方法。

2　単　位

　尺貫法による。長さ及び面積の単位をメートルとする旧計量法（昭和26年法律第207号）は，昭和27年3月1日から施行され，また，不動産登記法施行令（昭和35年8月5日政令第228号）第4条においても，地積は平方メートルを単位とする旨が定められていたが，同令附則第3項の規定により，昭和41年3月31日までの間は，宅地及び鉱泉地の地積は坪，合，勺，それ以外の地積は歩，畝，段，町として定めることができる，とされていたため，地積は坪（畝，歩），辺長等は間で記載されている。

3　縮　尺

　原則300分の1（旧不登細則（昭和35年3月31日法務省令第10号））

　　　　住宅地域　　300分の１又は500分の１

　　　　農耕地域　　500分の１又は1,000分の１

　　　　林野地域　　1,000分の１又は3,000分の１

　４　一般に使われた測量機材等

　　平板，アリダード，コンパス，布巻尺，そろばん，手動式計算機。

　５　特　徴

　　主に平板測量であり，底辺及び高さは図上読取りであることが多い。辺長については，なるべく巻尺による実測値を記載するようにしていたようである。

　　残地については，辺長を含め，実測されていない場合が多く，残地の地形は，公図の寸法を机上で写したものにすぎないことがある。実測する場合も境界立会は，必ずしも行われていなかったようである。中には，現地測量を省略し，机上で公図写しに分割線を引き，それをスケールで読んで三斜求積を行っただけの，いわゆる「図上分筆」のものもある。

　　境界標の明示は，規定されていない。

　　また，申請情報の地積と登記官の実地調査の結果との差が次の範囲内であれば相当とすること，及び，分筆前と分筆後の各土地の地積の合計との差が次の範囲内であれば地積更正を必要としないこととされた（昭37．4．20民事甲1175号通達による不登準則102条，107条。なお，これより前のものは土地台帳事務取扱要領による（65頁，一元化前の申告書添付書類としての地積測量図の５参照）。）。

　　　　宅地，鉱泉地　　100分の１

　　　　田，畑，塩田　　100分の２

　　　　その他の土地　　100分の５

Ⅱ：昭和41年４月１日〜昭和52年９月30日（メートル単位への移行等）

　１　主な記載事項

　　前記Ⅰと同様である。

　２　単　位

　　メートル法による。

　　昭和41年４月１日から地積は平方メートルを単位とすることとなった。また，辺長もメートル単位で記載されている。

　３　縮　尺

　　前記Ⅰと同様である。

　４　一般に使われた測量機材等

平板，アリダード，セオドライト，鋼巻尺，布巻尺，そろばん，手動式計算機，電子計算機。

5　特　徴

前記Ⅰと同様であることに加え，この時期後半から一部で電子計算機の導入が始まり，座標法による求積もされるようになったことも特徴として挙げられる。

Ⅲ：昭和52年10月１日～平成５年９月30日

（旧不登細則改正（昭和52年９月３日法務省令第54号，昭和52年10月１日施行））

1　主な記載事項

①地番区域の名称，②方位，③縮尺，④地番（隣接地の地番を含む），⑤地積及びその求積方法，⑥筆界に境界標があるときはその表示，境界標のないときは適宜の筆界点と近傍の恒久的な地物との位置関係（記載して差し支えないという任意の規定であった。）。

2　単　位

メートル法による。

3　縮　尺

原則250分の１（旧不登細則42条の４第１項，旧不登準則97条２項）

市街地地域　　　100分の１又は250分の１

村落・農耕地域　250分の１又は500分の１

山林・原野地域　1,000分の１又は3,000分の１

4　一般に使われた測量機材等

セオドライト，平板，アリダード，トータルステーション，光波測距儀，鋼巻尺，パーソナルコンピュータ，ペンプロッタ。

5　特　徴

電子計算機やパーソナルコンピュータの普及により，座標によるデータ管理がされるようになり，求積方法も，筆界点の座標値から計算で求めた数値による三斜計算や座標法となった。

残地の地形・辺長は，実務上一筆地の外枠全体を測量することが求められたため，現地と合致するものが多い（中には，測量されていないと考えられるものも見受けられる。）。しかし，残地の求積の多くは，差し引き計算によるものである（旧不登準則123条ただし書）。

地積測量図の誤差の限度は，当該土地についての地図の誤差と同一の限度とするものとする。ただし，当該土地について地図が存しない場合には，旧不動産登

記事務取扱準則第25条第4項の基準によるものとすること（旧不登準則97条3項）とされた。市街地地域及びその周辺の地域については，国土調査法施行令別表第4に掲げる精度区分甲2まで，村落・農耕地域及びその周辺の地域については乙1まで，山林・原野地域及びその周辺の地域については乙3まで（旧不登準則25条4項）とされた。

　また，申請書に記載した地積と登記官の実地調査の結果による地積の差が，申請書に記載した地積を基準にして旧不動産登記事務取扱準則第97条第3項の地積の測量図の誤差の限度内であるときは，申請書に記載した地積を相当として差し支えない（旧不登準則119条）とされた。

　以上のようなことから，この時期における地積測量図は，現地における筆界の位置を特定するための資料として有効なものが作成されるようになった。

Ⅳ：平成5年10月1日～平成17年3月6日

（旧不登細則改正（平成5年7月29日法務省令第32号，平成5年10月1日施行））

1　主な記載事項

　①地番区域の名称，②方位，③縮尺，④地番（隣接地の地番を含む），⑤地積及びその求積方法，⑥筆界に境界標があるときはその表示，境界標のないときは適宜の筆界点と近傍の恒久的な地物との位置関係（任意から義務になった。旧不登細則42条の4第2項）。

2　単　位

　メートル法による。

3　縮　尺

　前記Ⅲに同じ。

4　一般に使われた測量機材等

　セオドライト，トータルステーション，光波測距儀，鋼巻尺，パーソナルコンピュータ，ペンプロッタ，インクジェットプロッタ。

5　特　徴

　平板，アリダードによる図面は見受けられなくなった。パーソナルコンピュータによる，測量計算，作図が一般的になり，求積方法は，筆界点の座標値から計算で求めた数値による三斜計算や座標法によるものとなった。座標値は，任意座標によるもののほか公共座標によるものも見受けられるようになった。

　平成14年4月1日には測量法（昭和24年6月3日法律第188号）の改正（測量法及び水路業務法の一部を改正する法律（平成13年法律第53号），平成14年4月1日施行）

により，日本測地系から世界測地系への移行がされたため，地積測量図が公共座標により作成されている場合には，測地系等の種別（測地系及び座標変換の有無）に注意する必要がある。測地系等の記載については，「世界測地系」「旧測地系」（日本測地系）等とするよう通知されている（平15.12.9民二3641号通知）。

　筆界に境界標があるときはこれを，境界標のないときは適宜の筆界点と近傍の恒久的な地物との位置関係を記載しなければならない（旧不登細則42条の4第2項）とされ，境界標の表示の方法（旧不登準則98条2項）や恒久的地物の表示及び筆界点と地物との位置関係の表示の方法（旧不登準則98条3項）が規定された。

　原則として，分筆前の一筆地の確認が義務付けられた。そのためか，全筆求積の図面も少なからず見受けられるようになった。しかし，分割後の1筆については，必ずしも求積及びその方法を明らかにすることを要しない（旧不登準則123条）とされていたため，差引求積（残地分筆）の図面も多く存在する。

　地積測量図の誤差の限度については前記Ⅲと同じである。

　また，地価の高騰を機に所有者の権利意識も向上した結果，境界確認・立会等の手続も慎重に行われるようになった。このようなことから，この時期の地積測量図は，現地における筆界の位置を特定するための極めて重要な資料となるものである。

Ⅴ：平成17年3月7日〜現在

（平成16年6月18日（法律第123号）の現行不動産登記法（平成17年3月7日施行））

1　主な記録事項

　①地番区域の名称，②方位，③縮尺，④地番（隣接地の地番を含む），⑤地積及びその求積方法，⑥筆界点間の距離，⑦平面直角座標系の番号又は記号，⑧基本三角点等に基づく測量の成果による筆界点の座標値，⑨筆界点に永続性のある境界標があるときは当該境界標の表示，⑩測量の年月日。

（注：⑦⑩は，平成22年4月1日法務省令第17号による不動産登記規則の改正により追加された。平成22年7月1日施行。）

2　単　位

　メートル法による。

3　縮　尺

　原則250分の1（ただし，土地の状況その他の事情により当該縮尺によることが適当でないときは，この限りでない。不登規則77条4項）。

4　一般に使われた測量機材等

トータルステーション，GPS，光波測距儀，鋼巻尺，パーソナルコンピュータ，ペンプロッタ，インクジェットプロッタ。

5　特　徴

基本三角点等に基づく測量の成果による筆界点の座標値の記録が義務付けられ（不登規則77条1項8号），近傍に基本三角点等が存しない場合その他の基本三角点等に基づく測量ができない特別の事情がある場合には，近傍の恒久的な地物に基づく測量の成果による筆界点の座標値を記録しなければならない（不登規則77条2項）とされ，筆界点の位置情報は，座標値によって記録・表示されることとなった。さらに，基本三角点等又は恒久的地物の座標値等も記録するもの（不登準則50条）とされ，筆界点の現地復元性は極めて高いものとなった。

平成16年度から18年度にかけて実施された，いわゆる平成地籍整備事業により，全国DID地域（人口集中地域）に街区基準点が設置され，これを基礎（与点）とした地積測量図の作成が推進された（平18.8.15民二1794号通知）結果，DID地域における地積測量図の多くは世界測地系により作成されることとなった。また，平成20年6月には，土地家屋調査士が設置した登記基準点のうち一定の手続を経たもの（認定登記基準点）については，基本三角点等として取り扱って差し支えないこととされ（平20.6.12民二1669号回答），基本三角点等の整備が十分でない地域において，土地家屋調査士が設置した登記基準点の成果による地積測量図の作成の道が開かれた。

基本三角点等の成果による場合の測地系は，ほとんどが世界測地系となっているが，測地系の種別及び座標変換の有無の確認は，怠ることはできない。

地積測量図の誤差の限度は，地図の作成に係る規定を準用（不登規則77条5項）し，市街地地域については，国土調査法施行令別表第4に掲げる精度区分甲2まで，村落・農耕地域については乙1まで，山林・原野地域については乙3まで（不登規則10条4項）とされた。

地域によるが，この時期の初めの頃からGPS測量の登記基準点による図面も作成されるようになってきた。

求積は，座標法によるものがほとんどである。また，特別の事情がある場合を除いて，分筆後の全ての土地について求積方法を記録することとされ，差引計算によるいわゆる「残地分筆」は，原則としてなくなった。

このように，現行の地積測量図は，現地における筆界の位置を特定することのできる極めて重要な資料である。

【一元化前の申告書添付書類としての地積測量図】

●昭和29年９月１日〜昭和35年３月31日（昭和37年４月30日）　土地台帳事務取扱要領

（昭29. ６. 30民事甲1321号通達，同年９月１日施行）

1　主な記載事項

　①地番区域の名称，②方位，③縮尺，④地番，⑤三斜法による地積の計算表（三斜法によることが困難な場合にプラニメーターを使用したときはその計算表）。

2　単　位

　メートル法によるものと規定されていたが（土地台帳法８条），ほとんどは坪（畝歩）による（同附則５条）。

3　縮　尺

　原則600分の１（土地台帳事務取扱要領78Ｉ四『土地沿革』216頁以下）

4　一般に使われた測量機材等

　平板，アリダード，コンパス，布巻尺，そろばん。

5　特　徴

　主に平板測量であり，作成に関する特徴は，前記59頁Ｉとほぼ同様である。

　分筆地の地積を定めるには，その一方の地積を測量し，これを原地の地積から控除した残部をもって他の一方の地積とすることができる（土地台帳事務取扱要領9）とされていた。

　また，分筆の申告をする場合において，土地台帳の地積に増減がないときは，地積の測量図に代えて，分筆境界点に対し屈曲点を起点とした間尺を記載した地形図を提出させても差し支えない（土地台帳事務取扱要領64Ｉ）とされていた。これらのことから特に残地部分に関しては，地積はもとより台帳附属地図における区画形状についても，その信憑性は低いと思われるため，直ちに筆界の位置を特定するための資料となるものではないと考えられる。

　分筆の申告をする場合において，原地積に対する分筆地積の増減が次の値以上の場合には，地積訂正の申告をさせるものとする（土地台帳事務取扱要領64Ⅱ）とされた。

　　　宅地，鉱泉地　100分の５
　　　その他の土地　100分の10

　申告地積と実地調査による測量地積との差が次の範囲内であれば，申告の値を相当と認めることができる（土地台帳事務取扱要領78Ⅱ）。

　　　宅地，鉱泉地　測量地積に対し100分の２

　　　　田，畑，塩田　　測量地積に対し100分の3

　　　　その他の土地　　測量地積に対し100分の7

3 **調査・測量**

　資料調査の結果を踏まえ，現地の確認から現況の測量，計算及び筆界の検討を行う。これらの作業の概要は，第2章第4節～第7節で説明したが，ここでは，筆界の認定に関し留意すべき事項について，記述することとする。

(1)　調査・収集した資料の検証

　調査・収集した資料のうち，特に図面の類（専門家が作成したものでない絵図等も含む。）については，そこに示されている情報，特に杭や塀等の地物の現況確認及び記載されている各種の寸法の検証は怠ってはならない。これは，当該資料の信憑性を確認し，筆界の認定資料としての性格や軽重の判断を行い，筆界認定の基礎となる情報を洗い出し，整理するための重要な作業である。

(2)　委託者その他関係人の証言する内容の検証

　前記の図面等と同様に，委託者その他の関係人から得た証言の内容についても現地の状況及び調査・収集した資料と照らして検証をする必要がある。

　委託者その他の関係人の証言は，ただそれのみをもって，直ちに筆界認定の根拠とはなりにくい。しかし，その内容が現地の状況や資料の内容と整合性が認められるならば，これら資料等の信憑性を高め，筆界認定の証拠としてそれを採用する際の根拠となるものである。

(3)　計算及び筆界の位置の検討（推定）

　基礎測量（現況測量）で得たデータと収集した資料を基に復元計算及び画地調整計算を行い，筆界の位置の検討（推定）をする。

　各点の座標値が記載されている（又は管理されている）資料に基づいて境界点等必要な点の復元計算を行う場合には，資料作成の当時の状況（地物・地勢等，使用機材，多角点の組み方など）を考慮しつつ，現況との検証を行い，基準となる点や重用すべき点を適切に見出した上で計算することが必要である。座標値という客観的な数値の背景にある情報を読み取る能力が求められる。

　また，座標値の記載のない比較的古い資料の数値にあっては，その当時の状況や慣

習などを十分考慮し検討し，検証の上で採用する必要がある。

　境界標等の現況の地物や復元計算のみによって委託地の筆界の位置をすべて推定できることは少なく（近年作成された現地復元性のある地積測量図等が備え付けられている場合はこの限りではない。），面積，辺長，接続・位置関係等，周辺の土地との均衡を図る画地調整計算を行い，筆界の位置を推定することになる。

　これらの検証・検討は，各種資料や測量データ等の客観的事実に基づいて公正かつ論理的に行われなければならない。決して作為的にならないように気を付ける必要がある。

4　立会と筆界の推認

　これまでの資料調査から調査・測量により推定した筆界の位置について，委託地の所有権登記名義人等と隣接土地の所有権登記名義人等とで，現地において立会を行い，筆界の位置の確認を行う。そして，調査資料及び測量の結果に照らして合理的と判断できる位置で，互いがその認識の合致を得た場合，そこが当該筆界であると推認することができる。

　もっとも，現地復元性を有する地図又は地積測量図が登記所に備え付けられてあり，かつ現地にこれらと符合する境界標が存在し，容易に境界が認識できる場合には，立会をすることなく筆界を推認することは可能であり，その結果をもって目的の登記の申請を行えばよい。しかし，このように立会を省略して筆界を推認できる例は，まれである。資料調査と現地の調査・測量によって推定（合理的と判断）される筆界の位置は，ある程度の範囲を持ったものであり，現地での立会・確認によって特定の位置（ピンポイント）で定まり，筆界の推認をすることができるのである。

　参考として，実務における筆界の調査又は確認に関する法令・要領等を次に挙げる。

【不動産登記法　第143条】

（筆界特定）
第143条　筆界特定登記官は，前条の規定により筆界調査委員の意見が提出されたときは，その意見を踏まえ，登記記録，地図又は地図に準ずる図面及び登記簿の附属書類の内容，対象土地及び関係土地の地形，地目，面積及び形状並びに工作物，囲障又は境界標の有無その他の状況及びこれらの設置の経緯その他の事情を総合的に考慮して，対象土地の筆界特定をし，その結論及び理由の要旨を記載した筆界特定書を作成しなければならない。
2　筆界特定書においては，図面及び図面上の点の現地における位置を示す方法として法務省令で定めるものにより，筆界特定の内容を表示しなければならない。
3　筆界特定書は，電磁的記録をもって作成することができる。

【法務省不動産登記法第14条地図作成等基準点測量作業規程「現地調査実施要領」（抄）】

（筆界調査の方法）
第7　現地調査における筆界の調査は，原則として官民地間，民有地間の順に次の各号に定める方法により行うものとする。
(1) 官民地間の筆界については，所管する官公署の職員が指示する筆界点を民有地の所有者に確認を求める方法により行うものとし，民有地間の筆界については，関係所有者間で筆界点を相互に確認させる方法により行うものとする。
(2) 前号の規定による筆界点の確認は，次の要領によるものとする。
　　イ．筆界点を示す標識又は地物の位置が，基礎測量による画地測量の成果と合致するとき，又は若干（その地区の公差の許容範囲内）相違する場合であっても，関係所有者間に異議がなく，かつ，相当と認められるときは，これを筆界点とする。
　　ロ．筆界点を示す標識又は地物の位置が，調査図素図に示された位置と合致するとき，又は若干相違する場合であっても，関係所有者間に異議がなく，かつ，相当と認められるときは，これを筆界点とする。
　　ハ．筆界点を示す標識若しくは地物の位置を確認することができない場合又はその位置が調査図素図と著しく相違する場合であっても，関係所有者の証言，基礎資料等に基づき見出された位置について，関係所有者間に異議がなく，かつ，相当と認められるときは，これを筆界点とする。
　　ニ．筆界点を示す標識又は地物について，不明若しくは倒壊するなどの異状又はその位置に疑義があるときは，筆界点を復元の上，関係所有者の確認を得るものとする。
　　ホ．本号ニの規定による復元に当たっては，基礎資料のほか，現況，地物，地積若しくは関係者の証言又は関係土地相互間の均衡等，できる限りの諸要素を分析し，調整の上実施するものとする。
　　ヘ．関係所有者間の主張が異なるなど前各号の規定によっても筆界を確認することができない場合には，総括班の責任者に報告し，その指示を受けるものとする。

【東京法務局「土地建物調査要領」（抄）】

●土地建物調査要領の全部改正について

（平成23年7月28日1不登1第227号東京法務局民事行政部長（依命通達））

　土地建物の調査要領（平成19年6月20日付け1不登1第221号東京法務局民事行政部長依命通達）の全部を別紙のとおり改正し，実施することとしたので，事務処理に当たって差し支えのないよう取り計らい願います。

（筆界の確認）
第26条　実地調査担当官は，土地の筆界の確認を行う場合には，次の各号の方法により行うものとする。
(1) 筆界の確認には，申請人，隣接地所有者等の立会いを求めるものとする。
(2) 第32条に規定する情報が提供されているとき，又は登記所保管の地積測量図に境界標の記載があり，これと現地の筆界に埋設された永続性のある境界標が一致するなど，明確に筆界を確認できるときは，隣接地所有者等の立会い確認を求めることなく調査をすることができるものとする。
(3) 筆界の確認は，地図，現地の利用状況，境界標その他の工作物等の状況を調査して行う。

【日調連調測要領　第38条，第39条，第40条】

(画地調整)

第38条　基礎測量（平面測量を含む）で得た筆界確定の要素，及び資料調査に基づき収集した既存資料とを照合・点検し，面積，辺長の調整計算を行い，周辺土地との均衡調整を図り，筆界点を確定するための作業を復元型画地調整という。

(1)　筆界の標識が不明又は異状のためこれを測設し，又は修正して標示する必要がある場合には，関係者の合意を得て，筆界点の画地調整のための測量を行うものとする。

(2)　作業にあたっては，あらかじめ対象地及び周辺地の地図等，登記簿，数値資料，その他の関係資料を積極的に収集し，これらの事前分析を行うほか，必要があると認めるときは，関係者及び現地精通者の説明又は立会いを求めるものとする。

(3)　復元の結果，復元後の地積又は筆界辺長と既存の測量成果との差が登記規則第10条第4項に定める誤差の限度を超えるときは，できる限り，既存資料の作製者その他の関係者と協議するなどして適切な措置を講ずるものとする。

(4)　対象地内の筆界点を復元する場合には，測量成果図等の明確な資料が存しないときは対象地及び周辺地について基礎測量を行い，登記簿，地図等，その他の関係資料により地積，現況区画及び関係者の証言等を相互に調整して，可能な限り関係土地相互間の均衡を失わないように筆界点を復元するものとする。

(5)　第3号及び第4号により復元した筆界点を関係者が確認した場合には，書面，図面等により確認の状況を明らかにしておくものとする。

(6)　復元型画地調整は，立会いに先立って行うものとする。

2　一筆又は数筆の土地を分筆する場合に，面積計算等の成果に基づき依頼人の求めに応じて各筆の面積，辺長を求める区画計算を分筆型画地調整という。

3　画地調整における面積計算は，原則として既成の測量成果の計算方法に準じて行うものとする。

(筆界の確認)

第39条　筆界の確認は基礎測量又はこれに類する測量の成果を基礎として，次の各号により行うものとする。

(1)　既存の地積の測量図，登記所備付けの地図及びその他の数値資料が存する場合において，現地における境界標又はこれに代わるべき構築物等により土地の区画が明確であって，位置及び形状がそれぞれの資料のもつ精度に応じた誤差の限度内であり，かつ，当事者間でそれらの境界標等を土地の境界として認めているときは，これをもって筆界と判断して差し支えない。

(2)　前号の資料が存しない場合において，現地の状況が境界標又はこれに代わるべき構築物等により土地の区画が明確であり，既存資料，現地精通者の証言等により対象地の位置，形状，周辺地との関係が矛盾なく確認され，かつ，当事者間に異議がないときは，その区画をもって筆界と判断して差し支えない。

　　なお，土地の形状及び面積が登記所備付けの地図等又は登記簿上の地積と相違しているときは，委託者に対し地図訂正又は地積更正等の必要性があることを助言するものとする。

(3)　第38条・第40条又は第50条に基づき確認されたものは，筆界として差し支えない。

2　前項により筆界が確認されたときは，後日の紛争防止と登記申請書に添付するため別紙11又は12の様式を参考とした確認書を作成する。

(筆界確認の協議)

第40条　土地の筆界が明らかでない場合には，当事者に対して筆界及び所有権の及ぶ範囲の確認を求め，協議をさせるものとする。この場合において，第39条による調査結果及び第50条による復元資料を示し，調査士の見解を利害関係者に示し，恣意的に筆界が定められることのないようにしなければならない。

2　前項の規定により当事者が筆界を確認したとき，又は不調の場合においても，その立会状況，立会者名及び経過を調査記録書等に明記するものとする。

3　前条第2項の規定は，第1項の規定により筆界が確認された場合に準用する。

【地籍調査作業規程準則（昭和32年総理府令第71号）第30条】

> （筆界の調査）
> **第30条**　筆界は，慣習，筆界に関する文書等を参考とし，かつ，土地の所有者等の確認を得て調査するものとする。
> 2　第23条第2項の規定による立会が得られないことについて相当の理由があり，かつ，筆界を確認するに足る客観的な資料が存在する場合においては，当該資料により作成された筆界案を用いて確認を求めることができるものとする。
> 3　土地の所有者その他の利害関係人及びこれらの者の代理人の所在が明らかでないため第23条第2項の規定による立会いを求めることができない場合で，かつ，筆界を明らかにする客観的な資料が存在する場合においては，前二項の規定にかかわらず，関係行政機関と協議の上，当該土地の所有者その他の利害関係人及びこれらの者の代理人の確認を得ずに調査することができる。
> 4　土地の所有者等の所在が明らかな場合であつて第1項及び第2項の確認が得られないとき又は前項に規定する立会いを求めることができない場合であつて前項の規定に基づき調査することができないときは，調査図素図の当該部分に「筆界未定」と朱書するものとする。

【地籍調査作業規程準則運用基準（昭61.11.18国土国488号国土庁土地局長通達）第15条の2】

> （筆界の調査）—準則第30条
> **第15条の2**　筆界案は，境界標又は恒久的地物により土地の筆界点の位置が明確な土地について，次の各号のいずれかによる客観的な資料を用いて作成することができる。
> 　一　位置及び形状が誤差の範囲内で一致する地積測量図
> 　二　当該筆の位置，形状及び周辺地との関係に矛盾のない既存資料
> 　三　現地精通者の証言
> 2　筆界案の確認は，次に定めるところによる。
> 　一　筆界案について郵送する場合は，書留等，通知したことの確認が得られる手段によって行うこと
> 　二　筆界案のほか，客観的な資料，現地の写真等を添付すること
> 　三　筆界未定に終わった場合の不利益，筆界案を承認又は不承認する場合の返答の期日及び返答は土地の所有者の署名押印をした書面によることを通知すること
> 　四　返答の期日は，遅くとも，国土調査法第17条第1項に規定する閲覧の開始までとする。
> 　五　筆界案に不服があり不承認の場合，現地において立会を希望するときは，その旨を実施主体に連絡する旨申し添えること

【作業規程の準則（平成20年3月31日国交省告示第413号）第402条，第403条】

> （要　旨）
> **第402条**　「境界確認」とは，現地において一筆ごとに土地の境界（以下「境界点」という。）を確認する作業をいう。
> （方　法）
> **第403条**　境界確認は，前節の復元測量の結果，公図等転写図，土地調査表等に基づき，現地において関係権利者立会いの上，境界点を確認し，標杭を設置することにより行うものとする。
> 2　境界確認を行う範囲は，次のとおりとする。
> 　一　一筆を範囲とする画地
> 　二　一筆の土地であっても，所有権以外の権利が設定されている場合は，その権利ごとの画地
> 　三　一筆の土地であっても，その一部が異なった現況地目となっている場合は，現況の地目ごとの画地

　四　一画地にあって，土地に付属するあぜ，溝，その他これらに類するものが存するときは，一画地に含むものとする。ただし，一部ががけ地等で通常の用途に供することができないと認められるときは，その部分を区分した画地

3　境界確認に当たっては，各関係権利者に対して，立会いを求める日を定め，事前に通知する。

4　境界点に，既設の標識が設置されている場合は，関係権利者の同意を得てそれを境界点とすることができる。

5　境界確認が完了したときは，土地境界確認書を作成し，関係権利者全員に確認したことの署名押印を求める。

6　復元杭の位置について地権者の同意が得られた場合は，復元杭の取り扱いは計画機関の指示によるものとする。

5　推定した筆界と当事者の認識が相違する場合

　資料調査及び現地における調査・測量をし，検討の上推定した筆界の位置について，委託地の所有権登記名義人等（所有権の登記がある一筆の土地にあっては所有権の登記名義人，所有権の登記がない一筆の土地にあっては表題部所有者，表題登記がない土地にあっては所有者をいい，所有権の登記名義人又は表題部所有者の相続人その他の一般承継人を含む（不登法123条5号）。以下単に「所有者等」という。），及び，隣接土地の所有者等と認識の合致を得た場合においては，前記4「立会と筆界の推認」（67頁）のとおりであるが，委託地の所有者等又は隣接土地の所有者等と認識の相違がある場合に，受託者はどのようにすべきであろうか。

　調査・測量の結果，推定される筆界の位置は，それぞれの土地又は筆界によってある程度の範囲がある。「ある程度の範囲」は，それぞれの筆界に関する資料や現地の状況などにより様々である。最近登記された土地で，公共座標による地積測量図が備え付けられ，かつ現地も概ね合致するような場合に，ミリ単位のピンポイントに近い範囲で推定されることもあれば，山林・原野等で資料が旧土地台帳附属地図を基礎とした地図に準ずる図面しかない場合などは，数メートル単位の範囲でしか推定できないこともある。言い換えれば，調査・測量の結果，推定した範囲外に筆界は存しないと判断した（できる）範囲があるということである。これを念頭に，受託者たる土地家屋調査士の対処について考える。

(1)　推定した筆界の位置と委託地の所有者等の認識とが相違する場合

　推定した筆界の位置と委託地の所有者等の認識とが相違する場合には，まず，委託者に対して，委託された業務で扱うのは筆界であること，筆界とはどのようなものか

をよく説明し，理解を得る必要がある。一般に委託者は，筆界と所有権界（又は占有界）とを正確に理解していることは少ないからである。そして，筆界というものについて理解を得て，委託者が認識している境界（所有権界等）についてどのように対処すべきか適切に助言する必要がある。隣接土地の所有者等と立会し，推定した筆界の位置で認識が一致する場合には，委託者の今までの認識を改めることが現実的であることを進言することも考えられる。また，場合によっては，ADRや裁判（境界（筆界）確定訴訟，所有権の範囲の確認訴訟）について説明することも必要となる。

　そして，十分に説明をしてもなお，委託者において認識している境界は筆界であると主張する場合には，その根拠について調査・検証を行い再検討をすることとなる（しかし通常，委託者とは受託時から筆界の推定に至るまでの間に打合せを行い，その認識を共有していることが多く，このようなケースは少ないと思われる。）。そして，再度の調査及び検討の上，さらなる協議をしてもなお委託者の主張する位置が合理的と考えられる範囲にないと総合的に判断される場合は，委託業務を遂行することが困難であると考えられるから，当該委託契約を解除せざるを得ない。

⑵　推定した筆界の位置と隣接土地の所有者等の認識とが相違する場合

　推定した筆界の位置と隣接土地の所有者等の認識とが相違する場合も，前記⑴と同様に，まず，今回確認を求めているのは筆界であること，そして筆界とはどのようなものかを，分かりやすく丁寧に説明し，理解を得る必要がある。

　また，隣接地の所有者等がその主張をするに当たって，相当の根拠を示した場合（単なる言いがかり的なものは論外である。）には，その根拠について調査・検証を行い，再検討の上，再度の協議を行うことになる。

　それでもなお，認識の一致をみることができない場合は，委託者と協議の上，筆界特定制度（後記第3節1），境界（筆界）確定訴訟（後記第3節2）又は土地家屋調査士会ADR（後記第3節3）等の第三者機関を利用して問題の解決を図ることになる。

　誤解があってはならないので付け加えると，そもそも，近年作成された現地復元性のある地積測量図等が備え付けられており，かつ，現地の境界標等の地物がそれと合致する場合には，筆界の位置は現地において特定し認定できるのであり，認識の相違という問題にはならない（当該地積測量図等の作成の際に筆界の位置について，錯誤があった場合等は除く。）。

第3節　第三者機関による筆界の認定等

　一般的に，通常の業務においては，前述のような作業と手続によって筆界の位置の認定を行い，目的とする登記の申請を行っている。しかし，手を尽くしてもなお筆界の位置の認定が困難な場合には，第三者機関による手続や制度の活用を検討することとなる。現在，その選択肢となるのが，筆界特定制度，境界（筆界）確定訴訟及び土地家屋調査士会ADRの3つである。これらの手続等についての概要を整理してみることとする。

1　筆界特定制度

　筆界特定制度とは，筆界特定登記官が，土地の所有権登記名義人等の申請により，申請人及び関係人に対し，意見及び資料を提出する機会を与えた上，外部専門家である筆界調査委員の意見を踏まえて，筆界の現地における位置を特定（判断）する（その位置を特定することができないときは，その位置の範囲を特定する。）制度である（不登法第6章）。

　本制度の特徴は，①裁判のように当事者対立構造ではない，②筆界の専門家である筆界調査委員が関与する，③認定に係る資料の収集が職権で行われる，④処理期間が短い（従来の境界（筆界）確定訴訟に比べれば短い。），⑤筆界の特定は行政処分ではない（形成効はない。），⑥境界（筆界）確定訴訟の判決が確定したときは，この判決と抵触する範囲においてその効力を失う，ことである。また，当然のことながら所有権界等の民事実体法理に由来する境界は扱わないので，その場合には，民事訴訟又はADR（裁判外紛争解決手続）によって問題の解決を図ることになる。

(1)　筆界特定制度の利用

　通常行い得る土地家屋調査士（又は土地家屋調査士法人）による作業と手続では，現地における筆界の位置を認定することができない場合，筆界特定制度の利用を検討することになる。具体的には，隣接土地の所有者等と筆界の位置について認識が一致しないため，現地における筆界の位置を認定することができないとき，隣接土地の所

有者等が不明又は立会拒否（認識を示さない場合を含む。）のため現地立会による確認ができず，現地における筆界の位置を認定することができないときに，本制度を利用することを検討することとなろう。

(2)　筆界特定制度を利用する際の注意点等

　筆界の認定を伴う通常業務を受託した土地家屋調査士は，安易に筆界特定制度に頼ることがあってはならない。調査や測量が不十分なために筆界の認定に至らなかったとか，隣接土地の所有者への対応が不適切で立会が不調となり筆界の認定ができなかった，などということで申請に至ることのないようにしなければならない。

　一方，合理的な根拠をもって推定した筆界の位置に対し，相手方の優位的立場にあるとの誤認から，明らかに不当と考えられる主張をして譲らない場合には，推定に至った根拠を詳細に示して筆界特定の申請をするのが良策であると考える。

　申請に当たって心しておきたいのは，特定された筆界の位置は，申請人側が推定し主張する位置とは（当然に）必ずしも一致しないということである。推定した位置よりも申請人にとって不利な位置で特定されることもあり得るので，その場合の対処の仕方も念頭に置いておくことが肝要である。

　土地家屋調査士の筆界特定関係の業務としては，筆界特定の手続についての代理（調査士法3条4号）及び筆界特定の手続について法務局又は地方法務局に提出し，又は提供する書類又は電磁的記録の作成をすることが規定されている（同条5号）。土地家屋調査士として，調査や筆界の検討を伴わない申請情報等の単なる書類のみの作成業務は考えにくいが（あったとしても調査・測量を含め，できれば代理までフルセットの委託をお願いしたい。），例えば，申請人が提出又は提供する資料の一部である単に現況を表すための実測図の作成や，関係人側からの依頼により，関係人が提出する意見又は資料の作成をすることなども，土地家屋調査士法第3条第5号に規定する書類等の作成業務である。

　土地家屋調査士が代理人となる場合には，申請情報及び筆界について提出する意見又は資料に，それまでに行った資料調査，現地の調査・測量及びその検討結果を示して，筆界特定の申請をするようにしたい（日本土地家屋調査士会連合会社会事業部編『土地家屋調査士　筆界特定実務の手引』（日本土地家屋調査士会連合会，2007）参照）。

2　境界（筆界）確定訴訟

　平成17年法律第29号による改正後の不動産登記法において，「筆界」の定義（第6

章「筆界特定」におけるものである。）がされ（不登法123条1号），また同法第132条第1項第6号などにおいて「民事訴訟の手続により筆界の確定を求める訴え」と明記されたことなどから，従来の判例・通説のとおり「境界確定訴訟」の対象は「筆界」である（所有権界は含まない。）ことが明確になったところである。そして，以降「民事訴訟の手続による筆界の確定を求める訴え」は，「筆界確定訴訟」と呼ぶことが，扱う対象の誤解がなく適切な表現として定着しつつある。以降，本書もそれに沿う。

　筆界確定訴訟は，判例・通説によれば，非訟事件であるが形成訴訟のかたちを取っているものであり，形式的形成訴訟であるとされている。

　筆界確定訴訟は，過去に登記官等が法的な一定の手続を経て形成した筆界を探求し，その位置を特定するものであり，探求してもなお特定することができないときは，改めて筆界を形成するものである。証拠が乏しくても，裁判官は，どこかに筆界を引かなければならない（請求棄却は不可）。そして，その判決が確定すれば，以後，その特定又は形成された筆界が唯一の筆界となり，その効力は第三者（登記官を含む。）にも及ぶこととなる。

　筆界特定制度との関係では，筆界確定訴訟の確定判決により確定された筆界については，筆界特定の申請をすることができないこと（不登法132条1項6号），筆界特定がされた筆界について，筆界確定訴訟の判決が確定したときは，当該筆界特定は，当該判決と抵触する範囲において，その効力を失う（不登法148条）とされている。

◆　**筆界特定制度の前置的利用**　◆

　筆界特定制度は，筆界の位置について，筆界特定登記官の判断を示すものであり，一定の証明力は認められるものの，筆界確定訴訟の確定判決のように，登記官を含む第三者にも及ぶような効力はない。当事者は，いつでも（筆界特定の有無に関わらず），筆界確定訴訟を提起して裁判所に筆界の位置の確定を求めることができる。そうすると，時間的にも金銭的にも余裕があり，対外的（隣接地の所有者等との対人関係等）にも問題ないと判断する場合などは，直ちに筆界確定訴訟を提起するのが得策のようにも思われるが，筆界特定制度には次のようなメリットがある。

　筆界特定制度においては職権で証拠資料の収集から現況等把握調査を行うのに対し，裁判実務では職権による証拠資料の収集はほとんど行われないようである。実際，筆界特定の実務では，通常，私人では入手することが困難な資料でも迅速に調査・収集が行われている。これは，正確かつ迅速な筆界の特定のためには欠かせない作業である。

　一方，筆界特定がされた場合，裁判所は，筆界特定手続記録の送付を登記官に嘱託することができる（不登法147条。当事者の申立てによる，証拠調べとしての文書送付の嘱託も可能（民訴法226条)。)。従来，境界確定訴訟においては，現地の状況を明らかにするための図面や資料の作成に少なからず時間を費やしていた。筆界特定の手続によって，専門家により収集・検討・作成された図面や資料を活用することでこれらに費やす時間を大幅に短縮でき，早期に争点整理を図ることが可能であると考えられる。

　以上のようなことから，筆界の特定を求めようとする場合には，筆界特定制度を筆界確定訴訟の前置制度的に利用することが有効・効率的であると考えられる。

　「筆界はどこだかよく分からない（どこでもよい）が，自己の所有権の及ぶ範囲はここまでであり，それを明確にして登記にも反映させたい」という場合には，はじめから筆界確定訴訟と所有権確認訴訟を併合して提起するのが手っ取り早いと考える向きもあると思うが，この場合においても上記の理由から，筆界特定の手続を先行させることが得策と考える。

3　調査士会ADR

　ADR（Alternative Dispute Resolution：裁判外紛争解決手続（代替的紛争解決））とは，紛争を，訴訟手続によらずに公正な第三者が関与して解決する手続である。全国の各土地家屋調査士会では，土地の境界が明らかでないことを原因とする紛争を解決するためのADR機関（「境界問題相談センター」「境界紛争解決センター」などと称するものが多い。）を設置している。

　その第1号は，「あいち境界問題相談センター」（平成14年10月1日設立）であり，土地家屋調査士法の改正（平成17年4月13日法律第29号（施行：平成18年1月20日））により民間紛争解決手続代理関係業務（調査士法3条1項7号，8号）が土地家屋調査士の業務として規定される前に，本センターを含め既に計5つの土地家屋調査士会ADR機関が設立されていた。そして，平成27年5月時点で，50の全ての土地家屋調査士会で設立されている。これは，境界を扱う専門家として，通常業務ではカバーしきれない範囲の紛争解決に対し，柔軟で実情に即した迅速な解決の手続を提供し，国民のニーズに応えようとする意気込みと責任感の現れであろう。またこのうち，「裁判外紛争解決手続の利用の促進に関する法律（平成16年12月1日法律第151号（施行：平成19年4月1日））による認証を受けた土地家屋調査士会ADR機関も，20団体となっ

ている。

⑴　調査士会ADRの扱う紛争（問題）

　土地家屋調査士会によるADR（以下「調査士会ADR」という。）では，土地家屋調査士法第3条第1項第7号にいう「土地の筆界……が現地において明らかでないことを原因とする民事に関する紛争」を扱っている（ADR機関によっては，境界が関係する争いをその範囲として広く捉えて運営しているところもある。）。

　調査士会ADRは，筆界特定制度又は筆界確定訴訟とは異なり，筆界の位置の探究に加え，所有権の範囲の紛争を扱うことができる。土地の所有権の範囲について相隣接地の所有者等の意見が対立している場合，筆界の位置が不明であることが原因となっていると考えられるからである（占有の開始時に筆界の位置が明確である場合には，所有権界も同じであると認識するのが条理であり，所有権界の紛争にはならないことが多いと考えられる。紛争になるような場合には，直ちに訴訟を提起するものと思われる。）。

　調査士会ADRでは，所有権の範囲の紛争を解決する場合，まず筆界の位置を推定することが必要である。筆界の位置は，当事者が和解することで決めることのできないものであるから，専門家である土地家屋調査士の解決委員（調停人，和解の仲介を行う担当者）は，調査（場合によって，調査・測量を鑑定人に行わせる。）の上，まず筆界の位置について推定（ピンポイントである必要はない。）をする必要がある。その上で，所有権の範囲について弁護士の解決委員とともに，当事者の自主的な紛争解決の努力を尊重しつつ公正に解決が図られるように運営していくこととなる。そして，和解が成立した場合，筆界については，通常業務における筆界確認と同様，当事者の筆界の位置についての認識が一致したことの書面（「筆界確認書」等）を，所有権の範囲については和解契約書を，作成することとなる。

　このほか，およそ筆界が絡む問題であれば，調査士会ADRを利用することができる（『一問一答筆界特定』128頁）。

⑵　調査士会ADRの現状

　ADRは，相手方が協議に応じない場合，強制的に参加させることはできない（そもそも話合いの場である。）。そのため，「相談」に止まり，問題の解決に至らないケースが多く，その先の手続である調停による解決の実績はかんばしくないのが実情である。制度の広報にもっと力を入れ，「公正中立で信頼のおける第三者機関」であると広く一般に認識されるようになれば，参加要請の連絡を受けた場合に，「調査士会ADR機関からの調停への参加要請であれば行ってみよう」と思う市民も増え，多く

の問題が調停により解決されることになろう。利用されないのは，そもそも制度的な問題であるとの指摘もある（『講義ノート』335〜347頁）が，とりあえず現行の枠組みの中で努力をしているのが現状である。

　また，筆界については筆界特定制度を利用し，その結果（筆界の位置）をもって調査士会ADRで所有権界や越境物などの問題について話合いを進める，という利用方法もある。この場合は，筆界について公的な判断が示された上でのことであり，当事者双方ともに解決すべき問題について比較的明確に認識できるため，話合いのテーブルに着く割合は高いと考えられる。調査士会ADRと筆界特定制度とが，それぞれの制度の守備範囲をうまく補い合うように連携できれば，利用者である国民にとってさらに有益な制度となるものと思われる。

　筆界特定制度と調査士会ADRの連携については，法務省民事局民事第二課と日本土地家屋調査士会連合会との間で検討が行われ（平成22年3月に「筆界特定制度と土地家屋調査士会ADRとの連携に関する検討取りまとめ」が，平成22年7月には「筆界特定制度と土地家屋調査士会ADRとの連携の具体化について」が示されている），それを踏まえ各法務局又は地方法務局と各土地家屋調査士会において具体的運用方法に関する協議が行われており，両制度の連携を図る体制が整備されつつある。

第 4 章

地積測量図の作成

第1節　地積測量図に関する規定

1　地積測量図の意義

　地積測量図（不登令 2 条 3 号）は，土地の表題登記（不登法36条，不登令別表 4 項添付情報欄ロ），分筆の登記（不登法39条 1 項，令別表 8 項添付情報欄イ），地積の変更の登記（不登法37条 1 項，不登令別表11項添付情報欄）及び地積の更正の登記（不登法38条，不登令別表 6 項添付情報欄）を申請する場合に，これらの申請の添付情報として提供するものである。

　また，地図又は地図に準ずる図面の訂正（単に地番のみの誤りの場合を除く。）の申出をする場合にも提供しなければならない（不登規則16条 5 項 2 号）。

　その目的は，申請情報に記録された地積及び求積の方法を明らかにすることであり，現地における当該土地の位置（筆界）を特定し得る内容であることも現在の地積測量図に求められている。また，地積測量図は，当該登記の申請に基づいて地図又は地図に準ずる図面を更新する際に，その資料又は直接のデータとなるものである（不登準則16条 1 項）。これらの登記の申請等に地積測量図の添付のない場合は，必要な添付情報の提供がないものとして却下されることになる（不登法25条 9 号，不登規則16条13項 4 号）。地積測量図の作成に係る詳細については，不動産登記規則第73条，第74条，第75条，第77条及び第78条，並びに不動産登記事務取扱手続準則第50条，第51条及び第72条に規定されているほか，多数の先例が発出されている。

　地積測量図は，権利の客体である土地を特定するとともにその面積及び区画を明確にし，公示するものとして，不動産登記の基礎を成す重要な情報である。土地家屋調査士は，これらの規定等をよく理解し，適切な地積測量図を作成しなければならない。

2　地積測量図とは

　「地積測量図」は，不動産登記令第 2 条第 3 号で「一筆の土地の地積に関する測量の結果を明らかにする図面であって，法務省令で定めるところにより作成されるもの」と規定されている。

　「一筆の土地」とは，一般的には，地番を付され一つの登記記録が設けられた一区画の土地をいうが，未登記であっても表題登記をすることができる一区画の土地をも含む概念である。

　「地積」とは，一筆の土地の面積であり（不登法 2 条19号），不動産登記規則第100条で，水平投影面積により，平方メートルを単位として定め，1 平方メートルの100分の 1 （宅地及び鉱泉地以外の土地で10平方メートルを超えるものについては，1 平方メートル）未満の端数は，切り捨てる，とされている。

　「水平投影面積」の解釈が問題となる。ここで詳しい考察をすることは，本書の目的からはずれるので行わないが，地積測量図の記録事項として「国土調査法施行令第 2 条第 1 項第 1 号に規定する平面直角座標系の番号又は記号」（不登規則77条 1 項 7 号）及び「基本三角点等に基づく測量の成果による筆界点の座標値」（同項 8 号）を記録することとされていることから，原則として，面積も平面直角座標系上の値で表すものと考えるのが合理的である。

　一方，不動産登記規則第77条第 2 項に規定する，近傍の恒久的な地物に基づく測量の成果による筆界点の座標値を記録する場合には，当該土地の任意の点を含む水平面又は平均的な地盤面等の適宜の水平に投影したときの値で表すことでよいと考えられる。

　「測量の結果」とは，現地を測量して得た筆界点その他の点の座標値，距離，角度及び面積はもちろんのこと，境界点等の標識の種類や恒久的地物の情報など，地積と区画の特定に関係する種々のデータを指す。

　「図面」には，電磁的記録によるもの（不登規則73条）と，書面によるもの（不登規則74条）の 2 種類がある。

　「法務省令で定める」は，不動産登記規則第73条，第74条，第75条，第77条及び第78条の規定がこれに該当する。

　つまり，地積測量図は，測量して得られたデータに基づいて，当該一筆の土地の区画（筆界）を特定した上で，地積その他の定められた事項を記録したものでなければならない。筆界の特定が不完全で現地復元性のないものや，測量が適切に行われていないものは地積測量図ではない。

　なお，地積測量図を作成するために必要な「測量」に関する規程や技術については，他に参考となる良書が多数あることと，筆者の能力及び紙面の関係から，本書では詳しくは触れないこととする。

> **3**　地積測量図の作成方法

　地積測量図の作成に係る詳細は，不動産登記規則第73条，第74条，第75条，第77条及び第78条，並びに不動産登記事務取扱手続準則第50条，第51条及び第72条に規定されている。以下，各項目ごとに詳しく見ていくこととする。

(1)　地積測量図の作成方式

　地積測量図の作成方式については，不動産登記規則第73条で電磁的記録による場合について，不動産登記規則第74条で書面による場合について規定されている。

①　電磁的記録による場合

　「電子申請において送信する土地所在図，地積測量図，建物図面及び各階平面図は，法務大臣の定める方式に従い，作成しなければならない。書面申請においてこれらの図面を電磁的記録に記録して提出する場合についても，同様とする」（不登規則73条1項）とされている。

　ここに言う「法務大臣の定める方式」は，法務省ホームページで公開されている。

> 【不動産登記規則第73条第1項の規定により法務大臣が定める土地所在図等の作成方式】（以下「作成方式」という。）
> ▶http://www.moj.go.jp/MINJI/minji101.html
> 【電子申請における土地所在図等の作成方式—詳細資料】（以下「詳細資料」という。）
> ▶http://www.moj.go.jp/content/000011197.pdf

　この「法務大臣の定める方式」では，「不動産登記規則（平成17年法務省令第18号。以下「規則」という。）第73条第1項（第80条第1項で準用する場合を含む。）に規定する電子申請における土地所在図，地積測量図，建物図面及び各階平面図並びに地役権図面（以下「土地所在図等」という。）は，4[(注)]に定める「図面情報ファイルの仕様」に従って作成し，これに当該土地所在図等の作成者が電子署名を行わなければならない。この場合に使用すべき電子証明書は，規則第43条第2項に規定する電子証明書でなければならない」とし，図面フォーマットのファイル構成として，図面の情報を記録した「図面情報ファイル」と図面情報ファイルに対する署名を記録した「図面署名ファイル」の対とし，データ交換の際には常に同一のフォルダに格納すること，とされている。

　（注）「法務大臣の定める方式」の文面中の項番号を指している。

　つまり，電磁的記録による場合の地積測量図は，「図面情報ファイルの仕様」に従って必要記録事項を記録した「図面情報ファイル」と，このファイルに電子署名をした「図面署名ファイル」とを一対として添付情報たる図面として扱うこととし，この方式は，オンライン申請の場合に限らず，書面申請において図面を電磁的記録に記録して提出する場合も同じだということである。ここで注意を要するのは，図面情報の作成者が電子署名しなければならないことである（法人の場合は，代表個人のものでもよいとされている。）。

　図面情報ファイルとして扱える形式は，XMLファイルとTIFFファイルの形式の2種類がある（以下，XMLファイル形式のものを「XML図面」，TIFFファイル形式のものを「TIFF図面」という。）。

　ここでは「図面情報ファイルの仕様」についての説明は省略するが，作成に当たって注意を要する基本的事項については，本章第2節に記述した。

　また，この電磁的記録による地積測量図は，土地所在図を兼ねることができる（不登準則51条2項）とされている。その場合，XML図面では「図面種別」を「土地所在図─地積測量図」にしなければならない。

　▶XML：「詳細資料」1．4．4(2)ア(ア)，1．4．4(3)ア(ア)・(イ)（次頁掲載資料図2参照）

　（注）　以下，XML図面の作成方式について，「詳細資料」の主な関連項目番号をこのように示す。

　次に，図面には，作成の年月日並びに申請人及び作成者の氏名又は名称を記録しなければならない（不登規則73条2項）とされている。言うまでもないが，作成の年月日は，図面を作成した日であり，不動産登記規則第77条第1項第10号の測量の年月日（後掲102頁）とは異なるものである。

　▶XML：「詳細資料」1．4．4(2)ア(ア)，作成の年月日1．4．4(3)ア(キ)，申請人1．4．4
　　　　(3)ア(ク)，作成者1．4．4(3)ア(オ)

② **書面による場合**

　書面による地積測量図は，0.2ミリメートル以下の細線により，図形を鮮明に表示し（不登規則74条1項），作成の年月日を記録し，申請人が記名するとともに，その作成者が署名し，又は記名押印しなければならない（不登規則74条2項）。用紙は，別記第1号の様式により，日本工業規格B列4番の丈夫な用紙を用いて作成しなければならない（不登規則74条3項，次頁掲載資料図1参照）。

　記録すべき情報は，前述の電磁的記録による場合と概ね同じである。異なるのは，作成者が署名し，又は記名押印しなければならないこと，作図の線の太さ及び用紙の様式が指定されていることである（XML図面では，**詳細資料1．4．4(3)ア(ア)で描画**

【図１　不動産登記規則　別記第１号様式】

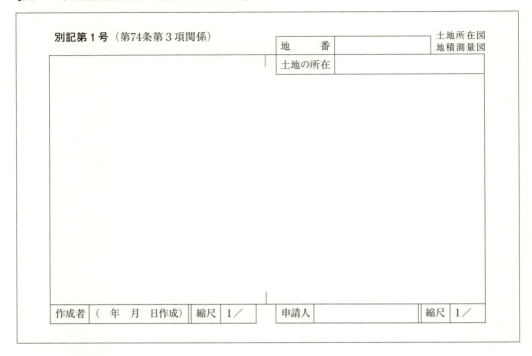

【図２　XML図面の場合】［詳細資料］１．４．４⑶ア㋐　土地所在図—地積測量図

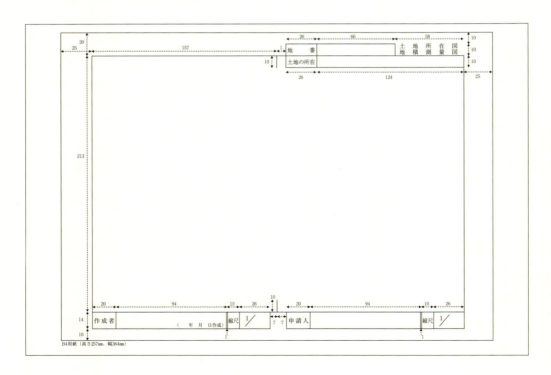

[詳細資料]　1．4．4(3)ア(イ)　図面タイトル

「土地所在図—地積測量図」の「図面種別」により，表10のとおり図面右上の図面のタイトルを描画する。

【表10　土地所在図—地積測量図の図面タイトル部分の描画】

項番	図面種別	図面のタイトル部分の描画
1	土地所在図	土　　地　　所　　在　　図 ~~地　　積　　測　　量　　図~~
2	地積測量図	~~土　　地　　所　　在　　図~~ 地　　積　　測　　量　　図
3	土地所在図—地積測量図	土　　地　　所　　在　　図 地　　積　　測　　量　　図

の様式が定められている。)。

　なお，作成者とは，実際に調査測量した者である（昭61．9．29民三7272号依命通知）。

(2)　地積測量図の作成単位

　地積測量図は，一筆の土地ごとに作成しなければならない（不登規則75条1項）とされ，分筆の登記を申請する場合に提供する分筆後の土地の地積測量図は，分筆前の土地ごとに作成するものとされている（同条2項）。

　この作成単位については，電磁的記録による場合も書面による場合もその扱いに違いはない。

　所有者が同じで相隣接する複数筆の土地を同時期に測量して，それぞれについて地積更正等の登記を申請する場合など，複数筆を1枚の図面に表した方が一覧性に勝ると考えられる場合もあるが，一筆ごとに作成しなければならない。

　また，接続する数筆の土地につき，同一申請書により表題登記を申請する場合には，便宜数筆の土地につき一用紙を用いて作成して差し支えない（昭37．6．11民甲1559号通達），との先例があるが，少なくとも地積測量図に関しては，現行法のもとでは，失効しているものと解される。地積測量図は，登記完了後には一般の閲覧に供されるものであることから，旧法においてもそうであったが，特に現在は電磁的記録として地図情報システムで管理する関係もあり，一筆の土地ごとに作成しなければならない。

(3)　地積測量図の内容

地積測量図の内容については，不動産登記規則第77条，第78条，不動産登記事務取扱手続準則第50条，第51条及び72条に詳細に規定されている。以下，各条文ごとに見ていくこととする。

不動産登記規則第77条（地積測量図の内容）

第１項　地積測量図には，次に掲げる事項を記録しなければならない。

第１号　地番区域の名称

当該土地の属する地番区域の名称を記録する。地番区域とは，地番を付すべき区域（不登法35条）として，市，区，町，村，字又はこれに準ずる地域をもって定められたものである（不登規則97条）。土地の表示に関する登記事項である所在（不登法34条１項１号：土地の所在する市，区，郡，町，村及び字）と地番区域とは通常合致することが多いが，例えば，Ａ市Ｂ町大字Ｃ字Ｄの場合，地番区域が大字のＣとなっていることもある。もっとも，地積測量図の様式では「土地の所在」となっていることもあり，実務では，登記記録上の所在を表示している。

書面の図面及びTIFF図面にあっては，不動産登記規則別記第１号様式（以下「用紙」という。）の右側上部の土地の所在欄に記録する。また，電磁的記録のXML形式図面（以下「XML図面」という。）の場合も，同様の様式（85頁【表10】参照）が定められている。

▶XML：「詳細資料」１．４．４(2)ア(ア)，１．４．４(3)ア(エ)

第２号　方　位

図面における北の方向を矢印等のマークで示して記録するのが一般的である。基本三角点等に基づく測量の成果による座標値で作成されている場合は，Ｘ座標軸の正方向を北方向として記録することになる。

▶XML：「詳細資料」方位マーク１．４．４(2)カ(シ)　これは，定められた一種類のみ。回転及び拡大縮小が可能。
図形データ（「グループ図形」など）１．４．４(2)カ(イ)，１．４．４(3)イ(イ)　として記録することも可能。

第３号　縮　尺

図面の縮尺を，「1/250」のように記録する。用紙の右側下部の縮尺欄に記録する。

▶XML：「詳細資料」１．４．４(2)ア(エ)，１．４．４(3)ア(ケ)

作図をする際の縮尺については，**第4項**（105頁）の所で記述した。

第4号　地番（隣接地の地番を含む。）

当該土地の地番を用紙の右側上部の地番欄に記録する。また，図中に当該土地及び隣接する土地の地番を記録する。

なお，これらの地番は，例えば「2番1」を「2-1」のように数字とハイフンの組合せの表現で記録して差し支えない。

▶XML：「詳細資料」1．4．4(2)キ(ク)

第5号　地積及びその求積方法

当該土地の地積と求積方法は，用紙の適宜の場所（図面が右側に収まっている場合は，通常左側）に記録する。

地積は，水平投影面積により，平方メートルを単位として定め，1平方メートルの100分の1（宅地及び鉱泉地以外の土地で10平方メートルを超えるものについては，1平方メートル）未満の端数は，切り捨てる（不登規則100条）とされている。求積表の最下欄に「地積○○㎡」等と記録することで差し支えない。分筆で筆数が多い場合などでは，求積表とは別に地番と地積を表形式で記録すると一覧性が増し，見やすい図面となる。

求積方法については，座標法等の計算方法を用い，求積方法としては，求積表の形態で記録するのが一般的である。

計算の方法は多数あるが，筆界点の座標値を記録する（不登規則77条1項8号，同条2項）関係上，座標法を用いるケースが一般的である。三斜法その他の計算方法によることが適切と考えられる場合には，それらの方法を用い，その求積方法を記録することとなる。

また，不動産登記事務取扱手続準則第72条第2項の規定による「特別の事情」がある場合には，分筆後の土地のうち一筆の土地について求積の方法について記録することを要しない。この場合には，当該一筆の土地の地積は，差引計算で求めることになる。

▶XML：「詳細資料」座標法1．4．4(2)キ(シ)，1．4．4(3)エ(ア)
　　　　概測法1．4．4(2)キ(ス)，1．4．4(3)エ(イ)

第6号　筆界点間の距離

筆界点間の距離は，図中の該当する筆界部分に表示して記録するのが一般的である。別の方法として，筆界点間の距離の一覧表等（座標表等の様式によっては，前後の点間

の距離を表示するものもある。）により記録することも考えられるが，それは，補助的な表示として捉え，前述の方法により記録することの方が，図面として見やすく，また作成も簡便である。

　次に，記録する数値の単位についてであるが，地積の場合のように表示する単位について明確な規定は見当たらない。しかし，地積が平方メートルを単位とするとされていることから，メートルを単位とするのが合理的である。

　では，メートル未満の小数部の扱いはどうするか。当該土地に要求される精度にもよると考えるが，一般的には，1メートルの100分の1（＝センチメートル），又は1,000分の1（＝ミリメートル）まで記録する。表示桁への数値の丸め方は，四捨五入又は切捨てで表示することが多い。当該図面が，登記後には一般の閲覧に供されることを考えると，筆界点間の距離を1メートルの100分の1（＝センチメートル）まで表示する場合には，100分の1未満は切り捨てた値とするのが無難と思われる。

　　▶XML：「詳細資料」点間距離(2)キ(キ)　小数部の桁数は3まで。数値の丸め方（四捨五入，切捨て等）は，図面データを作成するソフトの設定による。

> 第7号　国土調査法施行令第2条第1項第1号に規定する平面直角座標系の番号
> 　　　又は記号

　当該土地が属する平面直角座標系の番号又は記号を記録する。具体的には，図面の適宜の場所に「座標系：公共座標Ⅸ系」（Ⅸは算用数字の9を用いてもよい。）のように記録する。

　不動産登記規則第77条第2項で規定する，近傍に基本三角点等が存しない場合その他の基本三角点等に基づく測量ができない特別の事情がある場合に，近傍の恒久的地物に基づく測量を行ったときは，平面直角座標系の表示は必要としない。適宜「任意座標系」等と記録することが望ましい。XML図面では，公共座標1系～19系及び任意座標系のうちから記録することとなっている。なお，「測地系」については，第2節1(9)に記載したので参照願いたい（138頁）。

　　▶XML：「詳細資料」座標系1．4．4(2)コ(ア)
　　▶国土調査法施行令別表第1
　　▶参考：平面直角座標系（平成14年国土交通省告示第9号）

【国土調査法施行令　別表第 1　座標系の区分等】

座標系の区分		座標系原点		適　用　区　域
名　称	記号	経度（東経）	緯度（北緯）	
九 州 西	I	129度30分 0 秒・000	33度 0 分 0 秒・000	長崎県　鹿児島県のうち北緯32度から南であり，かつ，東経130度から西である区域（喜界島を含む。）
九 州 東	II	131度 0 分 0 秒・000	33度 0 分 0 秒・000	福岡県　佐賀県　熊本県　大分県　宮崎県　鹿児島県（九州西の座標系に属する区域を除く。）
中 国 西	III	132度10分 0 秒・000	36度 0 分 0 秒・000	島根県　広島県　山口県
四 国	IV	133度30分 0 秒・000	33度 0 分 0 秒・000	徳島県　香川県　愛媛県　高知県
中 国 東	V	134度20分 0 秒・000	36度 0 分 0 秒・000	兵庫県　鳥取県　岡山県
近 畿	VI	136度 0 分 0 秒・000	36度 0 分 0 秒・000	福井県　三重県　滋賀県　京都府　大阪府　奈良県　和歌山県
中 部 西	VII	137度10分 0 秒・000	36度 0 分 0 秒・000	富山県　石川県　岐阜県　愛知県
中 部 東	VIII	138度30分 0 秒・000	36度 0 分 0 秒・000	新潟県　山梨県　長野県　静岡県
関 東	IX	139度50分 0 秒・000	36度 0 分 0 秒・000	福島県　茨城県　栃木県　群馬県　埼玉県　千葉県　東京都（小笠原支庁管内を除く。）　神奈川県
東 北	X	140度50分 0 秒・000	40度 0 分 0 秒・000	青森県　岩手県　宮城県　秋田県　山形県
北 海 道 西	XI	140度15分 0 秒・000	44度 0 分 0 秒・000	小樽市　函館市　伊達市　北斗市　後志総合振興局管内　胆振総合振興局管内のうち虻田郡及び有珠郡　檜山振興局管内　渡島総合振興局管内
北 海 道 中	XII	142度15分 0 秒・000	44度 0 分 0 秒・000	稚内市　留萌市　旭川市　美唄市　岩見沢市　札幌市　夕張市　苫小牧市　室蘭市　芦別市　江別市　赤平市　紋別市　士別市　名寄市　三笠市　千歳市　滝川市　砂川市　歌志内市　深川市　富良野市　登別市　恵庭市　北広島市　石狩市　宗谷総合振興局管内　留萌振興局管内　上川総合振興局管内　オホーツク総合振興局管内のうち紋別郡　空知総合振興局管内　石狩振興局管内　胆振総合振興局管内（虻田郡及び有珠郡を除く。）　日高振興局管内
北 海 道 北	XIII	144度15分 0 秒・000	44度 0 分 0 秒・000	網走市　北見市　釧路市　帯広市　根室市　オホーツク総合振興局管内（紋別郡を除く。）　根室振興局管内　釧路総合振興局管内　十勝総合振興局管内
小笠原諸島	XIV	142度 0 分 0 秒・000	26度 0 分 0 秒・000	東京都小笠原支庁管内
沖縄諸島中	XV	127度30分 0 秒・000	26度 0 分 0 秒・000	沖縄県のうち東経126度から東であり，かつ，東経130度から西である区域
沖縄諸島西	XVI	124度 0 分 0 秒・000	26度 0 分 0 秒・000	沖縄県のうち東経126度から西である区域
沖縄諸島東	XVII	131度 0 分 0 秒・000	26度 0 分 0 秒・000	沖縄県のうち東経130度から東である区域

備考
座標系は，地点の座標値が次の条件に従ってガウスの等角投影法によって表示されるように設けるものとする。
一　座標系のＸ軸は，座標系原点において子午線に一致する軸とし，真北に向う値を正とし，座標系のＹ軸は，座標系原点において座標系のＸ軸に直交する軸とし，真東に向う値を正とする。
二　座標系のＸ軸上における縮尺系数は，0・9999とする。
三　座標系原点の座標値は，次のとおりとする。
　　Ｘ＝0.000メートル
　　Ｙ＝0.000メートル

【平面直角座標系】（平成14年国土交通省告示第９号（最終改正：平成22年３月31日国土交通省告示第289号，施行：平成22年４月１日））

※　「詳細資料」では，XML図面で扱う公共座標系は，平成14年１月国土交通省告示第９号で定める平面直角座標系としている。

　　　測量法（昭和24年法律第188号。以下「法」という。）第11条第１項第１号の規定を実施するため，直角座標で位置を表示する場合の平面直角座標系を次のように定める。

　　　平成14年１月10日

　　　　　　　　　　　　　　　　　　　　　　　　　国土交通大臣　　林　　　寛子

　　　平面直角座標系

系番号	座標系原点の経緯度		適　用　区　域
	経度（東経）	緯度（北緯）	
Ⅰ	129度30分０秒0000	33度０分０秒0000	長崎県　鹿児島県のうち北方北緯32度南方北緯27度西方東経128度18分東方東経130度を境界線とする区域内（奄美群島は東経130度13分までを含む。）にあるすべての島，小島，環礁及び岩礁
Ⅱ	131度０分０秒0000	33度０分０秒0000	福岡県　佐賀県　熊本県　大分県　宮崎県　鹿児島県（Ⅰ系に規定する区域を除く。）
Ⅲ	132度10分０秒0000	36度０分０秒0000	山口県　島根県　広島県
Ⅳ	133度30分０秒0000	33度０分０秒0000	香川県　愛媛県　徳島県　高知県
Ⅴ	134度20分０秒0000	36度０分０秒0000	兵庫県　鳥取県　岡山県
Ⅵ	136度０分０秒0000	36度０分０秒0000	京都府　大阪府　福井県　滋賀県　三重県　奈良県　和歌山県
Ⅶ	137度10分０秒0000	36度０分０秒0000	石川県　富山県　岐阜県　愛知県
Ⅷ	138度30分０秒0000	36度０分０秒0000	新潟県　長野県　山梨県　静岡県
Ⅸ	139度50分０秒0000	36度０分０秒0000	東京都（ⅩⅣ系，ⅩⅧ系及びⅩⅨ系に規定する区域を除く。）　福島県　栃木県　茨城県　埼玉県　千葉県　群馬県　神奈川県
Ⅹ	140度50分０秒0000	40度０分０秒0000	青森県　秋田県　山形県　岩手県　宮城県
Ⅺ	140度15分０秒0000	44度０分０秒0000	小樽市　函館市　伊達市　北斗市　北海道後志総合振興局の所管区域　北海道胆振総合振興局の所管区域のうち豊浦町，壮瞥町及び洞爺湖町　北海道渡島総合振興局の所管区域　北海道檜山振興局の所管区域
Ⅻ	142度15分０秒0000	44度０分０秒0000	北海道（Ⅺ系及びⅩⅢ系に規定する区域を除く。）
ⅩⅢ	144度15分０秒0000	44度０分０秒0000	北見市　帯広市　釧路市　網走市　根室市　北海道オホーツク総合振興局の所管区域のうち美幌町，津別町，斜里町，清里町，小清水町，訓子府町，置戸町，佐呂間町及び大空町　北海道十勝総合振興局の所管区域　北海道釧路総合振興局の所管区域　北海道根室振興局の所管区域
ⅩⅣ	142度０分０秒0000	26度０分０秒0000	東京都のうち北緯28度から南であり，かつ東経140度30分から東であり東経143度から西である区域
ⅩⅤ	127度30分０秒0000	26度０分０秒0000	沖縄県のうち東経126度から東であり，かつ東経130度から西である区域
ⅩⅥ	124度０分０秒0000	26度０分０秒0000	沖縄県のうち東経126度から西である区域
ⅩⅦ	131度０分０秒0000	26度０分０秒0000	沖縄県のうち東経130度から東である区域
ⅩⅧ	136度０分０秒0000	20度０分０秒0000	東京都のうち北緯28度から南であり，かつ東経140度30分から西である区域
ⅩⅨ	154度０分０秒0000	26度０分０秒0000	東京都のうち北緯28度から南であり，かつ東経143度から東である区域

備　考
　　座標系は，地点の座標値が次の条件に従ってガウスの等角投影法によって表示される
　ように設けるものとする。
　1．座標系のＸ軸は，座標系原点において子午線に一致する軸とし，真北に向う値を正
　　とし，座標系のＹ軸は，座標系原点において座標系のＸ軸に直交する軸とし，真東に
　　向う値を正とする。
　2．座標系のＸ軸上における縮尺係数は，0.9999とする。
　3．座標系原点の座標値は，次のとおりとする。
　　　　Ｘ＝0.000メートル　　　Ｙ＝0.000メートル
　　　　　　　　　　　　　　　　　　　　　　　　　　　　　　　　　〈附則略〉

第8号　基本三角点等に基づく測量の成果による筆界点の座標値

　基本三角点等を与点として測量して得られた当該土地の筆界点の座標値を記録する。

　基本三角点等とは，不動産登記規則第10条第3項において，測量法第2章の規定に
よる基本測量の成果である三角点及び電子基準点，国土調査法第19条第2項の規定に
より認証され，若しくは同条第5項の規定により指定された基準点又はこれらと同等
以上の精度を有すると認められる基準点と規定されている。

　また，土地家屋調査士が設けた登記基準点であって，日本土地家屋調査士会連合会
が認定したいわゆる認定登記基準点についても，基本三角点等に該当するものとして
取り扱えることになっている（平20.6.12民二1670号依命通知）。

　土地家屋調査士が「基本三角点等に基づく測量」をする場合は，基本三角点等を与
点として，日本土地家屋調査士会連合会又は各土地家屋調査士会で定める調査測量実
施要領等の規定に従って行わなければならない。

　与点とした「当該基本三角点等に符号を付した上，地積測量図の適宜の箇所にその
符号，基本三角点等の名称及びその座標値も記録する」（不登準則50条1項）ものとさ
れている。

　多くの場合，与点とした基本三角点等のすべてが図面中にそのままの縮尺で納まる
ことはないので，基本三角点等は，「筆界点との位置関係がおおむね分かる程度で表
示すれば足り，その点に符号を付した後，当該地積測量図の余白に基本三角点等の符
号，その名称及び座標値を明らかにした上，各筆界点の座標値を表示する。このとき
の基本三角点は，与点として利用したものは，そのすべてを記録しなければならな
い」とされている（『登記実務』440頁参照）。

　また，筆界点の座標値を記録するには，座標求積表の内容と兼ねる方法【例1】や，
求積表とは別に，座標表として表示する方法【例2】（基本三角点等の他の点を含めて
もよい。）が一般的である。

【例1】 座標求積表と兼ねる例

(1)

測点名	地　番	①17-1			
	境界標種別	X　座　標	Y　座　標	$X_{n+1}-X_{n-1}$	$Y(X_{n+1}-X_{n-1})$
K1	金属標	−29100.000	−10100.000	9.312	−94051.200000
K6	石杭	−29099.717	−10083.402	−3.421	34495.318242
K3	コンクリート杭	−29103.421	−10080.791	−10.298	103811.985718
K4	コンクリート杭	−29110.015	−10090.146	−5.608	56585.538768
K5	コンクリート杭	−29109.029	−10099.846	10.015	−101149.957690
合　　計					−308.314962
面　　積					154.1574810
地　　積					154.15 ㎡

(2)

地　　番	(1)17-1					
境　界　点	X座標（Xn）	Y座標（Yn）	点間距離	境界標種別	座標値種別	備　考
K1	−29100.000	−10100.000		金属標	実測値	
K6	−29099.717	−10083.402	16.600	石標	実測値	
K3	−29103.421	−10080.791	4.532	コンクリート標	実測値	
K4	−29110.015	−10090.146	11.445	コンクリート標	実測値	
K5	−29109.029	−10099.846	9.750	コンクリート標	実測値	
K1	−29100.000	−10100.000	9.030	金属標	実測値	
計　算　方　法				$2F=\Sigma\ \|Xn\ (Yn+1-Yn-1)\|$		
倍　面　積				308.314962		
面　積（㎡）				154.1574810		
地　　積				154.15 ㎡		

【例2】 求積表とは別に，座標表として表示する例

座　標　表

点　　名	X　座　標	Y　座　標	備　　考
P1	−29500.703	−10498.458	金属標
P2	−29514.831	−10508.267	金属標
K1	−29536.758	−10463.190	コンクリート杭
K2	−29521.510	−10455.733	コンクリート杭
223010	−29559.956	−10569.808	○区3級基準点　金属標
224021	−29436.158	−10421.901	○区4級基準点　金属標
224022	−29479.667	−10453.424	○区4級基準点　金属標
T1	−29494.882	−10498.873	4級登記基準点　鋲
T2	−29532.174	−10526.002	4級登記基準点　鋲

求　積　表

地　番	⑦7-9			
NO	Xn	Yn	$Yn+1-Yn-1$	$Xn\cdot(Yn+1-Yn-1)$
P1	−29500.703	−10498.458	−52.534	1549789.931402
P2	−29514.831	−10508.267	35.268	−1040929.059708
K1	−29536.758	−10463.190	52.534	−1551684.044772
K2	−29521.510	−10455.733	−35.268	1041164.614680
合　計				−1658.558398
面　積				829.2791990
地　積				829.27 ㎡

▶XML：「詳細資料」筆界点の座標値１．４．４(2)キ(カ)，１．４．４(3)エ(ア)，

　　　　基本三角点等１．４．４(2)キ(エ)，１．４．４(3)オ

第9号　境界標（筆界点にある永続性のある石杭又は金属標その他これに類する
　　　標識をいう。以下同じ。）があるときは，当該境界標の表示

当該土地の筆界点にある境界標を図面中に表示する。境界標は，当該土地の筆界点

を現地において特定するための最も重要なものである。どの筆界点にどの様な境界標が存するのかを正確に地積測量図に表示しなければならない。

　ここで「境界標」とは，永続性のある石杭又は金属標その他これに類する標識とされているが，具体的にはどのようなものであろうか。同様の規定であった旧準則第98条第1項「（旧）細則第42条ノ4第2項の境界標は，永続性のある石杭又は金属標等の標識をいうものとする。」に対応する昭和52年9月3日民三第4474号民事局第三課長依命通知・第二，五(1)では，「永続性のある石杭又は金属標等の標識とは，材質が石，コンクリート，合成樹脂又は不銹鋼等耐久性を有し，かつ，容易に移動しないように埋設されていると認められるものをいう。」とされている。また，「コンクリート基礎，コンクリート基盤又はコンクリート側壁等に刻印をもって筆界点を明確に表示しているもの」も永続性のある境界標として取り扱うこととされている（昭52.12.7民三5941号依命通知）。

　日調連調測要領では，第55条（標識の設置）の運用規定において【資料1】のように，さらに第56条（境界標埋設作業）の運用規定において【資料2】のように例示されている。また，各土地家屋調査士会においても同様の規定等を設けているところがあるが，ここではそのすべてを紹介することはできないので，東京土地家屋調査士会で定めている，調査・測量実施要領（以下「東京会調測要領」という。）を紹介する。東京会調測要領では，第31条（境界標の設置及び引照点測量）関係として，「新設境界標の標準（永続性のある境界標識）」を例示している【資料3】。

【資料1】日調連調測要領　第55条

（標識の設置）
第55条　基準点，筆界点等には，原則として永続性のある石・コンクリート杭又は金属標等の標識（以下「永久標識」という。）を設置するよう努めるものとする。ただし，その他やむを得ない事情がある場合は，木杭等の仮標識とすることができる。

【運　用】
　使用する標識の規格は，次表を標準とする。

名　称	材　質	形状（cm）	摘　要
永久標識	石・コンクリート	7.5□×60	コンクリート根巻き
	金属標・同プレート	頭部φ5	堅牢構造物に固着
仮標識	木・プラスチック	6.0□×60	堅牢構造物への刻みを含む
	金属鋲	頭部φ1	

【資料２】日調連調測要領　第56条

（境界標埋設作業）
第56条　境界標埋設とは，筆界点等に永続性のある標識を設置する作業をいう。
2　新たに埋設した標識の維持管理が困難である場合を除き，一筆地測量着手前に永久標識の埋設を完了することが望ましい。
3　隣地に接して境界標を設置する場合には，隣接地所有者の承諾を求めるものとする。
4　位置が特定されている境界標の埋設は，次のいずれかの方法により行うものとする。
（1）　２台のTS等の視準線の交点として行う方法
（2）　２本の水糸の交点として行う方法
（3）　１台のTS等の視準線上で距離を測定して行う方法
5　位置が特定されている境界標の埋設では，埋設前に隣接筆界点間の距離を測定するとともに埋設後は点間距離の検測を行い，許容制限を超えているときは改めて埋設を行うものとする。

【運　用】
【境界標設置の一例】

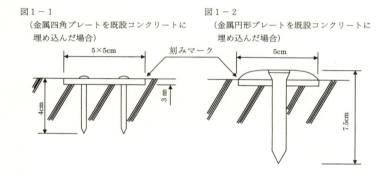

図１－１
（金属四角プレートを既設コンクリートに埋め込んだ場合）

図１－２
（金属円形プレートを既設コンクリートに埋め込んだ場合）

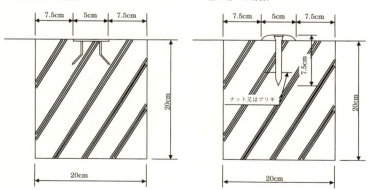

図１－３
（金属四角プレートを新設コンクリートに埋め込んだ場合）

図１－４
（金属円形プレートを新設コンクリートに埋め込んだ場合）

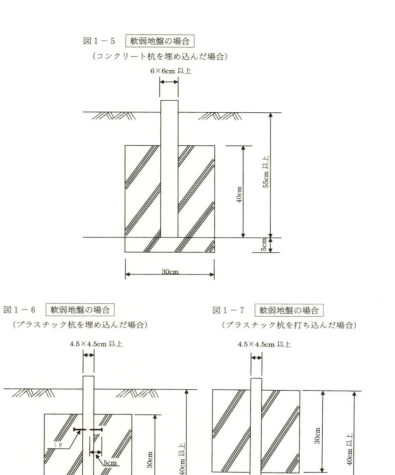

図1-5　軟弱地盤の場合
（コンクリート杭を埋め込んだ場合）

6×6cm 以上

55cm 以上

40cm

5cm

30cm

図1-6　軟弱地盤の場合
（プラスチック杭を埋め込んだ場合）

4.5×4.5cm 以上

くぎ

5cm

30cm

40cm 以上

30cm

釘等を用いて不動性を増強することが
望ましい

図1-7　軟弱地盤の場合
（プラスチック杭を打ち込んだ場合）

4.5×4.5cm 以上

30cm

40cm 以上

12.5cm　　12.5cm

タッパーで打ち込んだ後、プラスチッ
ク杭を打ち込み周辺を（25×25cm）掘
ってコンクリートを流し込む。

【資料3】　東京会調測要領　第31条関係付録－2

新 設 境 界 標 の 標 準

（永続性のある境界標識）

1．石，コンクリート杭
　　金属製冠を含む。

2．金属標
　　(1)　ネジ込み式足付きプレートをコンクリート構造物等に埋め込んだ場合。
　　(2)　アンカーピン等で固定した場合。
　　　　ただし，単に接着剤のみで貼りつけたものは除く。
　　(3)　打設したコンクリートに埋め込んだもの。

3．鉄　鋲（L50mm以上，φ7mm以上）
　　コンクリート構造物等に設置した場合。
　　ただし，軟弱盤（アスファルト混合物等）に打ち込んだものは除く。

4．プラスチック杭（合成樹脂杭）
　　ただし，中空のものは除く。

5．刻　印
　　ただし，コンクリート基礎等に中心が鮮明に確認できるもの。

（注）　設置については現地の状況も充分考慮して，土地家屋調査士の責務において設置する。

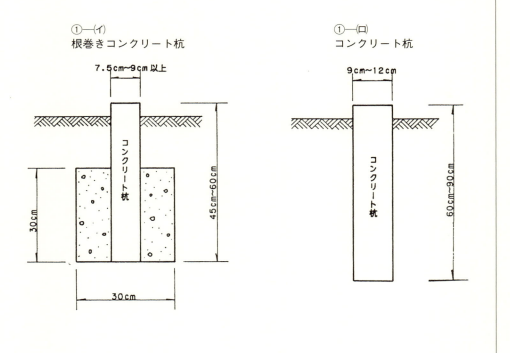

①─(イ)
根巻きコンクリート杭

①─(ロ)
コンクリート杭

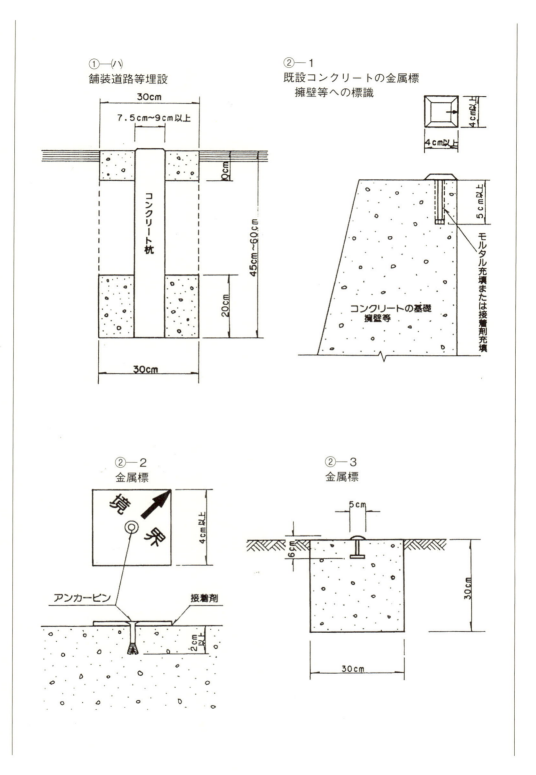

①—(ハ)
舗装道路等埋設

②—1
既設コンクリートの金属標
　擁壁等への標識

②—2
金属標

②—3
金属標

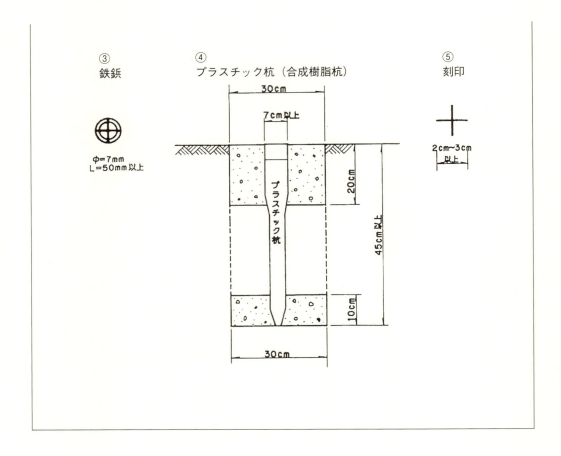

　これらの例示からも分かるように，「永続性のある境界標」とは，数年程度で腐ったり錆びたり崩壊したりしない耐久性を有した材質であり，かつ，容易には移動しないような状態に設置されているものを指す。単に接着剤で貼り付けただけの金属標（アンカーなし）は，たとえ容易に移動しない恒久性のあるコンクリート等の地物に設置していても，それは「永続性のある境界標」とはいえない。

　そして，「永続性のある境界標」があるときには，図面に「境界標の表示」をしなければならず，不動産登記規則第77条第3項で「境界標の表示を記録するには，境界標の存する筆界点に符号を付し，適宜の箇所にその符号及び境界標の種類を記録する方法その他これに準ずる方法によってするものとする」と規定されている。では，具体的にどのような方法があるのか，先例ほか代表例を以下に示す。

【昭和52年9月3日民三第4474号民事局第三課長依命通知　第二，五(3)イ】

（例1）　境界標の存する筆界点に記号又は番号等を付し，地積測量図の適宜の箇所にその
　　　　符号と境界標の種類を表示する方法。

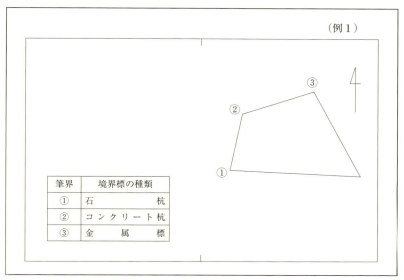

（例2）　境界標の存する筆界点の近くに境界標の種類を直接文字で表示する方法。これは
　　　　規則第77条3項でいう，「その他これに準ずる方法」である。

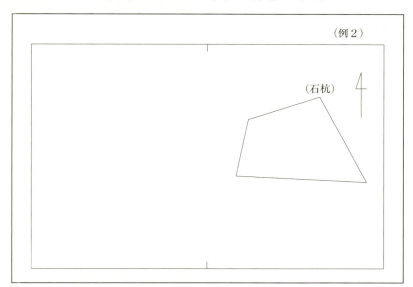

【昭和52年12月 7 日民三第5941号民事局第三課長依命通知　二　別紙㈠】

（例 1 ）　境界標の存する筆界点に境界標の種類ごとに異なるマークを付し，地積測量図の
　　　　適宜の箇所にそのマークと境界標の種類を表示する方法。

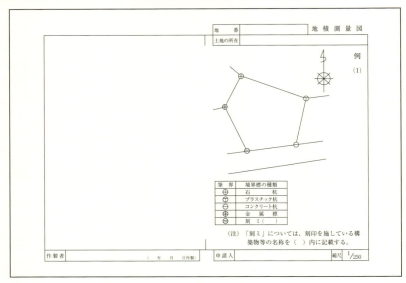

（例 2 ）　境界標の存する筆界点に略号を付し，地積測量図の適宜の箇所にその略号と境界
　　　　標の種類を表示する方法。

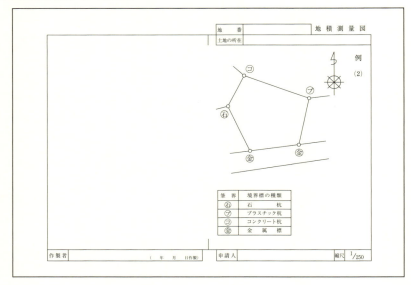

【図1】　筆界点に点名（記号又は番号等）を付し，座標表又は求積表の当該点名欄にそれぞ
　　　　れ種類を表示する方法。

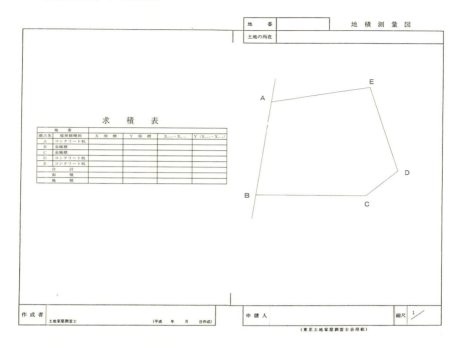

【図2】　筆界点に点名（記号又は番号等）を付し，境界標の種類ごとに点名を表示する方法。

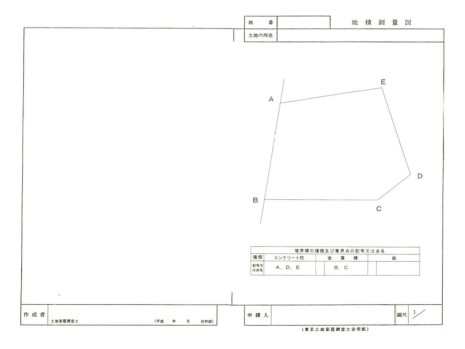

　これらの例以外にも表示の方法はあると思うが，要は，どの筆界点にどのような境界標が存在するのかが分かりやすく表示されていればよいのである。

　また，現地の状況により「永続性のある境界標」を設置することが困難な場合がある。このような場合に，適宜の方法（ペンキ，鋲，木杭等）で現地に表示することがあるが，これを「永続性のある境界標」同様に図面に表示することは差し支えないと考える。むしろ，たとえ「永続性」のないものだとしても，現地の状況によってある程度の期間存在している可能性があるならば，これらを図面に表示することは，当該土地の筆界点を現地において特定するためには，有益であると考える。

　▶XML：「詳細資料」1．4．4(2)キ(カ)，1．4．4(3)エ(ア)

> 第10号　測量の年月日

　当該土地を測量した年月日を記録する。「一定の期間をかけて測量作業が行われ，地積測量図を作成した場合，測量の年月日としては，現地における測量が完了した年月日を記録することで差し支えない」（平22．4．1民二875号通知）とされている。

　▶XML：「詳細資料」1．4．4(2)オ(ア)，1．4．4(2)キ(ア)，1．4．4(3)ウ

> **第2項　近傍に基本三角点等が存しない場合その他の基本三角点等に基づく測量ができない特別の事情がある場合には，前項第7号及び第8号に掲げる事項に代えて，近傍の恒久的な地物に基づく測量の成果による筆界点の座標値を記録しなければならない。**

　筆界点の座標値は，不動産登記規則第77条第1項第8号の規定のとおり，原則として，基本三角点等に基づく測量の成果によるものでなければならないが，当該土地の近傍に与点となる基本三角点等がない場合や基本三角点等に基づく測量ができない特別の事情がある場合には，近傍の恒久的な地物に基づく測量の成果による筆界点の座標値を記録する。

　ここで，「近傍」とはどれくらいのことをいうのであろうか。これについて明確な規定はないが，「近傍」の語は，昭和52年に改正された準則（昭52．9．3民三第4473号民事局長通達）第98条3項で，「近傍の恒久的地物」という表現で登場し，この「近傍」について，「不動産登記事務取扱手続準則の改正についての解説」（民事月報号外（昭和52年10月））437頁では，「常識的な判断に委ねられる」と説明されている。以後，平成5年改正の旧細則第42条の4第2項及び現規則第77条第2項においても「近傍」の語が用いられ，その解釈については，従前と同様であるとされている（『登記実務』439頁，門田稔永ほか「不動産登記法の一部を改正する法律の施行に伴う登記事務の取扱い

について」（登研551号131頁））。さらに具体的に示すものとして，「地図の備え付けのない土地についての登記事務の取扱いについて」（昭和41年2月1日全調連総第60号全国土地家屋調査士会連合会会長回答。【資料6】参照）の解釈から，これに準ずる取扱い（つまり概ね100m以内）が相当であるとする考えがある（有馬厚彦『事例にみる表示に関する登記』（テイハン，2005）184頁，新井克美＝後藤浩平『新版　精解設例　不動産登記添付情報（下）』（日本加除出版，2008）424頁，「不動産登記事務取扱手続準則の改正についての解説」（民事月報号外（昭和52年10月）437頁）。また，地域によっては，「近傍に基本三角点等が存しない場合」について，土地家屋調査士会と法務局又は地方法務局との間で，概略の基準を定めているところもあるようである（東京法務局の例：平20．2．22 1不登1第52号民事行政部首席登記官（不動産登記担当）依命通知。【資料7】参照）。

　「特別の事情」とは，例えば，近傍に基本三角点等はあるけれども，何らかの理由でその成果が公開されていない又は利用が制限されている場合などが考えられる。

　恒久的地物による測量の成果は，測量者が任意に定めた任意座標系で表わされることとなる。

　そして，地積測量図に，近傍の恒久的な地物に基づく測量の成果による筆界点の座標値を記録する場合の方法は，「当該地物の存する地点に符号を付した上で，地積測量図の適宜の箇所にその符号，地物の名称，概略図及びその座標値も記録する」（不登準則50条2項）ものとされている。

　さらに，基本三角点等に基づく場合と同様に，「近傍の恒久的地物を筆界点との位置関係がおおむね分かる程度で表示し，その点に符号を付した後，当該地積測量図の余白に恒久的地物の符号，その名称及び座標値を明らかにした上，各筆界点の座標値を表示する」必要がある。「なお，恒久的地物の概略図の作成は，恒久的地物の写真その他の画像データを地積測量図にはり付ける方法で差し支えない」ものとされている（『登記実務』440頁）。

　ここでいう「恒久的地物」とは，原則として，旧不動産登記法施行細則第42条ノ4第2項にいう，「恒久的ナル地物」と基本的には同様のものであるが，基本三角点等は含まないと解されている（『登記実務』439頁参照）。近傍に基本三角点等があるならば，それに基づいて測量をしなければならないからである（近傍にある基本三角点等の成果が公表されていない場合には，これを恒久的地物として測量することは，何ら差し支えない。）。

【昭和52年９月３日民三4474号依命通知・第二の五⑶ロ】

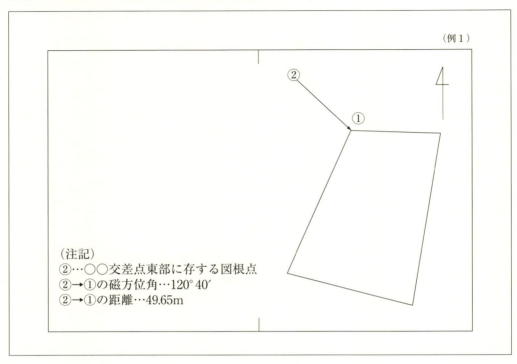

(例１)

(注記)
②…○○交差点東部に存する図根点
②→①の磁方位角…120° 40′
②→①の距離…49.65m

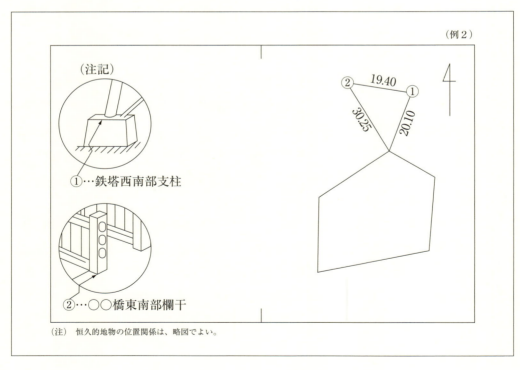

(例２)

(注記)

①…鉄塔西南部支柱

②…○○橋東南部欄干

(注)　恒久的地物の位置関係は、略図でよい。

　昭和52年9月3日民三第4474号民事局第三課長依命通知・第二の五(2)では，「〔旧準則〕第25条第2項の基本三角点等（図根点を含む。），基準点測量によって設置された水準点若しくは多角点又は恒久性のある鉄塔，橋梁等土地の筆界を現地において特定する場合の基礎となり得ると認められるものをいう」とされているが，現行法の下では，このうち，不動産登記規則第10条第3項でいうところの基本三角点等は，「恒久的地物」に含まないということである。

　また，昭和52年12月7日民三第5941号民事局第三課長依命通知三では，「A類　申請にかかる土地以外の公共用地又は民有地に存する境界標識でその材質が堅固であって，かつ容易に移動し得ないように埋設されているもの。B類　次のような構築物のうち，その材質が，鉄，石又は鉄筋入りコンクリートのように堅固にして設置状態に永続性があり，かつ基準とする点の位置が特定できるもの。　鉄道用鉄塔，トンネル又は地下道の出入口，マンホール，防波堤，水門，ビルディング，石段，電柱類，記念碑，ポスト，煙突，給水塔，石油又はガスタンク，サイロ，灯台」と例示されている。永続性のある境界標のほか，永続性のある構築物のどこの点を基準としたのかが特定できるものであることが必要とされている。

　なお，恒久的地物の表示方法については，昭和52年9月3日民三第4474号民事局第三課長依命通知・第二の五(3)ロ（例1）（例2）の先例があるが（104頁参照），現在は，基本三角点等，恒久的地物及び筆界点について，必ず座標値を記録しなければならないので，「従前の取扱いである地積測量図への恒久的地物との距離及び角度の記録は，例外的な場合を除き要しないものとなった」とされる（『登記実務』438頁）。しかし，これを表示してはならないということでなく，現地における筆界の特定に役立つと考える場合には，積極的に表示すべきであろう。

　　▶XML：「詳細資料」恒久的地物１．４．４(2)キ(オ)，１．４．４(3)カ

第3項　第1項第9号の境界標の表示を記録するには，境界標の存する筆界点に符号を付し，適宜の箇所にその符号及び境界標の種類を記録する方法その他これに準ずる方法によってするものとする。

前述の不動産登記規則第77条第1項第9号（92頁）以下で記述したので，参照のこと。

第4項　地積測量図は，250分の1の縮尺により作成するものとする。ただし，土地の状況その他の事情により当該縮尺によることが適当でないときは，この限りでない。

地積測量図の縮尺は，原則として，250分の1で作成するものとし，250分の1で作

成することが適当でない場合は，その他の縮尺によって構わない旨を規定したものである。これと同じ内容の規定は，旧不動産登記法施行細則第42条ノ4第1項にあり，さらに，旧不動産登記事務取扱手続準則第97条第2項で「地積の測量図は，原則として次の縮尺により作製するものとする。一　市街地地域　100分の1又は250分の1　二　村落・農耕地域　250分の1又は500分の1　三　山林・原野地域　500分の1又は1000分の1」としていた（地域の区分について昭52.12.7民三5941号依命通知・別紙甲号　別紙㈡）。

【昭和52年12月7日民三第5941号民事局第三課長依命通知　別紙甲号　別紙㈡】

1．密集市街地

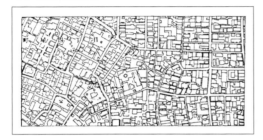

2．市街地

3．村落地

4．農耕地

5．丘陵地

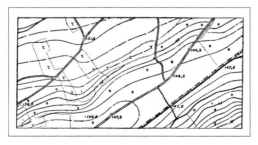

6．山　地

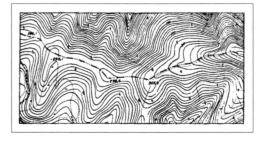

　現在はこのような規定は見当たらないが，250分の1で作成することが適当でない

場合は，概ねこれに準じて作成することで差し支えないと考える。当該土地の状況を踏まえて，適切な縮尺で作成すべきであるが，あまりにも適宜の縮尺では，取扱い上不便であるので，実務では，100分の1，500分の1，1,000分の1，……（500×n）分の1の縮尺としている。

　　　▶XML：「詳細資料」1．4．4⑵ア㈔，1．4．4⑶ア㈹

　また，図面の縮尺は，用紙（不登規則別記第1号様式又は「詳細資料」1．4．4⑶ア㈠土地所在図―地積測量図）に図面をどのように配置するのかをも考えて決定する必要がある。用紙の右半分を使い250分の1の縮尺で作図するのが基本であるが，これによることができない場合には，概ね次の先例による手法を用いて作成する。

　なお，以下に示す先例は，書面図面かつB4判2つ折りの場合のものである。

　書面図面を地図情報システムに登録する場合には，B4判（折らない）のTIFFファイルとして登録するため，厳密に左右に分けて記録する必要性はないと考える。電磁的記録による図面（TIFF図面，XML図面とも）を送信又は提出する場合においても同様と考える。

【昭和52年12月７日民三第5941号民事局第三課長依命通知　別紙甲号　別紙㈢】

（1）　方位を変換する方法　**例図⑴**

　　　通常は，北方向を上方にして作図するが，それでは用紙の右半分に収まらない場合に，図の向きを回転して作図する方法である。

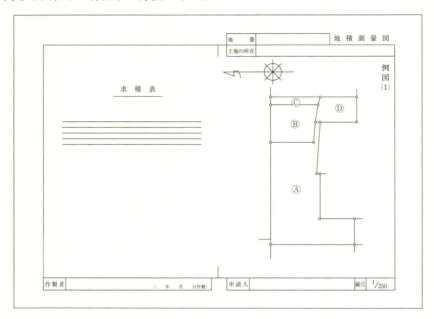

（2）　縮図をする方法　**例図⑵**

　　　250分の１の縮尺では，用紙の右半分に収まらない場合に，適宜な縮尺を用いて作図する方法である。この場合の縮尺は，前述のように（500×ｎ）分の１とすべきである。

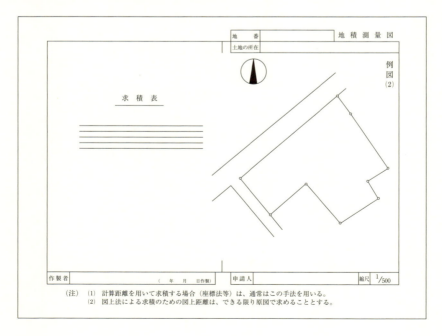

⑶　方位を変換し，かつ縮図をする方法　**例図⑶**
　　前記⑴と⑵を併用する方法である。

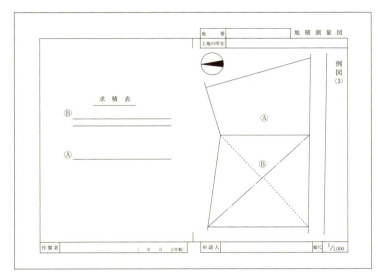

⑷　分属表示とする方法（分属した部分にはそれぞれ方位を記載し，かつ分属した各部分
　　が方位を異にし若しくは別葉にわたる場合又は3以上に分属する場合は，原則として全
　　図を作製する。）
⑷　分割した土地（求積した部分）と残地（求積しない部分）との分割線で分属する方
　　法　**例図⑷**
　　　　1枚の用紙の左右に分属し，方位が同じ場合の例である。
※（注）　前述したように，地図情報システムに登録する図面にあっては，B4判1枚（頁）内で
　　　　の分属表示は必要ないと考えられる（2枚（頁）にわたる場合は別である。）。

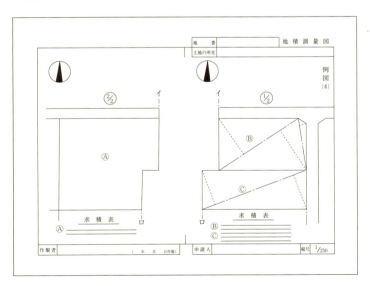

㈡　㈠以外の分割線で分属する方法　**例図⑸**

　　１枚の用紙の左右に分属し，方位が同じ場合の例である。

　※　前記（注）に同じ。

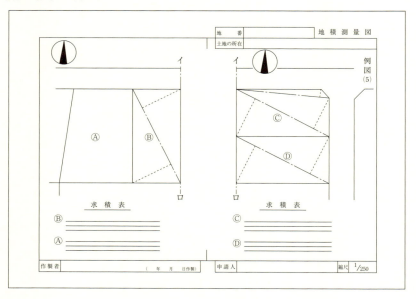

㈢　分割線及び分割線以外の屈曲点を結ぶ線で分属する方法　**例図⑹**

　　複数の用紙に分属し，方位が同じ場合の例である。全図を表示する。

　※　前記（注）に同じ。

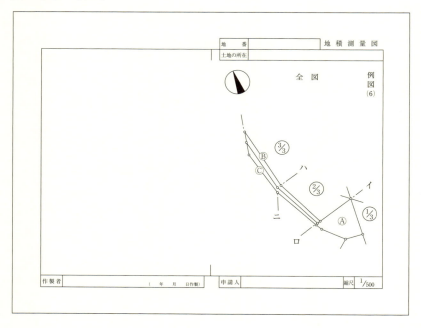

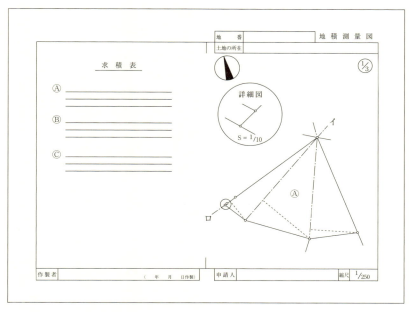

求積表

Ⓐ

Ⓑ

Ⓒ

詳細図

S = 1/10

地　番		地 積 測 量 図
土地の所在		1/3

| 作製者 | （　年　月　日作製） | 申請人 | 縮尺 1/250 |

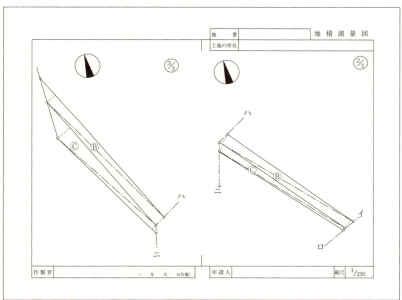

地　番		地 積 測 量 図
土地の所在		3/3　　2/3

| 作製者 | （　年　月　日作製） | 申請人 | 縮尺 1/250 |

㈡　分属後の各部分の方位を異にする方法　**例図(7)**
　　分割線で分属し，分属した各部分の方位が異なる場合の例である。複数の用紙にわたるため，全図を表示する。

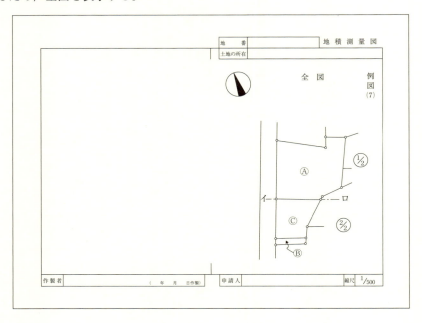

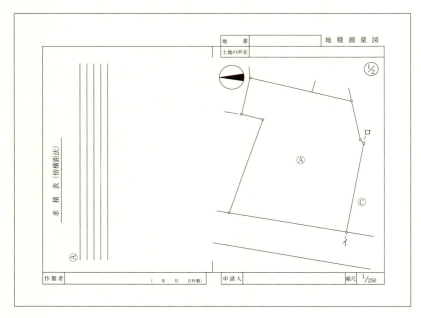

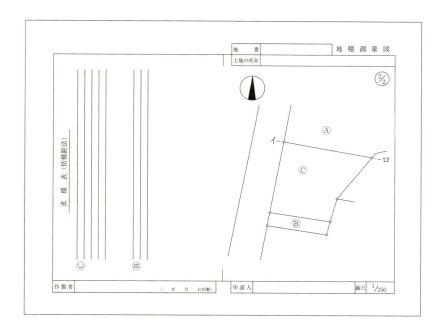

(5)　残地部分（求積しない部分）が中央部分にかかるものについて，便宜従来どおりの記載をする方法。　**例図(8)**

本例のような場合には，縮図と拡大図による方法で作成してもよい。

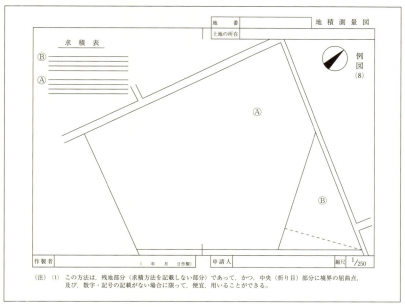

(注)　(1)　この方法は，残地部分（求積方法を記載しない部分）であって，かつ，中央（折り目）部分に境界の屈曲点，及び，数字・記号の記載がない場合に限って，便宜，用いることができる。

(6)　(4)の(ロ)と(5)を併用する方法。**例図(9)**

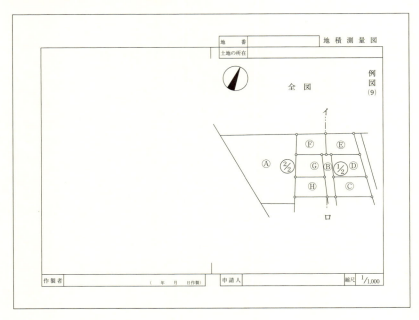

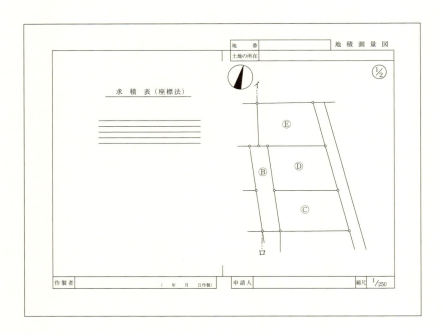

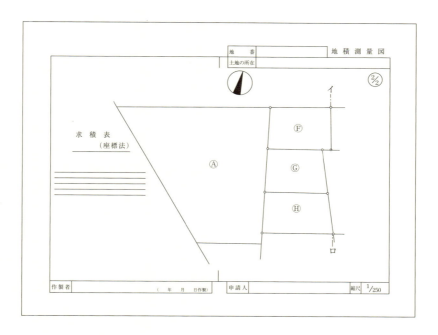

　なお，広大な一筆の土地を分割する場合等，特殊な場合の先例は次のようになっている。

【昭和39年10月2日民甲第3191号民事局長通達　別紙甲号一，二】

●**地積の測量図及び建物の図面の作製方法について（抄）**

一，広大な一筆の土地を数筆に分割する場合において，法定の図面用紙に図示される
　　分割後の土地の全部又は一部が図面上僅少となるとき，又は道路，水路等の長狭な
　　土地について，地積測量図の測量図を作製する場合（例示1・2）。
二，広大な一筆の土地の僅少な一部を分割する場合において，地積の測量図を作製す
　　る場合（例示3）
㈠　例示1・2の地積の測量図の作製要領
　（1）　地積の測量図は，分筆する数筆の土地又は長狭な土地の一部について，例示の
　　　ように数用紙をもつて作製する。
　（2）　数葉の地積の測量図の総括図として，適宜の縮尺により法定の（土地所在図と
　　　同一の）図面用紙一葉を用いて「土地所在図」を作製する。この場合「土地所在
　　　図」には，方位，隣地の地番を記入する。
　（3）　土地所在図には，数用紙に亘つて作製した地積測量図の各関係部分の土地の所
　　　在位置を明らかにするため地積測量図に付した用紙の符号，たとえば3/9の符号
　　　を，例示のように「土地所在図」の該当個所に記載すること。
　（4）　土地所在図には，各地積測量図の接続線箇所を明確に図示すること。
㈡　例示3の地積測量図の作製要領

> (1)　地積の測量図は，分筆する僅少の土地のみを，例示のように適宜の縮尺により
> 　　拡大図示して作製する。
> (2)　適宜の縮尺により法定の（土地所在図と同一の）図面用紙一葉を用いて例示の
> 　　ように分筆線のみを記入した「土地所在図」を作製する。この場合「土地所在
> 　　図」には方位，隣地の地番を記入する。

　　旧様式のものであるが，現在の様式でも取扱いの考え方は同じである。各例示の
「土地所在図」は，「全図」の意味と考える。
　　例示1は，広大な一筆の土地を数筆に分割する場合に，分割後の土地について適宜
の一団ごとに分属（頁を分けて）して作成するときの例である。
　　例示2は，長狭な土地の場合の例である。屈曲点が適当な場所にあれば，前掲の例
((4)(ハ)例図6，110頁)により作成することとなる。
　　例示3は，広大な一筆の土地の僅少な分筆部分を拡大図示するものである。
　　以下，同通達の例示1～3の具体的な図例である。

【昭和39年10月2日民甲第3191号民事局長通達　別紙甲号一，二（例示1，2，3）】

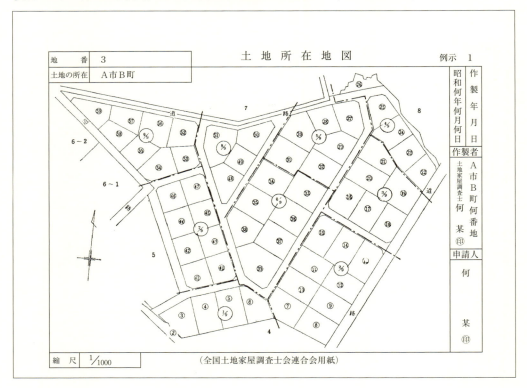

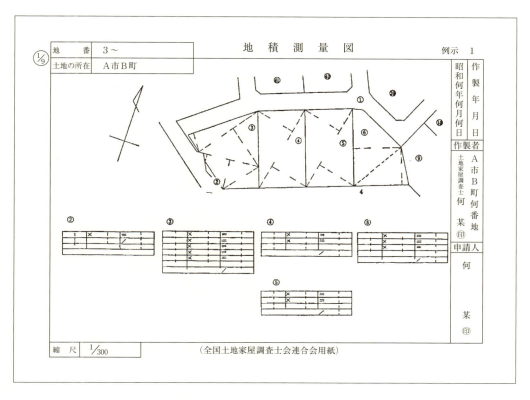

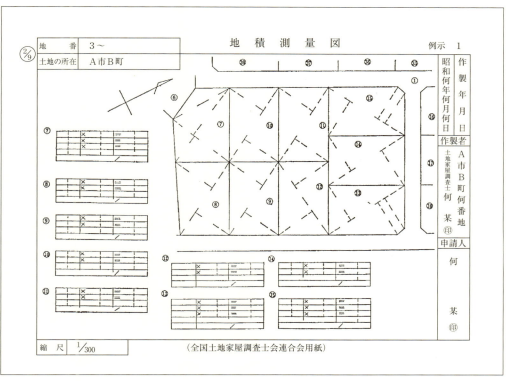

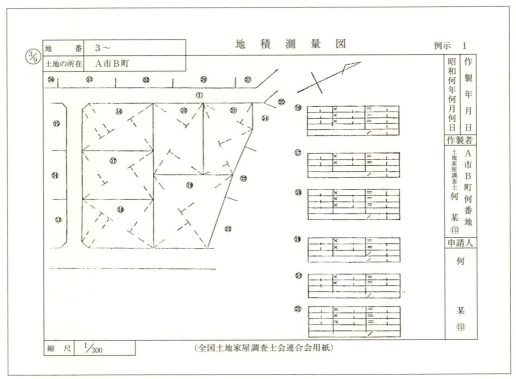

〈以下略〉

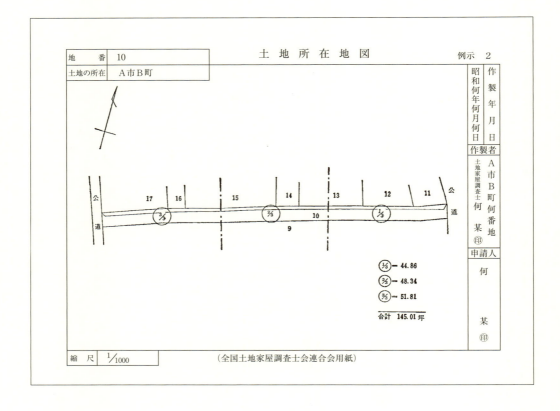

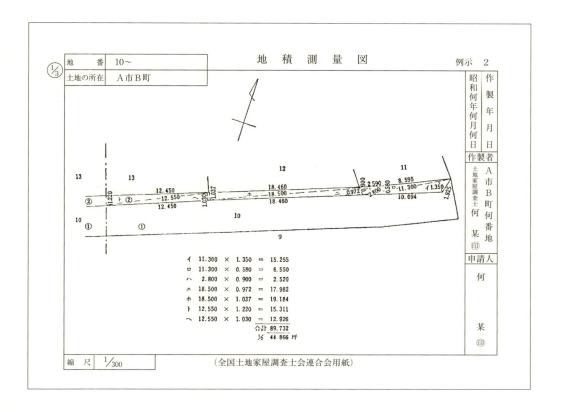

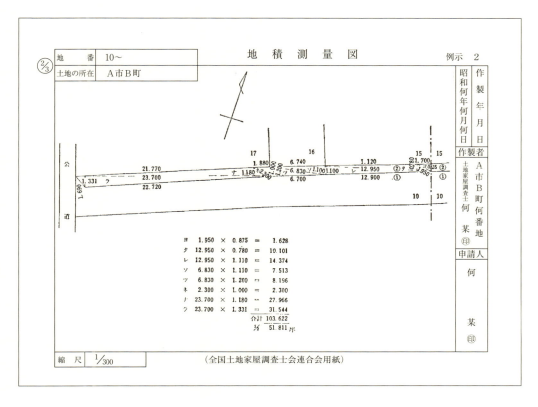

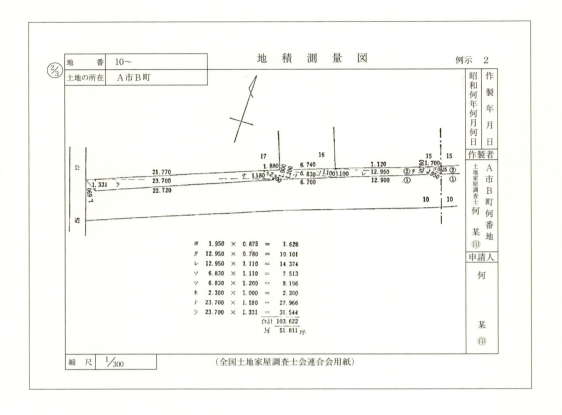

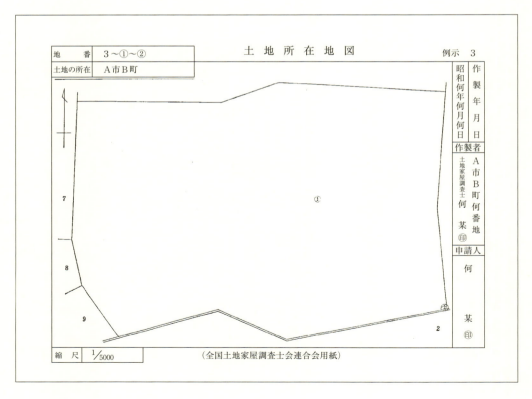

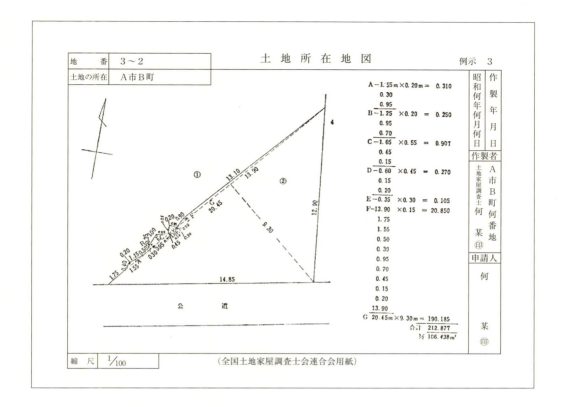

地　番	3～2
土地の所在	A市B町

土 地 所 在 地 図　　　　例示　3

A－1.55 m ×0.20 m ＝　0.310
　　　0.30
　　　0.95
B－1.25 ×0.20 ＝　0.250
　　　0.95
　　　0.70
C－1.65 ×0.55 ＝　0.907
　　　0.45
　　　0.15
D－0.60 ×0.45 ＝　0.270
　　　0.15
　　　0.20
E－0.35 ×0.30 ＝　0.105
F－13.90 ×0.15 ＝ 20.850
　　　1.75
　　　1.55
　　　0.50
　　　0.30
　　　0.95
　　　0.70
　　　0.45
　　　0.15
　　　0.20
　　　13.90
G 20.45m ×9.30 m ＝ 190.185
　　　　　合計　212.877
　　　　　½ 106.438㎡

作製年月日　昭和何年何月何日

作製者　A市B町何番地　土地家屋調査士　何某　㊞

申請人　何某　㊞

縮　尺	1/100

（全国土地家屋調査士会連合会用紙）

第5項　第10条第4項の規定は，地積測量図について準用する。

不動産登記規則第10条第4項では，

「地図を作成するための一筆地測量及び地積測定における誤差の限度は，次によるものとする。

一　市街地地域については，国土調査法施行令（昭和27年政令第59号）別表第4に掲げる精度区分（以下「精度区分」という。）甲二まで

二　村落・農耕地域については，精度区分乙一まで

三　山林・原野地域については，精度区分乙三まで」

として，地域の区分によって地図を作成するための誤差の限度を定めている。そして，本項は，地積測量図の作成における誤差の限度もこれを準用する旨を明記したものである。

なお，国土調査法施行令別表第4に示されている各数値及び数式の意味や根拠などについては，次に掲げる書籍に解説されているので参考とされたい。

・福永宗雄『14条地図利活用マニュアル—14条地図境界確認と復元—』54～73頁（日本加除出版，2007）

・國見利夫ほか『教程・地籍測量』12〜15頁（日本加除出版，2008）

・中川徳郎「土地の表示登記と測量」128〜138頁（登先200（18巻4号）（昭和53年））

【国土調査法施行令　別表第4　一筆地測量及び地積測定の誤差の限度】

精度区分	筆界点の位置誤差		筆界点間の図上距離又は計算距離と直接測定による距離との差異の公差	地積測定の公差
	平均二乗誤差	公差		
甲一	2cm	6cm	$0.020\text{m} + 0.003\sqrt{S}\,\text{m} + \alpha\,\text{mm}$	$(0.025 + 0.003\sqrt[4]{F})\sqrt{F}\,\text{m}^2$
甲二	7cm	20cm	$0.04\text{m} + 0.01\sqrt{S}\,\text{m} + \alpha\,\text{mm}$	$(0.05 + 0.01\sqrt[4]{F})\sqrt{F}\,\text{m}^2$
甲三	15cm	45cm	$0.08\text{m} + 0.02\sqrt{S}\,\text{m} + \alpha\,\text{mm}$	$(0.10 + 0.02\sqrt[4]{F})\sqrt{F}\,\text{m}^2$
乙一	25cm	75cm	$0.13\text{m} + 0.04\sqrt{S}\,\text{m} + \alpha\,\text{mm}$	$(0.10 + 0.04\sqrt[4]{F})\sqrt{F}\,\text{m}^2$
乙二	50cm	150cm	$0.25\text{m} + 0.07\sqrt{S}\,\text{m} + \alpha\,\text{mm}$	$(0.25 + 0.07\sqrt[4]{F})\sqrt{F}\,\text{m}^2$
乙三	100cm	300cm	$0.50\text{m} + 0.14\sqrt{S}\,\text{m} + \alpha\,\text{mm}$	$(0.50 + 0.14\sqrt[4]{F})\sqrt{F}\,\text{m}^2$

備考
一　精度区分とは，誤差の限度の区分をいい，その適用の基準は，国土交通大臣が定める。
二　筆界点の位置誤差とは，当該筆界点のこれを決定した与点に対する位置誤差をいう。
三　Sは，筆界点間の距離をメートル単位で示した数とする。
四　αは，図解法を用いる場合において，図解作業の級が，A級であるときは0.2に，その他であるときは0.3に当該地籍図の縮尺の分母の数を乗じて得た数とする。図解作業のA級とは，図解法による与点のプロットの誤差が0.1ミリメートル以内である級をいう。
五　Fは，一筆地の地積を平方メートル単位で示した数とする。
六　mはメートル，cmはセンチメートル，mmはミリメートル，m²は平方メートルの略字とする。

不動産登記規則第78条（分筆の登記の場合の地積測量図）

　分筆の登記を申請する場合において提供する分筆後の土地の地積測量図には，分筆前の土地を図示し，分筆線を明らかにして分筆後の各土地を表示し，これに符号を付さなければならない。

　分筆の登記を申請する場合において提供する分筆後の土地の地積測量図は，分筆前の土地ごとに作成しなければならない（不登規則75条2項）が，さらに本条では，分筆線を明示して分筆後の各土地の形状を明確にした上で，これら一つ一つに符号を付すべきことを規定している。

　分筆登記によって，新たに創設される土地の地番は，登記官が職権で定めるものであるから，新たな分筆地の地番は表示しなくてよい[注]（申請人等が勝手に決めることはできない。）のであるが，図中の分筆後の各土地とその求積表なり申請情報とは，何らかの方法でその対応関係を明確にする必要がある。そこで，各土地に適宜の符号を付すことによって，図と申請情報等との対応関係を明確にすることを定めたものであ

る。もっとも，地番の付し方には，一定の決まりがある（不登準則67条参照）ので，「予定の地番」の意味で，図面に表示することは差し支えない。しかし，「予定の地番」を表示したからといってこの符号を省略することはできない。

　符号は，「〔不動産登記〕規則第78条の規定により地積測量図に付する分筆後の各土地の符号は，①②③，(イ)(ロ)(ハ)，ＡＢＣ等適宜の符号を用いて差し支えない」（不登準則51条1項）とされている。

（注）　電磁的記録による図面を送信又は提出する場合，当該記録に電子署名をするため，その後，記録の書替えができないため（書替えすると電子署名が有効でなくなる。），新しく付される地番について，あらかじめ登記官に確認して，記録する必要がある。

　　▶XML：「詳細資料」1．4．4(2)キ(ク)・(ケ)，1．4．4(3)エ(ア)

不動産登記事務取扱手続準則第50条（地積測量図における筆界点の記録方法）

> 第1項　地積測量図に〔不動産登記〕規則第77条第1項第8号の規定により基本三角点等に基づく測量の成果による筆界点の座標値を記録する場合には，当該基本三角点等に符号を付した上，地積測量図の適宜の箇所にその符号，基本三角点等の名称及びその座標値も記録するものとする。

　本項に関しては，前述の不動産登記規則第77条第1項第8号の箇所（91頁）で記述したので参照のこと。

> 第2項　地積測量図に〔不動産登記〕規則第77条第2項の規定により近傍の恒久的な地物に基づく測量の成果による筆界点の座標値を記録する場合には，当該地物の存する地点に符号を付した上で，地積測量図の適宜の箇所にその符号，地物の名称，概略図及びその座標値も記録するものとする。

　本項に関しては，前述の不動産登記規則第77条第2項の箇所（102頁）で記述したので参照のこと。

不動産登記事務取扱手続準則第51条（土地所在図及び地積測量図の作成方法）

> 第1項　〔不動産登記〕規則第78条の規定により地積測量図に付する分筆後の各地の符号は，①②③，(イ)(ロ)(ハ)，ＡＢＣ等適宜の符号を用いて差し支えない。

　一般的には，本項例示に準じた符号を用いることが多い。

　なお，電子申請をする場合の申請情報及びXML図面では，符号は文字列型データでなければならない。

▶XML：「詳細資料」筆１.４.４(2)キ(ク)，１.４.４(3)エ(ア)

> **第２項**　〔不動産登記〕規則第73条１項の規定により作成された電磁的記録によるものであるときは，土地所在図を兼ねることができる。

条文のとおりである（前記３(1)82頁参照）。

▶XML：「詳細資料」１.４.４(2)ア(ア)，図面のタイトル１.４.４(3)ア(イ)

> **第３項**　（略）
>
> **第４項**　前項の場合において，地積測量図の縮尺がその土地について作成すべき土地所在図の縮尺〔不登規則10条２項参照〕と同一であって，当該地積測量図によって土地の所在を明確に表示することができるときは，便宜，当該地積測量図をもって土地所在図を兼ねることができる。この場合には，当該図面の標記を「土地所在図兼地積測量図」と記載するものとする。

　不動産登記規則第73条第３項に規定する用紙により作成された地積測量図（以下「書面図面」という。）における規定である。

　土地所在図は，地図等に当該土地の区画線を記録するための資料となるものであるから，地積測量図の縮尺が同一で，かつ土地所在図としての機能を果たすことができる場合には，土地所在図を単独で作成する必要はない旨を規定したものである。

> **第５項**　一の登記の申請について，〔不動産登記〕規則第74条第３項に規定する用紙により土地所在図又は地積測量図を作成する場合において，用紙が数枚にわたるときは，当該土地所在図又は地積測量図の余白の適宜の箇所にその総枚数及び当該用紙が何枚目の用紙である旨を記載するものとする。

　具体的には，㊳など，前述(3)不動産登記規則第77条第４項の箇所（105頁以下）で示した先例にならって表示すればよい。

不動産登記事務取扱手続準則第72条（分筆の登記の申請）第２項

> **第２項**　分筆の登記を申請する場合において提供する分筆後の土地の地積測量図には，分筆前の土地が広大な土地であって，分筆後の土地の一方がわずかであるなど特別の事情があるときに限り，分筆後の土地のうち一筆の土地について〔不動産登記〕規則第77条第１項第５号から第８号までに掲げる事項（同項５号の地積を除く。）を記録することを便宜省略して差し支えない。

　いわゆる残地計算（概測法）による場合の規定である。特別の事情がある場合には，分筆後の土地のうち一筆の土地については，求積方法，筆界点間の距離，平面直角座標系の番号又は記号，及び基本三角点等の成果による筆界点の座標値の記録を省略してよいということである。ここでいう「特別の事情」の解釈と運用面について，法務省民事局と日本土地家屋調査士会連合会との協議では，概ね次のように取り扱うこととなっている（平17.3.4日調連発373号通知）。

【平成17年3月4日日調連発第373号日本土地家屋調査士会連合会通知】

●分筆の登記の申請において提供する地積測量図の取扱いについて（通知）

　分筆の登記の申請をする場合の地積測量図の記録の取扱い（準則第72条第2項）について，特に，「特別の事情」についての解釈，運用面について，別紙「分筆の登記の申請において提供する地積測量図の取扱いについて」のとおり取り扱うことについて法務省民事局と協議が整いましたので，通知します。
　ついては，表記取扱いについては，不動産登記法・同規則及び別紙記載の趣旨等を十分踏まえた上で各法務局・地方法務局と協議の上対応されるよう留意願います。

1　本取扱いの趣旨
　　分筆の登記を申請する場合において提供する分筆後の土地の地積測量図については，新不動産登記法（以下「法」という。）の施行後においても，1筆の土地ごとに作成しなければならない（不動産登記規則（以下「規則」という。）第75条第1項）ことは従前のとおりであるが（旧不動産登記法第81条ノ2第2項），分筆前の土地が広大な土地であって，分筆後の土地の一方がわずかであるなど特別の事情があるときに限り，分筆後の土地のうち1筆の土地について規則第77条第1項第5号から第7号までに掲げる事項（同項第5号の地積を除く。）を記録することを便宜省略して差し支えないとされた（不動産登記事務取扱手続準則（平成17年2月25日付け法務省民二第456号民事局長通達。以下「準則」という。）第72条第2項）。
　　分筆の登記の申請において特別の事情がある場合を除き，分筆後の土地のすべての土地について地積の求積方法等を明らかにする趣旨は，地図（法第14条第1項）の精度及び正確性を維持するとともに，地籍の明確化を図り，もって，登記された土地の区画の正確性を確保するためには，分筆後の土地のすべてについて地積の求積方法，筆界点間の距離及び筆界点の座標値を明らかにすることが必要不可欠であるとする基本的な考え方によるものである。
2　特別の事情
　　準則第72条第2項の規定は，分筆の登記の申請において提供する地積測量図は，本来，分筆後の土地のすべてについて地積の求積方法等を明らかにすべきであるが，極めて例外的に，特別の事情があるときに限り，分筆後の土地のうちの1筆について明らかにすることを要しない取扱いを明らかにしたものである。この「特別の事情があるとき」を例示すると，おおむね次のとおりである。
　⑴　分筆前の土地が広大であり，分筆後の土地の一方がわずかであるとき。
　⑵　地図（法第14条第1項）が備え付けられている場合であって，分筆前の地積と分筆後の地積の差が誤差の限度内であるとき。

　　(3)　座標値が記録されている地積測量図など既存の資料により，分筆前の地積と分筆後の地積の差が誤差の限度内であるとき。
　　(4)　道路買収などの公共事業に基づく登記の嘱託が大量一括にされ，かつ、分筆前の地積と分筆後の地積の差が誤差の限度内であるとき。
　　　なお，上記の場合のほか，登記官において分筆前の土地の筆界が確認できる場合であって，かつ，①分筆後の土地の一方が公有地に接し，境界確定協議や境界明示に長期間を要するとき，②隣接地の土地の所有者等が正当な理由なく筆界確認のための立会いを拒否しているとき又は③隣接地所有者等が行方不明で筆界確認のための立会いができないときについても，特別の事情があると認められる場合があることも考えられる。これらの場合には，これらの事情（上記②の場合は，立会い拒否が正当な理由に基づかないことを認めるに足りる具体的事情）を規則第93条に規定する調査に関する報告において明らかにする必要がある。
　3　分筆の登記を申請する場合において，分筆前の地積と分筆後の地積の差が，分筆前の地積を基準にして規則第77条第４項の規定による地積測量図の誤差の限度を超えるときには，併せて地積の更正の登記の申請をする必要があるが，このときの地積の更正の登記の申請には，分筆の登記の申請をする場合において提供する地積測量図を援用することができることは，従前の取扱いのとおりである。

「特別の事情」とは

> ①　分筆前の土地が広大であり，分筆後の土地の一方がわずかであるとき。

　不動産登記事務取扱手続準則第72条第２項本文にもあるように，「特別の事情」の代表的な例である。

　「広大な土地のうちそのごくわずかな部分のみを売り渡すために分筆をするケースなどが想定されるが，この場合，分筆前の土地に比べて売り渡そうとする分筆後の土地の地積が著しく少ないにもかかわらず，分筆後の全ての土地について地積測量図上に求積方法等を明らかにしなければならないとなると，申請人にとって多大な負担となり経済的な不均衡を生ずる結果になることから，『特別の事情』にあたると考えられる。なお，広大な土地のごく一部を通路用地等で買収するような事例も同様であろう。」と解説されている（『登記実務』参照）。このことから，土地の絶対的な数値による大小によって「特別の事情」を判断するのではなく，時間的・経済的に見て，不均衡・不合理であるか否かによって判断されるものであると解することができる。そして，求積方法等の表示を省略することとなる分筆後の一筆の土地については，「概略の調査及び測量」[注1]を行い，位置，形状，隣接土地等について地図等と概ね相違のないことを確認した上で，地積は，分筆前の土地の登記記録の地積（又はその基礎となった面積[注2]）から「通常の調査・測量」を行った土地の面積を差し引いて求めた値によるものとする。この場合の「概略の調査及び測量」の範囲は，地図に準ずる図面が備え付けられている場合には，求積方法等の表示を省略することとなる分筆後の

一筆の土地全体であり，地図が備え付けられている場合には，求積方法等の表示をする分筆後の土地と表示をしない分筆後の土地との境界点から，少なくとも次の筆界点までである。

（注1）　本書において，「概略の調査・測量」とは，境界に関する資料及び現地の調査は行うが，隣接土地の所有者等との立会及び確認は必ずしも行わずに，調査に基づき推定した筆界による測量をいい，これに対して，「通常の調査・測量」とは，境界に関する資料及び現地の調査を踏まえて，隣接土地の所有者等と立会・確認等の手続を経て認定をした筆界による測量をいうこととする。

（注2）　概測法（いわゆる差引計算による残地求積）による場合の，元となる分筆前の土地の面積の扱いに関する先例として，昭和54年1月8日民三第343号民事局長回答，昭和41年10月5日民三第953号民事局第三課長回答，昭和41年9月30日民三第604号民事局第三課長回答等がある。

> ②　地図（不動産登記法第14条第1項）が備え付けられている場合であって，分筆前の地積と分筆後の地積^(注3)の差が誤差の限度内であるとき。

「地図が備え付けられており，分筆前の地積と分筆後の地積の差が誤差の限度内であるときには，地積測量図上に表示する分筆後の土地の1筆について概測^(注4)して地積を求めても，その地積が正確なものと推定できるため，本条の『特別な事情』の取扱いとしても地積測量図自体の機能を損なうことはないと考えられる。」（『登記実務』444頁参照）からである。

地図が備え付けられている土地についての筆界は，作成された地図の誤差の範囲内で現地に特定することができるものである。また，地図は，関係法令の規定に従い，各土地所有者との立会・確認等の一定の手続を経て筆界を認定（特定）して作成（調製）されたものである。そして，地図及び現地の状況（境界標，地物，地勢等）から現地における筆界の位置を特定し，求積方法等の表示をする方の分筆後の土地については，これと隣接する土地の所有者と立会・確認等をする「通常の調査及び測量」を行い，求積方法等の表示を省略することとなる分筆後の一筆の土地については，立会等を省略して「概略の調査及び測量」を行う。その結果が，分筆前の地積と分筆後の地積の差が誤差の限度内であれば，分筆前の土地全体について地図との整合性が認められるため，「概略の調査及び測量」を行った土地の地積に関しても正確なものと推定できると考えられるからである。この場合，「概略の調査及び測量」を行う範囲は，前述①の場合とは異なり（広大な土地ではないので），求積方法等の表示を省略することとなる分筆後の一筆の土地全体でなければならない。

この場合，求積方法等の表示を省略する方の土地の地積は，前記①と同様に分筆前

の土地の登記記録の地積（又はその基礎となった面積）から「通常の調査・測量」を行った土地の面積を差し引いて求めた値によるものとなる。

　そして，適切に調査及び測量がされ，その結果，地積の差が誤差の限度内であるのか否かについて，登記官は，実地調査や不動産登記規則第93条に規定する調査に関する報告（調査報告書）等の疎明資料により，慎重に確認した上で所定の処理をすることになる。

　なお，筆界未定の土地に関しては，当然に本例の適用の対象にはならない。

（注3）　「分筆前の地積と分筆後の地積の差が誤差の限度内であるとき」の「分筆後の地積」とは，「申請人等の調査・測量又は登記官による実地調査の結果，現地において特定された筆界による分割に係る土地全部の地積」と言い換えることができる。

（注4）　上記解説にある「概測」とは，分筆後の土地の1筆については，「概略の調査及び測量」を行った上で，その地積は，登記記録の地積（又はその基礎となった面積）から「通常の調査・測量」を行った土地の面積を差し引いて求めることをいい，その方法を概測法という。

　　　旧不動産登記手続取扱手続準則第123条ただし書に対応する先例（昭53.3.14民三1479回答）では，「分割後の土地のうちいずれかの一筆（いわゆる残地）については，概測によるものであっても差し支えない」とされている。「概測」という語の意味は，ここでは明確にされていないが，調査及び測量を伴う概念のものであると考えられる。

> ③　座標値が記録されている地積測量図など既存の資料により，分筆前の地積と分筆後の地積の差が誤差の限度内であるとき。

　②と同様に，「既存の資料により地積測量図上に表示する分筆後の土地のうちの1筆について概測して地積を求めても，その地積が正確なものと推定できるため，『特別の事情』の取扱いをしても差し支えないと考えられる」と解説されているように（『登記実務』445頁），この場合の考え方は，前記②と同じである。ここで，「地積測量図など」としているのは，地籍調査等による成果を念頭に置いているものと思われる。座標値の記録されている「地積測量図など」の資料が存在するときには，この資料によって現地における筆界の位置を，誤差の限度の範囲内において特定できると考えるからである。

　資料として座標値が記録された地積測量図等が存在し，その地積測量図等が隣接するすべての土地の所有者との立会・確認等の作業を経て筆界を確認・認定して作成されたものであることが，他の資料等により認められる場合が前提である。そして，現地の状況（境界標，地物，地勢等）及び当該座標値を基に，現地における筆界の位置を特定し，求積方法等の表示をする方の分筆後の土地については，これと隣接する土

地の所有者とは，「通常の調査及び測量」を行い，求積方法等の表示を省略することとなる分筆後の一筆の土地については，立会等を省略した「概略の調査及び測量」を行う。その結果，分筆前の地積と分筆後の地積との差が誤差の限度内であれば，分筆前の土地全体について既存の地積測量図との整合性が認められると考えられるため，「概略の調査及び測量」を行った土地の地積に関しても正確なものと推定できると考えられるということである。

　この場合も前記①②と同様に，求積方法等の表示を省略することとなる分筆後の一筆の土地の地積は，分筆前の土地の登記記録の地積（又はその基礎となった面積）から「通常の調査・測量」を行った土地の面積を差し引いて求めた値によるものとなる。

　そして，適切に調査及び測量がされ，その結果，地積の差が誤差の限度内であるのか否かについて，登記官は，実地調査や不動産登記規則第93条に規定する調査に関する報告等の疎明資料により，慎重に確認した上で所定の処理をすることになる。

> ④　道路買収などの公共事業に基づく登記の嘱託が大量一括にされ，かつ，分筆前の地積と分筆後の地積の差が誤差の限度内であるとき。

　「道路買収などの公共事業に基づく分筆の登記については，官公署等の公共機関が嘱託するものであるが，その登記の嘱託が大量一括にされた場合における当該公共機関の予算の負担を考慮し，例外的に『特別の事情』として取り扱っても差し支えないと考えられる」と解説されている（『登記実務』445頁）。公共事業における予算（とそれにかかる時間）が過大となることを「特別の事情」として取り扱うことの理由としている。

　この考え方は，前記①の場合と同様である。そして，現地の状況（境界標，地物，地勢等）及び地図等から現地における筆界の位置を特定又は推定し，求積方法等の表示をする方の分筆後の土地については，これと隣接する土地の所有者と立会及び確認をして「通常の調査及び測量」を行い，求積方法等の表示を省略する方の分筆後の土地については，立会等を省略した「概略の調査及び測量」を行う。その結果，分筆前の地積と分筆後の地積の差が誤差の限度内であれば，求積方法等の表示を省略する分筆後の土地の地積に関しても，適切なものと推定できると考えられる。

　この場合も前記①～③と同様に，求積方法等の表示を省略することとなる分筆後の一筆の土地の地積は，分筆前の土地の登記記録の地積（又はその基礎となった面積）から「通常の調査・測量」を行った土地の面積を差し引いて求めた値によるものとなる。

　そして，適切に調査及び測量がされ，その結果，地積の差が誤差の限度内であるのか否かについて，登記官は，嘱託者に疎明資料等の提出を求め，実地調査をして慎重

に確認した上で所定の処理をすることになる。

　本例の運用に当たっては，求積方法等の表示を省略する分筆後の土地に関する「概略の調査及び測量」が適切に行われる必要がある。決して，"差引計算の数値ありき"とするような安易な調査及び測量によるものであってはならない。

⑤　上記の場合のほか，「特別の事情」があると認められる場合

　登記官において分筆前の土地の筆界が確認できる場合であって，かつ，

　(i)　分筆後の土地の一方が公有地に接し，境界確認のための協議や境界明示に長期間を要するとき。

　(ii)　隣接地の土地の所有者等が正当な理由なく筆界確認のための立会いを拒否しているとき。

　(iii)　隣接地所有者等が行方不明で筆界確認のための立会いができないとき。

のいずれかに該当するときである。

　この場合には，「登記官において分筆前の土地の筆界が確認できる場合」という前提条件，かつ，例示（(i)～(iii)）の事情があって，筆界の一部分について立会い及び確認ができないときに限って，「特別の事情」があると認められる場合である。そして，「この取扱いには慎重を期すことが必要であり，筆界が客観的かつ明白に登記官において認定でき，後の紛争を生じないものと認められるとき以外は，当該取扱いをすべきではない」とされ，かなり限定的・例外的な取扱いとされている。

　また，「やむを得ずこの取扱いをするときには，登記官はこれらの事情が存することを新規則第93条に規定する調査に関する報告又は実地調査の結果によって確認する必要がある」とされ（『登記実務』446頁），申請人は，「これらの事情（上記(ii)の場合は，立会い拒否が正当な理由に基づかないことを認めるに足りる具体的事情）を規則第93条に規定する調査に関する報告において明らかにする必要がある。」とされている（平17.3.4日調連発373号→前掲125頁参照）。

　また，(i)については，分筆の登記の申請時点における境界確定協議等の進捗並びに完了するまでの手続及びそれにかかる時間などについて，(iii)については，隣接地所有者等の所在を確認するために行った調査とその結果などについて，できる限り詳細かつ具体的に，不動産登記規則第93条に規定する調査に関する報告において明らかにする必要があると考える。

地積測量図の事例と解説

1　事例と解説

　ここでは，地積測量図の具体例を見ながら各記載項目について詳しく見ていくこととする。

　例として掲げた地積測量図は，次の土地に関する「地積更正・分筆」の登記申請の添付情報として作成されたものしている（次章の調査報告書情報（154頁〜）と対応しているので適宜参照されたい。）。

　　所在：○○市○○町二丁目

　　地番：26番

　　地目：宅地

　　地積：269.42㎡

　　の土地を(イ)26-1　139.43㎡，(ロ)26-2　132.88㎡の2筆に分筆

　その他の設定条件

　　地域：市街地地域に属する

　　基本三角点等：近傍に街区多角点2点（10A51，10A52）及び認定4級登記基準点1点（274001）が存し，いずれも正常である。基準点はまず，認定4級登記基準点274001を取付点とした単路線結合の4級登記基準点測量で，T1，T2及びT3の各点を，2次で当該土地の細部測量のための登記補助点を単路線結合によりT4，T5及びT6の各点を設置。

　【例図1】は，「書面図面」及び「TIFF図面」(注)（作成者欄の職印を除く。）の例である（148頁）。

　【例図2】は，「XML図面」の例である（「日本土地家屋調査士会連合会が作成した「XML土地所在図等作成ソフト」（以下「日調連XML作成ソフト」という。）で作成・表示）（150頁）。

　（注）　以下「書面図面」及び「TIFF図面」を総称して「書面図面等」という。

(1)　申請人・作成者・作成年月日（不登規則73条2項，74条2項）

①　**申請人**：申請人の氏名又は名称を記録する。個人の場合は氏名を，法人の場合はその名称，代表者等の職名及び氏名を記録する。

なお，申請人が多数で申請人欄に記録しきれない場合には，図面の余白の適宜の箇所に記録することでよいとされている（昭37.10.8民甲2885号通達）。

また，他の方法として，申請人欄には「何某外何名」と記録する方法でもよいとされている（登研375号79頁）。

【例】　法人の場合　　「○○○○株式会社　代表取締役　甲野一男」

のように1行としても，

「○○○○株式会社

代表取締役　甲野一男」　のように2行としてもよい。

【例図1】　申請人欄に，申請人の氏名を，適宜の位置，大きさ及びフォントで記録した。

【例図2】　申請人氏名をスペースを入れずに記録した。

XML図面の申請人欄の表示は，1行全角22文字で3行となっている。

「詳細資料」1.4.4(3)ア(ク)

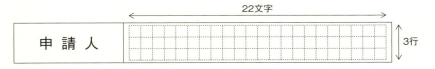

---

②　**作成者**：作成者が土地家屋調査士である場合は，事務所の所在地及び職名たる「土地家屋調査士」を冠記し，書面図面の場合は，署名又は記名押印（職印）を，電磁的記録による図面の場合は氏名を記録する。なお，電磁的記録による図面を提供する場合には，図面の作成者が電子署名を行う（不登令12条2項）ので，作成者の真正は担保されているものではあるが，作成者の情報は，書面図面と同様に記録しなければならない。

【例】　調査士法人の場合

「○○市○○町一丁目2番3号　土地家屋調査士法人何某　代表社員　土地太郎」

> 【例図1】　作成者欄に，作成者の事務所の所在，職名及び氏名を適宜記録した。
> 【例図2】　同内容を2行にわたって記録した。
>
> XML図面の作成者欄の表示は，1行全角22文字で2行となっている。
> 「詳細資料」1.4.4(3)ア(オ)

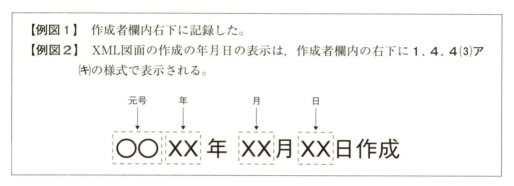

③　**作成年月日**：図面を作成した年月日を記録する。和暦での記録が通例となっている。XML図面では和暦で表示するように様式が規定されている。

> 【例図1】　作成者欄内右下に記録した。
> 【例図2】　XML図面の作成の年月日の表示は，作成者欄内の右下に1.4.4(3)ア(キ)の様式で表示される。

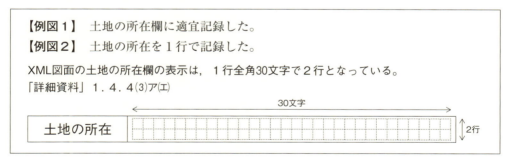

(2)　**地番区域の名称（不登規則77条1項1号）**

当該土地の地番区域の名称（所在）を，土地の所在欄に記録する。

> 【例図1】　土地の所在欄に適宜記録した。
> 【例図2】　土地の所在を1行で記録した。
>
> XML図面の土地の所在欄の表示は，1行全角30文字で2行となっている。
> 「詳細資料」1.4.4(3)ア(エ)

(3)　**方位（不登規則77条1項2号）**

方位を示す記号（方位図形）を記録する。一般的には，矢印状の図形を用いて北方向を指し示す。

【例図１】　図面（右半面）の余白に適宜の記号により記録した。

【例図２】　規定の方位図形を地図図形ビューに記録した。

XML図面では，方位図形の形状は１種類のみ規定されている。大きさは倍率で調製される。
「詳細資料」１．４．４(2)カ(シ)

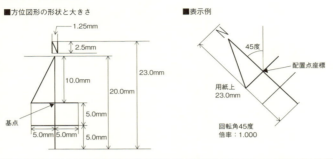

(4)　縮尺（不登規則77条１項３号）

図面の縮尺を記録する。「１/　　　　」という表現の様式となっている。

【例図１】　縮尺欄に適宜記録した。

【例図２】　縮尺の分母の値を記録した。

XML図面では，記録した値が縮尺欄に描画される。縮尺の分母は１から99999の値（５桁まで）となっている。
「詳細資料」１．４．４(3)ア(ケ)

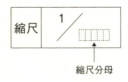

縮尺分母

(5)　地番（不登規則77条１項４号）及び符号（不登規則78条）

①　図面様式の地番欄に，申請に係る当該土地の地番を記録する。表題及び分筆の登記を申請する場合には，予定地番も記載するようにする。

【例図１】　地番欄に分筆後の地番を適宜記録した。

【例図２】　分筆後の地番情報（用紙表示用）を１行で記録した。

XML図面では，地番欄の表示は，１行全角16文字で２行となっている。
「詳細資料」１．４．４(3)ア(ウ)

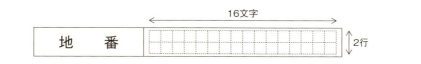

② 　図中に，当該土地及び隣接する土地の地番を記録する。

日調連調測要領第71条関係別紙15「地積測量図の作成要領」 4 では，「隣接地が国有地等，地番のない土地であるときは，その利用目的に従って，『道路』，『水路』などの例により記入し，これにより難い場合は『公有地』，『国有地』などの例による。なお，地番が付されている道路，水路などは地番をも記入する。」と定められている。このように記録することは，地積測量図に求められている現地特定機能の補強となるものである。民有地の場合であって，一筆の土地のごくわずかな部分を道路に提供している場合などは，該当しない。しかし，適宜の方法により表示することが，その土地を特定する上で有効であると考えられる場合には，これを妨げるものではない。

また，隣接する土地の地番を記録する際には，当該土地と各隣接地との位置関係が分かるように，隣接地相互の筆界線（ひげ線）についても記録する必要がある。この隣接地相互の筆界の位置が明確に認定できない場合には，概略の位置及び形状を記録することで差し支えない（148頁以下**例図 1 ， 2** の25-1と25-2参照）。

隣接する土地が，地番区域を異にする場合には，地番及び地番区域を記録し，その位置関係を明確にする必要がある。

③ 　分筆の登記を申請する場合には，分筆後の各土地に符号を記録しなければならない（不登規則78条）。この場合の符号は，①②③，(イ)(ロ)(ハ)，ＡＢＣ等適宜の符号を用いてよい（不登準則51条 1 項）。ただし，申請情報に記録する分筆後の各土地の符号と一致することを要する。また，XML図面においては文字列データでなければならない。

電磁的記録による図面における地番（予定地番）の記録に関する注意については，本節 2 (1)② （145頁）に記述した。

【例図 1 】　分筆後の土地には，地番と符号を，隣接する土地には，地番等を適宜記録した。

【例図 2 】　分筆後の土地（当該筆） 2 筆について符号と地番を記録した。当該筆の符号と地番は，地図図形ビュー及び求積表ビューに表示される。また，隣接する土地の地番等は文字図形として，地図図形ビューに記録した。

XML図面では，地番のデータは，全角28文字以内，符号のデータについては，全角 4 文

> 字以内となっている。
> 「詳細資料」1.4.4(2)キ(ク)，1.4.4(3)エ(ア)

(6) 地積及びその求積方法（不登規則77条1項5号）

　地積及びその求積方法については，求積表の形式を用いて記録することが一般的である。

　筆界点の座標値を記録する関係から，各種座標法による求積が多く用いられている。

　XML図面では，座標法の計算方法として，直角座標法（横），直角座標法（縦），倍横距法及び倍縦距法の4種類が用意されている。

> 【例図1】　座標求積表により適宜記録した。求積表の地番には，符号も忘れずに記録する。
>
> 【例図2】　分筆後の土地（当該筆）2筆について，直角座標法（横）により記録した。
>
> XML図面では，「座標法ビュー」として描画仕様が定められている。
> 計算方法は，指定した方法の計算式が，地積は，当該ビューの最下欄に描画される。
> 「詳細資料」1.4.4(3)エ(ア)

地番			①				
筆界点	X座標（Xn）	Y座標（Yn）	点間距離	境界標種別	座標値種別	備　考	
②	③	④	⑤	⑥	⑦	⑧	
︙	︙	︙	︙	︙	︙	︙	
計算方法						⑨	
倍面積						⑩	
面積（㎡）						⑪	
地積						⑫	㎡

（幅：30　21　21　18　21　15　21）

　ここで，分筆の登記を申請する場合で特別の事情があるときに限り認められる（準則72条2項）概測法（残地求積）について触れておく。

　「特別の事情」がある場合には，分筆後の土地のうち1筆の土地については，その求積方法等の事項を記録することを省略してもよいとされているが，地積は記録しなければならない（「特別の事情」については第1節（126頁〜）を参照）。この場合には，分筆前の土地の面積（又は地積）から求積する分筆後の土地の面積を差し引いて求めることになる。図面には，差引計算の過程と地積を記録する。

> XML図面では，「概測値表ビュー」として次のように描画仕様が定められている。
> 「詳細資料」1.4.4(3)エ(イ)

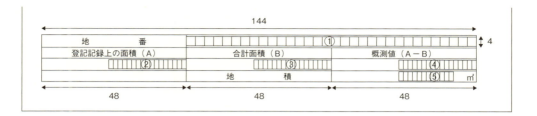

(7)　筆界点間の距離（不登規則77条１項６号）

筆界点間の距離を図中に記録する。

【例図１】　図中の各筆界線に沿って，筆界点間の距離を記録した。

【例図２】　日調連XML作成ソフトでは，座標データと画地データをSIMAファイルとしたものを読み込んだ後，各属性情報等を入力してXMLデータを作成する方法となっている。図中の筆界点間の距離は，読み込んだ座標データから自動的に計算して描画されたものである。

XML図面では，筆界点間の距離は，「筆界線」の属性要素の「点間距離」に記録されたものが，地図図形ビューに描画される。座標値から計算して描画されるものではない。

　また，前記(6)の「座標法ビュー」（求積表）にも筆界点間の距離が表示される（「詳細資料」１.４.４(3)エ(ア)）。なお，点間距離の値の範囲は０～999999.999で小数部桁数は３となっている。

「詳細資料」１.４.４(2)キ(キ)

---

(8)　平面直角座標系の番号又は記号（不登規則77条１項７号）

　国土調査法施行令第２条第１項第１号に規定する平面直角座標系の番号又は記号を記録する。近傍に基本三角点等が存しない場合その他の基本三角点等に基づく測量ができない特別の事情により，恒久的地物に基づく測量をした場合には，「座標系：任意座標系」のように記録することが望ましい。

【例図１】　与点とした基本三角点等の測地系と平面直角座標系を表の形式で記録した。

【例図２】　「公共座標９系」を記録した。

XML図面では，次のように「座標系ビュー」として描画仕様が定められている。
「詳細資料」１.４.４(3)ウ

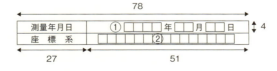

⑼　筆界点の座標値及び基本三角点等又は恒久的地物の表示（不登規則77条１項８号，２項，準則50条１項・２項）

①　筆界点の座標値

筆界点の座標値を記録する。

> 【例図１】　筆界点の座標値は，求積表の内容と兼ねる方法で記録した。座標表として座標値をまとめて表示することでもよい（第１節87頁参照）。
>
> 【例図２】　【例図１】と同様に求積表の内容と兼ねる方法で表示している。XML図面では「座標法ビュー」として描画仕様が決められている（前記⑹の「座標法ビュー」（１．４．４⑶エ㋐）参照）。

XML図面では，座標値種別は，「実測」「計算」「その他」又は空白（記録なし）のうちから記録したものが描画される。また，備考を適宜記録することもできるようになっている（「**詳細資料**」１．４．４⑵キ㋕）。

なお，座標値等の入力方法は，使用するXML図面作成ソフトウェアによって異なるので，使用するソフトウェアの使用方法に従っていただきたい。ちなみに，日調連XML作成ソフトでは，座標データ及び画地データは，SIMAファイルとしたものを読み込み，その後，各データについて境界標種別等の属性値を入力（設定）する方法となっている。

②　**基本三角点等の表示**

　ア　与点とした基本三角点等の位置を，当該土地との位置関係が概ね分かるように表示し，符号を記録する。

> 　【例図１】【例図２】とも，基本三角点の名称のうち「点名」をそのまま符号として扱っている。
>
> 　日調連XML作成ソフトでは，入力した基本三角点の種別や座標値に従い，地図図形ビューに描画される。
>
> XML図面では，基本三角点等の種別によりマーカ種別が定められている。
> 「詳細資料」１．４．４⑵カ㋓，１．４．４⑵カ㋜，１．４．４⑵キ㋓，１．４．４⑶イ㋐

　　　適宜の符号を用いる場合は，座標値を別に記録する際（座標表等）にもその符号を用いて基本三角点等の名称及び座標値と対応させることになる。

　　　また，例図では，与点と登記基準点の網全体を分かりやすく表示するため，網図を記録している。【例図２】は，日調連XML作成ソフトの「別図」の機能

を使って作成したものである。

　網図は，必ず記録しなければならないものではないが，本例のように与点が当該土地から離れている場合には，なるべく記録した方がよい。地積測量図には，現地における筆界を特定し得るものであることが求められており，網図によりどのような路線を組んで基準点を設けたのかを表すことは，後日の筆界の位置を特定する作業をする際にも重要な情報であるからである。

イ　符号，基本三角点等の名称及び座標値を記録する。

　基本三角点等の成果を日本測地系（旧測地系ともいう。）から座標変換し，世界測地系とした成果である場合には，座標変換の有無及び変換パラメータバージョン等を記録する（平15.12.9民二3641号通知）。

【例図1】　座標表の形式で記録したものである。備考欄に標識の種類を記録した。
【例図2】　XML図面では「基本三角点等ビュー」として描画仕様が定められている。

「詳細資料」1．4．4(3)オ

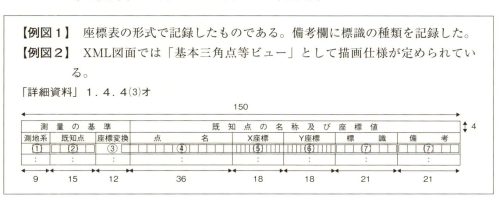

　XML図面の場合，測地系は，「世界」又は「日本」から，既知点は，基本三角点等の種別として，「電子基準点」「三角点」「公共基準点」「図根三角点」「図根多角点」又は「登記基準点」のうちから，座標変換は，「有」又は「無」から，標識は，「石標」「コンクリート標」「金属標」「金属プレート標」「刻印標」「プラスチック標」「簡易」「その他」又は空白（記録なし）のうちから記録したものが描画される。また，備考を適宜記録することもできるようになっている（「詳細資料」1．4．4(2)キ(エ)）。本例図では，備考に，公共基準点の種類及び登記基準点の種類を記録した。

　また，【例図1】では，測地系の種別を座標系及び測量の年月日と並べて記録した。また，4級登記基準点及び登記補助点の座標表を「多角点・引照点等」として記録している。これは，基本三角点等又は恒久的地物に準じるものとして，現地における筆界を特定する上で有用な情報であると考えられるからである。【例図2】では，4級登記基準点及び登記補助点の座標等の情報を基本三角点等と併せて記録した。これらは，前述のように，基本三角点等又は恒

久的地物に準じるものとして，便宜このような記録方法で差し支えないと考える。

　なお，これらの点が，永続性のある標識として設置されている場合には，恒久的地物として記録することでもよい（「詳細資料」1.4.4(3)カ）。

③　恒久的地物の表示

　近傍に基本三角点等が存しない場合その他の基本三角点等に基づく測量ができない特別の事情により，恒久的地物に基づく測量をした場合には，当該恒久的地物に関する情報を記録しなければならない。

　　ア　恒久的地物の位置を，当該土地との位置関係が概ね分かるように表示し，符号を記録する。

　　イ　適宜の箇所に，符号，地物の名称，概略図及び座標値を記録する。

　符号，地物の名称及び座標値は，座標表の形式で記録し，概略図は，適宜の見やすい余白に記録するのが一般的である。

　【例図1】【例図2】は，恒久的地物に基づく測量をした場合ではないので，参考として【資料1】の例図を引用して示す（『登記実務』460頁）。

【資料1】

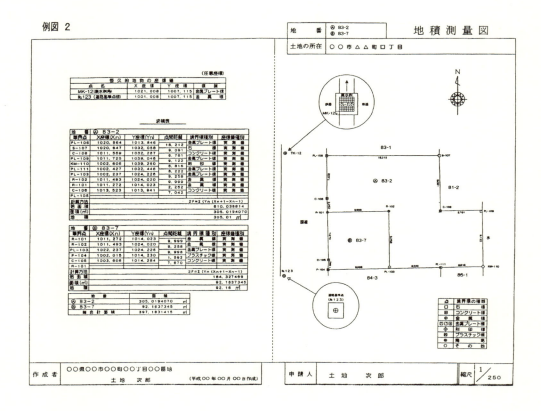

【概略図の例】

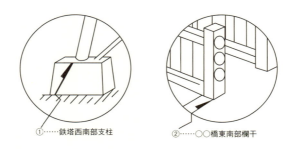

①……鉄塔西南部支柱　　②……○○橋東南部欄干

XML図面では，「恒久的地物ビュー」として次のように描画仕様が定められている（「詳細資料」1.4.4(3)カ）。

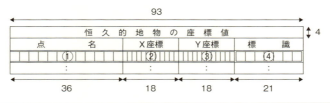

　点名には，符号又は地物の名称を記録したものが，標識には，「石標」「コンクリート標」「金属標」「金属プレート標」「刻印標」「プラスチック標」「簡易」「その他」又は空白（記録なし）のうちから記録したものが表示される。

　概略図は，恒久的地物のどこを基準としたのかが明確に示されている必要がある。また，図による方法のほか，画像により表示する方法でもよいとされている。

XML図面の作成方式では，図中に表示する「イメージ図形」の様式を次のように定めている。
「詳細資料」1.4.4(2)カ(サ)

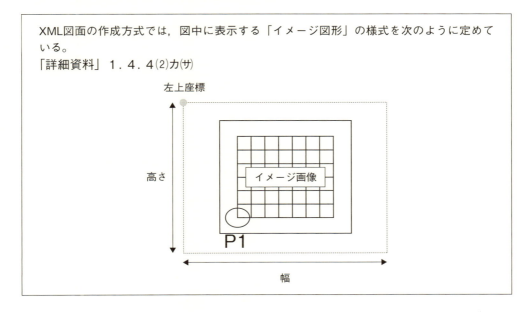

⑽　**境界標の表示（不登規則77条1項9号，3項）**

境界標（筆界点にある永続性のある標識）の表示を記録する。

【例図1】　図中の筆界点の脇に略号を付し，適宜の箇所にその略号と境界標の種類を記録する方法（第1節3⑶不登規則77条1項9号の図2，101頁）によるものである。

【例図2】　図中の点名に対応する，求積表内の点名の行の境界標種別欄に表示する方法としている。これはXML図面の描画仕様で決められているものである（前記⑹の「座標法ビュー」（1.4.4⑶エ㋐）参照）。

XML図面の場合，境界標種別欄は，「石標」「コンクリート標」「金属標」「金属プレート標」「刻印標」「プラスチック標」「簡易」「その他」又は空白（記録なし）のうちから記録したものが描画される。「その他」とした場合のほか，さらに詳しい情報を表示するときは，備考欄に記録する。

⑾　**測量の年月日（不登規則77条1項10号）**

測量の年月日を記録する。

【例図1】　測地系及び座標系と併せて表形式にして記録した。

【例図2】　XML図面では，前記⑻の平面直角座標系の番号又は記号と合わせて，「座標系ビュー」として描画仕様が定められており，記録した測量年月日が図のように描画される。

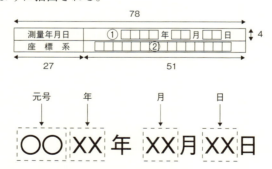

なお，XML図面では和暦で表示するように様式が規定されている。
「詳細資料」1.4.4⑵オ㋐，1.4.4⑶ウ

⑿　**その他（任意の記載事項）**

次に掲げる事項は，法令等には規定されていない任意の記録事項であるため，例図中には表示していない（**【例図1】**の単位を除く。）が，記録する場合もあると思われ

るのでここで説明する。

　①　単　位

　筆界点間の距離及び求積の単位とは，「メートル」を用いたことを明示するものである。地積は，平方メートルを単位とする（不登規則100条）こと，及び基本三角点等の成果である平面直角座標系の単位がメートルであること，さらに計量法の規定により，メートル以外の単位で作成することはないと思われるが，キロメートルやミリメートルの単位又は旧尺貫法等の他の単位ではないことを明示するものである。

　具体的には，「単位：m」「単位は，メートル」などと記録する場合が多い（【例図1】）。

　②　縮尺係数

　基本三角点等に基づく測量をした場合に使用した与点の縮尺係数，又は当該土地における縮尺係数の値を明示するものである。縮尺係数を記録する意味は，地積測量図に記録された筆界点間距離や，基準点等の座標値から準拠楕円体面上の距離を計算するときに便利だからである。

　具体的には，「縮尺係数：0.999901」などと記録することになる。

　また，現地における水平距離は，楕円体高（標高＋ジオイド高）が分からなければ計算できないので，標高が高い土地の場合等，必要があると思われるときには，これら高さの値，又は投影補正の係数を記録することも考えられる。

　具体的には，「ジオイド高（平均）：37.387m」などとした上で，各点若しくは平均の標高値を記録し，又は「筆界点間距離の投影補正の係数：0.999953」などと記録することになろう。

　③　調査報告情報の番号

　不動産登記規則第93条ただし書の規定に基づく報告として，申請情報と併せて提供する「調査報告書」の番号を記録する。「調査報告書」には，当該地積測量図の作成に係る詳細な情報が記録されているので，当該図面との対応関係を明示するためである。

　具体的には，「報告書№　1600052」などと記録することになる。

⒀　作成方式（図式の標準）について

　地積測量図の作成に当たっては，基本的な様式のほか，その構成要素の標準が定められている。

　電磁的記録による場合の作成方式については，これまで見てきたように，詳細に定められている。

　書面図面等の作成方法の標準として，日調連調測要領別紙15第71条関係「地積測量図の作成要領」を資料に掲載する（【資料23】）。また，土地家屋調査士会の中には，独自に標準を定めている場合もあるので，その会に所属する会員はそれに従って作図するよう努めなければならない。

　　▶参考：XML図面の図の描画仕様は，「詳細資料」1．4．4⑶イ㋐のように定められている（273頁参照）。

2 電磁的記録による地積測量図に固有の事項（注意事項）

(1)　XML図面・TIFF図面の共通事項

①　図面情報ファイルと図面署名ファイル

　電子申請において送信する電磁的記録による地積測量図（書面申請において地積測量図を電磁的記録にして提出する場合も同様）は，法務大臣の定める仕様に従って作成された「図面情報ファイル」及び「図面署名ファイル」の対で構成される。ここで注意を要するのは，1図面情報ファイルについて1図面署名ファイルが必要であり，かつ，常に同一のフォルダに格納する必要があることである。

　地積測量図を作成する場合，その情報が1ページに収まらないときは，複数のページに分属して作成することになるが，XML図面の場合は，1ファイルにそのすべてのページの情報を記録しなければならない。よって，対応する図面署名ファイルも1ファイルである。一方，TIFF図面の場合は，1ファイルには1ページのみ記録することとされている。したがって，例えばTIFF図面で3ページに分属記録した地積測量図の場合，図面情報ファイルは3ファイルとなり，それぞれに図面署名ファイルが1ファイルずつ，計6ファイルをもって添付情報たる地積測量図を構成することとなる。

　なお，XML図面，TIFF図面いずれの場合も，地積測量図の作成単位は書面の場合と同様であることは言うまでもない。複数の地積測量図を1つのXML図面ファイルとして添付情報とすることはできない。

②　予定地番

　地積測量図には，地番を記録しなければならない（不登規則77条1項4号）。一方，表題登記又は分筆登記で新たに登記記録が設けられることとなる土地に地番を付すことは，登記官の専権事項であるので，申請時点でその記録をすることは本来必要ないのであるが，XML図面及びTIFF図面の場合，例えば「26-1，26- 」などとして申請すると，後から図面に地番を追記することができない。したがって，そのような場合には，新しく付番された地番を加筆した図面を再度送信するか，又は，登記所において紙に出力した図面に加筆し，これをスキャナで読み取って地図情報システムに登録することになる。これでは余計な手間と時間が掛かってしまい，登記事務の正確かつ円滑な処理に資するよう行った電子申請の意味が損なわれることとなる。したがって，予定地番が明確な場合はもちろんのこと，不確かな場合は事前に登記官に確認して，すべての地番を記録することが肝要である。

③　ファイルの命名規約

　図面情報ファイルと図面書面ファイルの定め方は，法務大臣の定める仕様で次のように決められている。

　土地所在図及び地積測量図の場合，図面情報ファイル名は，図面XMLファイルの場合は，「sokuryou##.xml」としなければならず，図面TIFFファイルの場合は，「sokuryou##.tif」としなければならない。ここで「##」は，2桁の任意の番号であり，同一申請に添付するファイルに同じものがあってはならない。

▶詳細資料1．4．2　表6

図面XMLファイルの命名規約

項番	図面種別	ファイル名	例
1	土地所在地 地積測量図	sokuryouzu##.xml	sokuryouzu01.xml
2	地役権図面	tiekiken##.xml	tiekiken01.xml
3	建物図面 各階平面図	tatemono##.xml	tatemono##.xml

　図面署名ファイルは，「図面情報ファイル名」＋".sig"＋".xml"としなければならない。

▶詳細資料1．2．2　表2

図面署名ファイルのファイル名の命名例

項番	図面情報ファイルのファイル名	図面署名ファイルのファイル名
1	sokuryouzu01.tif	sokuryouzu01.tif.sig.xml
2	sokuryouzu01.xml	sokuryouzu01.xml.sig.xml

⑵　XML図面

①　図面ファイルのデータ容量は，200KB以下とされている。これを超すものはエラーとなり，地図情報システムに登録できないので注意を要する。

②　分筆の登記の申請に添付情報として送信する地積測量図における分割線の属性は，「新規」に設定すること。「新規」に設定されていなくてもエラーとはならないが，地図情報システムが備える自動的に分筆処理を行う機能が働かない。その分，登記事務処理に手間が掛かることになり，電子申請した意味が薄れることになりかねない。

⑶　TIFF図面

　図面ファイルの記録形式は，次の表のとおりである。

▶詳細資料１．５．４　表13

図面TIFファイルの仕様

項番	項　　目	仕　　様
1	圧縮形式	Group4
2	ページ数	１ページ
3	用紙サイズ	B4（257mm×364mm）
4	解像度	400dpi
5	画素数	省略不可
6	色数	２色
7	画素の記録方向	左上から水平方向 （オリエンテーションタグ＝１）

　特に注意を要するのは，ページ数についてであるが，これについては前述したとおりである（145頁）。

　圧縮形式や解像度については，仕様以外の場合でも地図情報システムに登録できる場合もあるようであるが，仕様に従って作成しなければならない。

　図面ファイルのデータ容量は，300KBが上限とされている。これを超すものはエラーとなり，地図情報システムに登録できないので注意を要する。

【例図1】　書面図面及びTIFF図面（職印を除く）

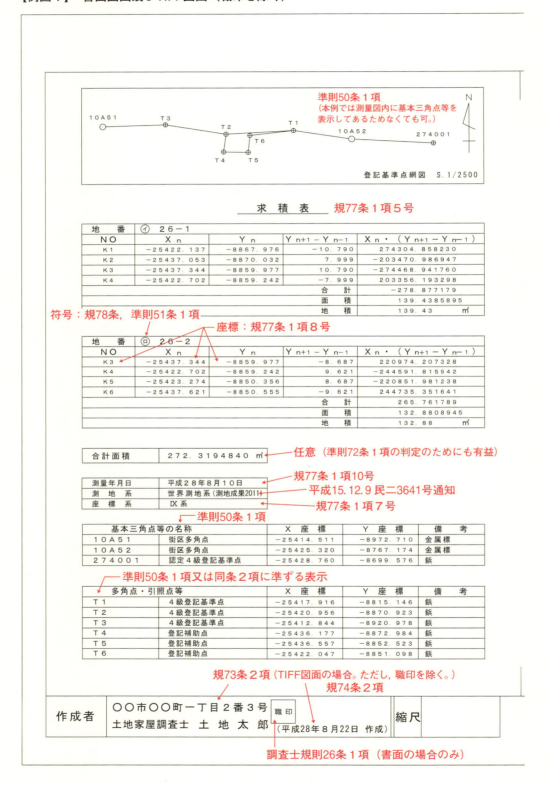

準則50条1項
（本例では測量図内に基本三角点等を表示してあるためなくても可。）

N

10A51　　　T3　　　　　　T2　　　　　　　T1　　　　10A52　　　　274001
　　　　　　　　　　　　　　　T6
　　　　　　　　　　　T4　　T5

登記基準点網図　S.1/2500

求　積　表　　規77条1項5号

地　番	⑦　26-1			
NO	X n	Y n	Y n+1 - Y n-1	X n・(Y n+1 - Y n-1)
K1	-25422.137	-8867.976	-10.790	274304.858230
K2	-25437.053	-8870.032	7.999	-203470.986947
K3	-25437.344	-8859.977	10.790	-274468.941760
K4	-25422.702	-8859.242	-7.999	203356.193298
			合　計	-278.877179
			面　積	139.4385895
			地　積	139.43　　㎡

符号：規78条，準則51条1項

座標：規77条1項8号

地　番	⊡　26-2			
NO	X n	Y n	Y n+1 - Y n-1	X n・(Y n+1 - Y n-1)
K3	-25437.344	-8859.977	-8.687	220974.207328
K4	-25422.702	-8859.242	9.621	-244591.815942
K5	-25423.274	-8850.356	8.687	-220851.981238
K6	-25437.621	-8850.555	-9.621	244735.351641
			合　計	265.761789
			面　積	132.8808945
			地　積	132.88　　㎡

合計面積	272.3194840　㎡

任意（準則72条1項の判定のためにも有益）

測量年月日	平成28年8月10日
測　地　系	世界測地系（測地成果2011）
座　標　系	Ⅸ系

規77条1項10号

平成15.12.9民二3641号通知

規77条1項7号

準則50条1項

基本三角点等の名称		X 座 標	Y 座 標	備　　考
10A51	街区多角点	-25414.511	-8972.710	金属標
10A52	街区多角点	-25425.320	-8767.174	金属標
274001	認定4級登記基準点	-25428.760	-8699.576	鋲

準則50条1項又は同条2項に準ずる表示

多角点・引照点等		X 座 標	Y 座 標	備　　考
T1	4級登記基準点	-25417.916	-8815.146	鋲
T2	4級登記基準点	-25420.956	-8870.923	鋲
T3	4級登記基準点	-25412.844	-8920.978	鋲
T4	登記補助点	-25436.177	-8872.984	鋲
T5	登記補助点	-25436.557	-8852.523	鋲
T6	登記補助点	-25422.047	-8851.098	鋲

規73条2項（TIFF図面の場合。ただし，職印を除く。）

規74条2項

作成者	○○市○○町一丁目2番3号　土地家屋調査士　土地太郎　職印　（平成28年8月22日　作成）	縮尺	

調査士規則26条1項（書面の場合のみ）

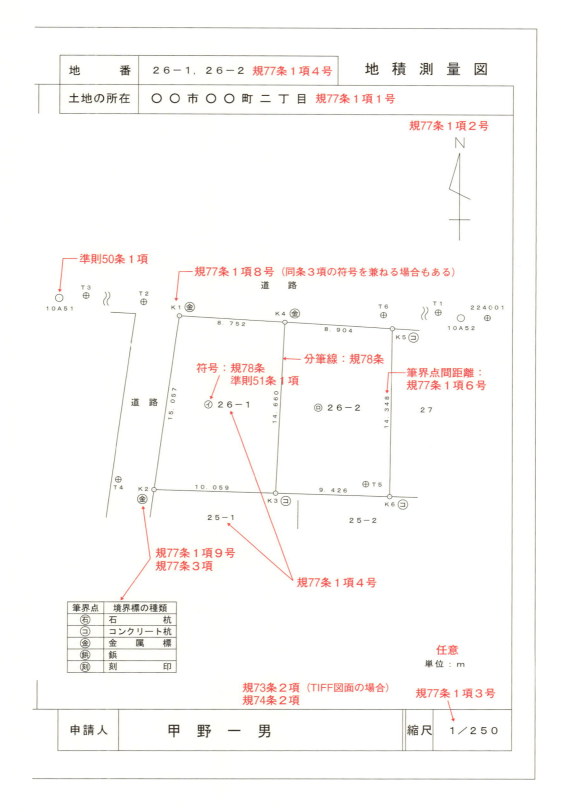

地　　　番	２６－１，２６－２ 規77条１項４号	地 積 測 量 図
土地の所在	○○市○○町二丁目 規77条１項１号	

規77条１項２号

準則50条１項

規77条１項８号（同条３項の符号を兼ねる場合もある）

道　路

符号：規78条
準則51条１項

分筆線：規78条

筆界点間距離：
規77条１項６号

道　路

T3
10A51

T2

K1 金

8.752

K4 金

8.904

T6

T1
10A52

224001

K5 コ

15.057

⑦ ２６－１

14.660

回 ２６－２

14.348

２７

T4

K2
金

10.059

K3 コ

9.426

T5

K6 コ

２５－１

２５－２

規77条１項９号
規77条３項

規77条１項４号

筆界点	境界標の種類	
石	石	杭
コ	コンクリート杭	
金	金　属　標	
鋲	鋲	
刻	刻	印

任意
単位：m

規73条２項（TIFF図面の場合）
規74条２項

規77条１項３号

申請人	甲　野　一　男	縮尺	1／250

【例図２】　XML図面

求積表ビュー (3)エ　　座標系ビュー (3)エ(ア)

地　　　番	(イ) 26-1					
境　界　点	X座標 (Xn)	Y座標 (Yn)	点間距離	境界標種別	座標値種別	備　　考
K1	-25422.137	-8867.976		金属標	実測値	
K2	-25437.053	-8870.032	15.057	金属標	実測値	
K3	-25437.344	-8859.977	10.059	コンクリート標	実測値	
K4	-25422.702	-8859.242	14.660	金属標	実測値	
K1	-25422.137	-8867.976	8.752	金属標	実測値	
計　算　方　法					2F=Σ{Xn(Yn+1 − Yn-1)}	
倍　面　積					278.877179	
面　積（㎡）					139.4385900	
地　　　積					139.43	㎡

座標系ビュー (3)ウ(ア)　　※概測法による場合は 概測値表ビュー (3)エ(イ)

地　　　番	(ロ) 26-2					
境　界　点	X座標 (Xn)	Y座標 (Yn)	点間距離	境界標種別	座標値種別	備　　考
K3	-25437.344	-8859.977		コンクリート標	実測値	
K4	-25422.702	-8859.242	14.660	金属標	実測値	
K5	-25423.274	-8850.356	8.904	コンクリート標	実測値	
K6	-25437.621	-8850.555	14.348	コンクリート標	実測値	
K3	-25437.344	-8859.977	9.426	コンクリート標	実測値	
計　算　方　法					2F=Σ{Xn(Yn+1 − Yn-1)}	
倍　面　積					265.761789	
面　積（㎡）					132.8808950	
地　　　積					132.88	㎡

合計面積	272.3194840　㎡

← 文字図形と折線図形で作成

座標系ビュー (3)ウ

測量年月日	平成28年８月10日
座　標　系	公共座標9系

基本三角点等ビュー (3)オ　　※恒久的地物による場合は 恒久的地物ビュー (3)カ

測　量　の　基　準			既　知　点　の　名　称　及　び　座　標　値				
測地系	既知点	座標変換	点　　名	X座標	Y座標	標　識	備　考
世界	公共基準点	無	10A51	-25414.511	-8972.710	金属標	街区多角点
世界	公共基準点	無	10A52	-25425.320	-8767.174	金属標	街区多角点
世界	登記基準点	無	274001	-25428.760	-8699.576	簡易	認定４級
世界	登記基準点	無	T1	-25417.916	-8815.146	簡易	４級
世界	登記基準点	無	T2	-25420.956	-8870.923	簡易	４級
世界	登記基準点	無	T3	-25412.844	-8920.978	簡易	４級
世界	登記基準点	無	T4	-25436.177	-8872.984	簡易	登記補助点
世界	登記基準点	無	T5	-25436.557	-8852.523	簡易	登記補助点
世界	登記基準点	無	T6	-25422.047	-8851.098	簡易	登記補助点

(3)ア(オ)

作成者	○○市○○町一丁目２番３号　　　　　　(3)ア(キ) 土地家屋調査士　土地　太郎 (平成28年８月22日作成)	縮尺	1/

※　ピンクの範囲は地図図形ビューを，グレーの範囲は求積表ビューを表示している。

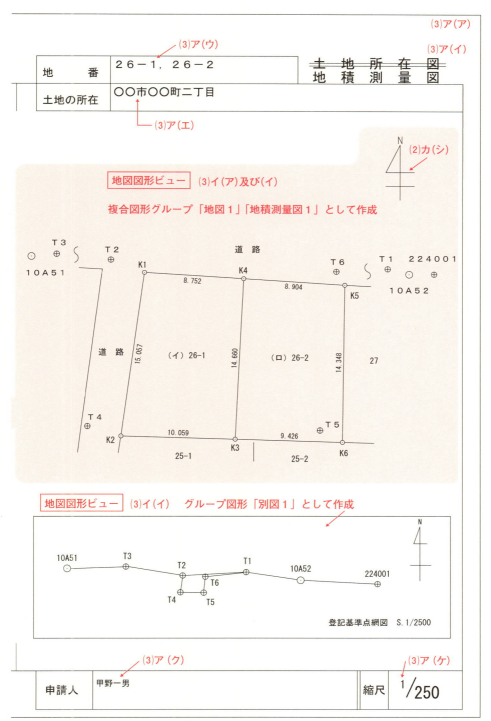

| 地　　　番 | ２６−１，２６−２ |
| 土地の所在 | ○○市○○町二丁目 |

(3)ア(ウ)

(3)ア(エ)

土　地　所　在　図
地　積　測　量　図

(3)ア(ア)

(3)ア(イ)

N
(2)カ(シ)

地図図形ビュー　(3)イ(ア)及び(イ)

複合図形グループ「地図１」「地積測量図１」として作成

T3
10A51
T2
道　路
T6
T1　224001
10A52

K1
8.752
K4
8.904
K5

道　路
15.057
（イ）26−1
14.660
（ロ）26−2
14.348
27

T4
K2
10.059
K3
9.426
K6
T5

25−1
25−2

地図図形ビュー　(3)イ(イ)　グループ図形「別図１」として作成

10A51
T3
T2
T1
10A52
224001
T6
T4
T5

N

登記基準点網図　S.1/2500

| 申請人 | 甲野一男 | | 縮尺 | 1/250 |

(3)ア（ク）

(3)ア（ケ）

※　本図において朱文字の番号（カタカナ含む）は，「詳細資料」における項目番号の上位３桁を省略して表示している。
　　（例：詳細資料による項目番号が，１.４.４(3)ア(ア)の場合「(3)ア(ア)」と表示。）
　　また，項目番号は，各データのスキーマに関する番号は省略（方位図形を除く。）し，該当部分の描画仕様のもの
　を表示した。

第 5 章

調査報告情報の作成

第1節　調査報告情報の概要

1　調査報告情報とは

　不動産登記法では，登記官は，表示に関する登記について第18条の規定により申請があった場合において，必要があると認めるときは，当該不動産の表示に関する事項を調査することができる（不登法29条1項）と規定されており，申請が適法にされた場合における，表示に関する事項についての登記官の調査権を認めている。

　また，不動産登記規則第93条本文では，登記官は，表示に関する登記をする場合には，「〔不動産登記〕法第29条の規定により実地調査を行わなければならない」として，登記官の実地調査を義務付けている。そして，同条ただし書で，「申請に係る不動産の調査に関する報告（土地家屋調査士又は土地家屋調査士法人が代理人として登記を申請する場合において，当該土地家屋調査士（土地家屋調査士法人の場合にあっては，その代表者）が作成したものに限る。）その他の申請情報と併せて提供された情報又は公知の事実若しくは登記官が職務上知り得た事実により登記官が実地調査をする必要がないと認めたときは，この限りでない」として，不動産の調査に関する報告（以下「調査報告情報」という。）その他の申請情報と併せて提供された情報等により当該申請に係る情報が真正であると認められるときには，実地調査を省略することができる旨を定めている（実務での取扱いは，「表示に関する登記における実地調査に関する指針」（平23.3.23民二728号通知により改定）を踏まえ，法務局又は地方法務局の各局において定める「土地及び建物の実地調査に関する要領」等によることになる。【資料16】【資料17】参照。）。

　ここで，注意しなければならないのは，土地家屋調査士又は土地家屋調査士法人（以下「土地家屋調査士等」という。）が申請代理人である場合における調査報告情報は，当該土地家屋調査士等の作成によるものでなければならないことである。他の土地家屋調査士等が作成した調査報告情報を提供しても，不動産登記規則第93条ただし書に規定する「不動産の調査に関する報告」とは認められない。申請代理人たる土地家屋調査士等は，自ら申請に係る不動産の調査を行い，その結果に基づいた申請情報を提供しなければならないのであり，これは当然のことである。

　申請人等が自ら表示に関する登記の申請をする場合において，土地家屋調査士の作成した調査報告情報を提供して申請することが考えられる（例えば，官公署による嘱託の場合）が，この場合の調査報告情報は，不動産登記規則第93条ただし書でいうところの「その他の申請情報と併せて提供された情報」に該当するものと考えられる。この場合も，当該情報に加え，登記所に保管されている情報，公知の事実等を総合的に検討した上で，登記官が実地調査をする必要がないと認めたときは，実地調査を省略することができるものと考える。

　このように，土地家屋調査士等の作成する調査報告情報は，申請に係る情報が，真正，正確に調査された結果であることを証する情報として，登記官の実地調査の省略又は調査内容等の軽減のために欠くことのできないものであり，登記事件の円滑かつ正確な事務処理に貢献し，もって委託者の利益につながる重要な情報である。

2　様　式

　土地家屋調査士等が申請情報と併せて提供する調査報告情報の様式は，法令上の定めはないが，全国統一の標準様式として，日本土地家屋調査士会連合会からの照会に基づいて定められている。

　その経緯は，平成18年3月15日付け民二第657号民事第二課長通知・登研715号10頁により初めの様式が定められ，平成19年2月19日付け民二第407号民事第二課長依命通知の改定を経て，平成28年1月8日付け民二第5号民事第二課長依命通知により現行の様式に改定された（平成19年の改定による様式を以下「平成19年様式」という。また，平成28年の改定による様式を以下「改定様式」という。）。

　平成19年様式は，平成19年4月1日から運用され，平成28年3月14日からは，改定様式の運用が開始された（平成19年様式と改定様式との併用期間は，平成28年9月16日までとされた。）。

　平成19年様式は，約9年間使用されたことから，多くの土地家屋調査士がその作成に慣れてきたところであるが，「表示に関する登記事務の適正・効率化への更なる寄与をはじめ，報告書作成事務の軽減等を目指し」（H27.12.17.日調連発256号照会）て，報告すべき情報の整理と充実を行い，改定様式が策定された。

　改定様式における主要な改定点は，

（1）　平成19年様式では，建物の様式は1種類であったが，普通建物と区分建物とを分け，それぞれの様式（様式第10-1号と様式第10-2号）が策定されたこと

（2）　土地及び普通建物の様式では，連件申請により対応したこと

⠲ 重複した情報の記録項目を整理したこと

⠳ 定型的な報告となる項目について，チェックボックス型式が積極的に採用されたこと

である。

▶平成27年12月17日付け日調連発第256号日調連会長照会（資料19参照）

▶平成28年1月8日付け法務省民二第4号法務省民事局長回答

▶平成28年1月8日付け法務省民二第5号法務省民事第二課長依命通知

3　目　的

　調査報告情報を提供する目的は，登記事務の適正かつ円滑な実施に資することにある。申請情報が適正な調査に基づいた真正なものであることを示し，登記官による申請に係る事実の認定を容易にして，現地調査の省略又は簡便な実施を可能とするものである。

4　提供するメリット

　調査報告情報は，法定添付情報ではないが，土地家屋調査士等が代理人として登記申請をする場合は，調査測量実施要領や，各法務局又は地方法務局の要領の規定により，提供しなければならない。そして，申請人側には，調査報告情報の提供により，申請した登記の事務が円滑に処理され，より早く完了する可能性があるというメリットがある。登記官が現地調査を実施する際には，場合によって申請人や代理人の現地での立会や事情聴取を求められることもあり，少なからず時間と労力が掛かることになる。現地調査の省略又は調査内容の軽減による簡便な現地調査の実施により，時間と労力の削減につながることを考えると，適正に作成された調査報告情報を提供することは，申請人側にとってのメリットも大きいといえる。

5　保存期間と閲覧

　申請情報と併せて提供された調査報告情報は，受付の日から30年間保存される（不登規則28条9号）。

　そして，何人も，登記官に対し，手数料を納付して，登記簿の附属書類（電磁的記録にあっては，記録された情報の内容を法務省令で定める方法により表示したもの）の閲

覧を請求することができる。ただし，政令（不登令21条１項）で定める図面（土地所在図，地積測量図，地役権図面，建物図面及び各階平面図）以外のものについては，請求人が利害関係を有する部分に限る（不登法121条２項）とされていることから，申請情報と併せて提供された登記簿の附属書類である調査報告情報は，利害関係を有する者の請求によって，その者が利害関係を有する部分に限り閲覧の用に供されることとなる。

6　まとめ

　これまで述べてきたように，申請代理人である土地家屋調査士等が作成した調査報告情報は，登記官による事実の認定を容易ならしめ，現地調査の省略又は簡便な実施を可能とし，正確かつ迅速な事件処理を可能とするものであり，登記官，申請人の双方に有益なものである。調査報告情報の提供は，土地家屋調査士等に与えられた特権であると言ってよい。この特権を有効に使えるかどうかは，申請に係る事実を正確に伝えられるかどうかに掛かっている。

　この趣旨をはき違え，登記を処理することだけにとらわれ，事実と合わない報告をすることは，決してしてはならない。

 **第2節　調査報告情報の記録項目と解説**

1　はじめに

　本節では，調査報告情報の各記録事項について，事例を掲げて詳しく具体的に見ていくこととする。事例は，土地家屋調査士等が実務で扱うことが比較的多い「地積更正」「分筆」「地目変更」について，【事例1】として第4章第2節の地積測量図に対応する地積更正・分筆の例を，【事例2】として地目変更の例を取り上げる。

　平成19年様式には記載要領が附属していたが，改定様式には附属していない。代わりに日本土地家屋調査士会連合会から記録例（185頁以下）（この内の様式第9号のものを以下「記録例」という。）が示されている。

　次項では，記録例及び田村友幸（前法務省民事局民事第二課不動産登記第二係主任）「不動産登記規則第93条ただし書に規定する不動産の調査に関する報告に係る報告書の様式の改定について」（登情657号38～49頁。以下「田村解説」という。）を参考としつつ，著者の個人的な見解による意見も交えながら，土地の様式（様式第9号）の各記録事項について例を取り上げながら項目ごとに説明を行うこととする。

　なお，日本土地家屋調査士会連合会は，土地家屋調査士会会員に対して「調査報告書作成ソフト」（以下「作成ソフト」という。）を無償で提供している（日調連の会員用ページ（http://www.chosashi.or.jp/members_new/docs/download/index.html））。作成ソフトは，改定様式への情報の入力を効率よく行うことができるよう，いろいろな工夫が施されており，報告情報作成事務の軽減につながるものとなっている。作成ソフトの利用・操作方法についての説明等は，本書の目的ではないので詳しく触れることはしない（マニュアルは，作成ソフトと併せて前記日調連ウェブページでダウンロードできる。）。

【事例1】　―地積更正・分筆（第4章第2節の事例）―

　地積更正・分筆の事例として，第4章第2節の地積測量図の事例に対応した調査報告情報の記録例である。

　《設例概要》

　　申請地

　　　所在：○○市○○町二丁目

　　　地番：26番

　　　地目：宅地

　　　地積：269.42㎡

の土地を，㈦26-1　139.43㎡　及び　㈻26-2　132.88㎡の2筆に分筆。

【事例2】　―地目変更（畑から宅地，畑から雑種地に変更の事例）―

　地目変更の事例として，畑であった土地2筆について，建物を建築したことにより，地目を宅地に変更する申請と，駐車場として整備・利用したことにより，地目を雑種地に変更する申請を連件でする場合の調査報告情報の記録例である。

　《設例概要》

　①　所在：○○市○○町一丁目

　　　地番：15番3

　　　地目：畑

　　　地積：165㎡

　の土地の地目を宅地に変更

　②　所在：○○市○○町一丁目

　　　地番：15番4

　　　地目：畑

　　　地積：264㎡

　の土地の地目を雑種地に変更

2　記録事項

　土地の改定様式（様式第9号）の各記録事項について，【事例1】及び【事例2】の記録例を取り上げながら，記録事項ごとに見ていくこととする。なお，意見に係る部分は，著者の個人的な見解であることを，重ねてお断りしておく。

　また，本項では，申請にあたって判断した境界（点・線）の報告については，筆界（点・線）として記述することとする。

(1)　記録方法について

　土地の改定様式は，作成者名などを記録する起首事項欄及び01章から12章までの報

告事項欄で構成されている。報告項目のほとんどの章には，チェックボックスが設けられており，記録事務の軽減に役立つものとなっている。

　チェックボックスは，該当する項目の□の中にレ点，■等，分かり易く表示する。該当する項目が複数ある場合は，それぞれに印を付ける。該当する項目の表示がない場合は，その他に印を付け，「その他（　）」の（　）内に項目を記録する。

　なお，各章の記録事項を補足する必要がある場合には，「10章：補足・特記事項」欄に記録することになっている。

⑵　起首事項欄
ア　作成年月日
　調査報告情報を作成した年月日を記録する。申請情報に倣って和暦で記録する様式となっている。
イ　報告書№.
　土地家屋調査士又は土地家屋調査士法人が，年ごとに更新した報告書番号を記載する。7桁の算用数字で先頭の数字は西暦の下2桁とし，各報告書番号が5桁に満たない場合は先頭にゼロを挿入する。
　例：0700033（2007年の33番の報告書）
　（注）　平成19年様式記載要領第1の5と同じ。
ウ　所属会
　土地家屋調査士又は土地家屋調査士法人が所属する土地家屋調査士会の名称を記録する。
エ　登録№.
　日本土地家屋調査士会連合会に備えられた土地家屋調査士名簿の登録番号を記載する。5桁の算用数字とし，5桁に満たない場合は先頭からゼロを記載する。
　例：00804
　（注）　平成19年様式記載要領第1の4と同じ。
オ　作成者
　土地家屋調査士又は土地家屋調査士法人の代表者の氏名を記録し，電子署名又は押印する。また，連絡先の電話番号も記録する。

　土地家屋調査士が作成した場合は，「土地家屋調査士　○○○○」と職及び氏名を記録し，オンライン申請等で電磁的記録により提供するときは，日調連が委託している「セコムパスポートfor G-ID認証サービス」の電子証明書に係る電子署名をする。書面によるときは，職印を押印する。

　土地家屋調査士法人の代表者が作成した場合は，法人名及び「代表社員　○○○○」と記録し，オンライン申請等で電磁的記録により提供するときには，電子認証登記所発行の電子証明書に係る電子署名をする。（すべての業務に係る代表権を有する者がいない場合は調査士（個人）の電子証明書に係る電子署名をする。）書面によるときは，代表者印を押印する。

　なお，連絡先としてメールアドレス等を提供することは想定されていない。

(3)　報告事項欄（土地：様式第9号）

01章　登記の目的

　登記の申請等に係る登記の目的を記録する。該当する項目のチェックボックスに印を記録する。複数の登記の目的を一つの申請情報とする場合には，複数の該当する項目のチェックボックスにそれぞれ印を付ける。

　連件で申請等をする場合には，「申請番号欄」に1から順次数字を記録し，それぞれに登記の目的を記録する。

　【事例1】の登記の目的は，地積更正・分筆であるため，「分筆」と「地積」に印をし，右端欄の「更正」に印をしている。連件での申請ではないため，「申請番号欄」には「1」を記録している。連件ではないため空欄でもよいように思えるが，次章で記録する土地の識別（申請の対象となる土地であることの表示）に必要であるので記録する必要がある。

　【事例2】は，地目変更を2件，連件で申請するため，「申請番号欄」には，「1」と「2」を記録し，それぞれの欄の「地目」と「変更」に印をしている。

　【記録例】（185頁参照）は，3件連件で，申請番号1が，1番1の土地の地積更正・分筆，申請番号2が，1番2の土地の地積更正，申請番号3が，1番2の土地の地目変更となっている。

　複数の登記の目的を一つの申請情報とする場合に，様式に用意された項目では，正確に記録できないことが考えられる。例えば，「所在」，「地目」及び「地積」に印があり，「変更」及び「更正」に印があった場合，この記録からだけでは，何の変更なのか，何の更正なのかが分からない。しかし，本章ではそこまで厳密に記録することは求められていないと考える。正確な登記の目的は，申請情報で確認することができるからである。

02章　調査した土地

　登記の申請等をするために調査を行った土地の登記記録等の情報を記録する。

　調査した土地ごとに１行を使い，申請番号，所在，地番，地目，地積，第三者の権利の有無，利用状況及び地積測量図の有無を記録するようになっている。

　まず申請等の対象となる土地の情報を（連件の場合は申請番号順に）記録し，続けて隣接地を地番順に記録するのが分かりやすく適当であると考える。

　「申請番号」欄には，該当する申請番号を記録する。隣接地については，便宜「―」等を記録する。

　「所在」「地番」「地目」「地積」及び「第三者の権利の有無」の各欄については，申請等をする前の登記記録に記録された情報に基づいて記録する。

　なお，「第三者の権利の有無」欄の記録について，申請等の対象ではない隣接地については，「第三者の権利の有無を確認する必要性は低いため，特に記録する必要はないものと考えられる。」（田村解説）。

　「利用状況」欄は，その土地の現況の地目（不登規則99条の区分）ではなく，「例えば，駐車場，資材置場等，その土地の具体的な利用状況を記録」（田村解説）する。【記録例】【事例１】【事例２】のような振り合いで記録すればよい。

　「地積測量図の有無」欄は，調査した全ての土地について，その備え付けの有無を記録する。

03章　所有権登記名義人等

　前章に記録した，調査を行った土地について，所有権の登記名義人及び立会人の情報を記録する。

　地番ごとに「所有権登記名義人」及び「立会人」を記録する。所有権登記名義人欄には，「住所」「氏名」「本人確認方法」「持分」及び「連絡先（電話番号等）」の記録欄が，立会人欄には，「住所」「氏名」「本人確認方法」「所有権登記名義人との関係」「連絡先（電話番号等）」及び「立会・確認状況等」の記録欄が設けられている。

　所有権の登記名義人本人が立会をした場合には，先頭行の「所有権登記名義人（□立会人）」のチェックボックスに印をする。その場合，立会人欄の「住所」「氏名」「本人確認方法」「所有権登記名義人との関係」及び「連絡先（電話番号等）」の項目は，記録する必要はない。

　なお，地目変更の場合など，特に所有権の登記名義人の立会・確認が不要なものであるときは，立会人の記録事項は，記録する必要はない（【事例２】参照）。

ア　所有権登記名義人の記録事項

㋐　「住所」欄は，登記記録と異なる場合にのみ記録することとされ，登記記録と

変わらないときは，何も記録しなくてよい。

㈑　「氏名」欄については，登記記録のとおり記録する。共有の場合は，共有者を連記する（【事例１】27番の土地，【事例２】15番４の土地，【記録例】１番４の土地参照）。

㈒　「本人確認方法」欄には，予め項目が挙げられているので該当する項目に印をする。【記録例】では，「その他（　）」の例は示されていないが，実務では，特に隣接地の場合，この項目によることが多いと考えられる。この場合には，土地家屋調査士として，その者が本人であると認めるに至った事由を記載することになろう。「その他（　）」の例として，【事例１】では，「所有権の登記名義人の登記記録の住所（自宅）を訪問し，面談して確認」した主旨の記録とした。また，法人の場合について，【記録例】では，本欄の記録は省略されているが，【事例１】では，法人の登記記録により登記名義人の確認をした旨の記録をしている。

㈓　「持分」欄は，単独の所有権であるのか，共有であるのか，項目に印を付ける。共有の場合は，持分を（　）内に記録する。この場合「氏名」欄に記載した順に各持分を記録することでよいと考える（【事例１】27番の土地，【事例２】15番４の土地，【記録例】１番４の土地参照）。

㈔　「連絡先（電話番号等）」欄は，特に必要と思われる場合にのみ記録することで差し支えないと考える。申請人については，申請代理人である土地家屋調査士の連絡先が申請情報及び起首事項欄に記録して提供されるため，申請人の連絡先を重ねて提供することの必要性はあまり考えられないこと，また隣接土地の所有権の登記名義人の連絡先については一般に，所有地への立入や立会・確認の時に連絡することを目的として得た（登記所へ提供することの承諾を得ていない。）情報であることが多く，積極的にこれを提供することはできないと考えるからである。

イ　立会人の記録事項

㈎　「住所」「氏名」欄

　　前述のとおり，所有権の登記名義人と異なる者が立会人となった場合に記録する。代理人の場合には，その代理人の住所と氏名を記録する（【記録例】１番２の土地参照）。また，共有者の内の一部の者が立会人の場合には，その者（ら）の氏名を記録する（【事例１】27番の土地，【記録例】１番４の土地参照）。

　　所有権の登記名義人が法人の場合については【事例１】25番２の土地，【記録例】４番５の土地の欄参照。

㈏　「本人確認情報」欄

　　基本的には，前記アと同様である。代理人本人であることを確認した項目に印を付ける。代理権限を証する情報等については，最下欄の「立会・確認状況」欄に記録する（【記録例】1番4の土地参照）。

(ウ)　「所有権登記名義人との関係」欄には，予め項目が挙げられているので該当する項目に印をし，（　）内に具体的に記録する（「代表者」を除く。【事例1】25番2の土地，無番地，【記録例】1番2の土地，1番1地先の欄参照）。

(エ)　「連絡先（電話番号等）」欄については，前記アで記述したとおりである。

(オ)　「立会・確認状況」欄

①　立会を行った年月日及び境界について確認をした年月日を記録する。同日に立会及び確認をした場合は，「平成何年何月何日立会・確認」とまとめて記録することができる。

②　立会時及び確認の状況を記録する。「立会時の証言及び境界標の状況等については，本欄に記録するのではなく，06章又は07章に記録する」（田村解説）こととされているので，本欄では，以下に示す例のように簡潔に記載する。

　a　本人が立会・確認した場合

　【記録例】では，「所定の日時に本人が立会い，確認した。」という表現をしている。【事例1】では，これでは少し寂しい気がするので，「既設境界標及び地物並びに仮表示（木杭）に基づき確認」とし，境界標等の詳しい状況は06章又は07章に記録している。なお，「本人が」については，上の欄で記録済のため重ねて表現する必要はないと考える。

　b　代理人が立会った場合

　　立会に関する代理権限を証する情報についての記録，及び確認の状況（これも代理なのか，本人が後日確認したのかなど）の記録をする必要がある。

　【記録例】1番2の土地では，委任状はないが，面識のある者（所有権の登記名義人の妻）が代理として立会い，その後所有権の登記名義人本人に面談し確認した旨の記録となっている。

　c　共有者の1人が立会った場合

　【事例1】27番の土地の例は，共有者2名の内の1名が当日現地で立会・確認を行い，他の1名については，翌日その者の自宅において，図面や写真等の資料により確認を得たという場合の例である。

　【記録例】1番4の土地の例は，共有者2名の内の1名が他の1名の代理人も兼ねて立会・確認をしたという場合の例である。

　これらの他にも立会と確認の態様は様々あると思うが，実際に行った立会と確認

の状況について偽りなく簡潔に記録すればよい。

③　登記の目的が分筆である場合には，地積測量図に記録された分筆線が申請人の意思に合致したものであることが分かる記録をする。これは，「表示に関する登記における実地調査に関する指針（改訂）」（平成23年3月23日付け法務省民二第728号法務省民事局民事第二課長通知）（【資料17】参照）第3の1(3)イにおいて，「分筆の登記に関する実地調査の実施の判断基準の一つとして，「調査報告書において，地積測量図に記録された分筆線が申請人の意思に合致したものであることが分かる記録がされて」いることを要件としていることから，当該記録については，本欄に記録することとなる。」（田村解説）とされているからである。

【事例1】26番の土地では，「……境界点及び分割点（線）を確認」と，【記録例】1番1の土地の本欄では，「現地及び図面で分割点を確認している」と記録している。

なお，当該記録は，「07章現地の状況」の各境界点毎に記録する「確認の状況」欄にすることも分かりやすい方法であるようにも思えるので，【事例1】はそのような記録もしている例となっている。

04章　登記原因及びその日付

登記原因及びその日付並びにそれらを判断した理由について記録する。

申請番号順に，当該申請に係る地番を記録し，その原因日付，原因及びその日付の具体的判断理由を記録する。具体的判断理由は，簡潔に記録することとし，他の章との二重記録の回避や簡潔明瞭に記録できる場合には，05章（調査資料・証言・事実等），06章（資料・証言・事実等の分析）又は11章（画像情報）の記録事項を引用して記録することで差し支えない。

なお，「登記原因が錯誤である場合には，「登記原因及びその日付の具体的判断理由」は特に必要ないものと考え」（田村解説）られている。

【事例1】は，地積の更正及び分筆の事例であるので，原因日付欄は空白，原因欄は，「錯誤・分筆」，具体的判断理由の欄は，「分筆前の地積と分筆後の地積の差が，誤差の限度を超えるため」とした。前述によれば，錯誤の場合，本欄には特に記録を要しないことになっているが，地積の差が誤差内である場合の地積の更正登記のときと区別をする意味で記録した。【事例2】は地目の変更の事例であるので，申請番号とそれに係る地番を記録し，それぞれ各欄の記録をしている。申請番号2の15番4の土地の具体的判断理由の欄の記録中，日付に係る部分は，二重記録を避ける意味では，単に「06章資料等番号5の欄に記録のとおり」のように記録することでも足りると考える。【記録例】を見ると，申請番号1の地積の更正及び分筆の場合には，原因を

「錯誤」と記録し，具体的判断理由の欄は，空白としている。【事例 1】とは異なるが，正確な報告ができればいずれでも構わないと考える。

　以上に掲げた例のほか，数例を次に挙げてみる。

㋐　公有水面の埋立てによる表題登記の場合

　原因日付の欄は竣工認可の日を，原因の欄は「公有水面埋立」と記録し，具体的判断理由の欄は，「公有水面埋立法第22条の規定による竣工認可書のとおり」と記録，又は「06章資料等番号○の欄に記録のとおり」として，06章に竣工認可書の資料分析結果を記録する。

㋑　従来から存する土地の表題登記の場合

　原因日付の欄は空欄，原因の欄は「不詳」，具体的判断理由の欄は空欄となる。

㋒　合筆の場合

　原因日付の欄は空欄，原因の欄は空欄又は「合筆」，具体的判断理由の欄は空欄となる。合併の制限に関する調査と報告については，06章における土地登記記録及び地図等の調査の報告，11章の画像情報の報告並びに10章に合併の制限にかからない旨の総括報告を記録してすることとなろう。

05章　調査資料・証言・事実等

　登記の申請等をするにあたって使用した調査資料等を記録する。

　改定様式では，資料等名の欄には，あらかじめ代表的な資料等が列挙されているので，該当するものに印を付け，資料等番号の欄に番号を記録する。上段から順に付番するのが分かりやすいと考えるが，前後しても特に問題はない。報告したい資料等の項目がない場合は，「□その他」に印をして右横に括弧書で資料等名を記録する。

　なお，作成ソフトでは，利用者において資料等名の欄の表示項目を変更できるようになっているので，利用する方は，この機能を活用すると便利である。

　本章以外の章において，資料等を引用する場合には，資料等番号により特定して報告を記録することができる。その場合「「資料等番号 1」との振り合いで記録することなる」（田村解説）。

　「地図及び地図に準ずる図面の右横の括弧欄には，確認した地図等の種類を明確にするため，「地籍図」又は「旧土地台帳附属地図」といった地図等の種類を記録することが相当であると考えられる。」（田村解説42頁）とのことであるので，そのように記録する。【事例 1】及び【記録例】では，「地図に準ずる図面（旧土地台帳附属地図）」と，【事例 2】では，「地図（法務省）」と記録している。

　また，他の資料等についても適宜右横に括弧書で，補足事項を記録して差し支えな

い（【事例１】の資料等番号３，４及び５【事例２】の資料等番号４参照）。

　原本確認結果の欄は，資格者代理人がオンラインにより表示に関する登記の申請又は嘱託をする場合における法定外添付情報の原本提示省略に関する報告を記録する。

　法定外添付情報について原本省略の取扱いをするときには，「電磁的記録（PDF）で添付した法定外添付情報については原本の写しに相違ない。」等の記載をする（平成27年４月６日付け日調連発第９号の３（【資料18】））こととされているので，【事例１】又は【記録例】のように，原本提示省略の取扱いとする添付情報の資料等番号を挙げて当該報告を記録する。

06章　資料・証言・事実等の分析

　前章で記録した資料等について，確認した事項や分析手法（方法）及びその結果等について記録する。

　資料等番号の順に，その資料に係る地番（該当する地番全て）を記録し，その資料によって確認した事項やその資料をどのように分析又は用いてどのような結果・結論に至ったのか等，その他必要な事項を簡潔に分かりやすく記録する。なお，資料等番号を複数まとめて一行で記録した方が効率的な場合には，そのようにしてもよい。

　列挙されている資料等の主なものについて，一般的に記録すると思われる内容を以下に掲げる。

　㋐　土地登記記録：表題部の各記録事項（沿革を含む。），所有権登記名義人等及び第三者の権利の有無について確認したことを記録する。

　㋑　「土地閉鎖登記記録」「旧土地台帳」：調査を必要とした記録事項を掲げ，それに対する評価や分析結果を記録する。

　㋒　「地図」「地図に準ずる図面」：土地の区画形状，位置及び配列関係の確認と現地との整合性について記録する。

　㋓　「閉鎖地図に準ずる図面」：土地の区画形状，位置及び配列関係についての現在の地図等との比較検討結果を記録する。

　㋔　「地積測量図」：「作成年月日」及び「求積方法」（欄が設けられている。）並びに記録されている内容（筆界辺長や境界標など）と調査結果との比較・分析とその結果を記録する。

　㋕　「道路境界確定図等」：道路（水路）との筆界位置の確認資料とするために行った分析（現地との整合性，復元性など）とその結果を記録する。

　㋖　「農業委員会の許可書等」：転用についての許可又は届出の内容の確認と調査結果との比較とその結果を記録する。

(ク)　「筆界確認書，立会証明書等」：筆界位置の確認資料とするために行った分析（現地との整合性，復元性など）とその結果を記録する。

(ケ)　「証言」：証言者の資格（どのような立場であるか）等と証言内容及び他の資料等との比較・分析とその結果を記録する。

07章　現地の状況

現地の筆界点の状況及び筆界の確認の状況について記録する。

筆界点ごとに，「点名」，「境界標」及び「確認の状況」並びに画像記録の各欄で構成されている。

最上欄に「別紙のとおり」のチェックボックスが設けられているので，筆界点数が多い場合など，本章の記録事項を別紙を用いて記録する方が効率的で分かり易いときには，ここに印をして別紙（別記録）を添付することができる。

「点名」欄の点名は，当然のことであるが，添付する「調査図」と符合していなければならない。

「境界標」欄は，境界標識の種類と設置された状況（新設，既存，復元，入替え）について記録する。

「確認の状況」欄は，「06章の分析結果等を踏まえ，土地家屋調査士として，書証・物証・人証に基づき，どのように筆界を確認したのかについて記録する」（田村解説）。

【事例１】では，06章に記録した地積測量図と境界確認書等を引用し，そのとおりに確認した旨を記録している。復元点について【記録例】では，採用した地積測量図及びその復元方法並びに確認状況を簡潔に記録している。

画像記録は，１つの筆界点について，遠景と近景を記録できるようになっており，それぞれに撮影年月日と備考の欄が設けられている。備考欄には，「画像の撮影方向を記録することとなる。記録方法については，12章に添付する調査図等に矢印を用いて撮影方向を「①→」等の振り合いで記録し，「備考」欄に「写真番号①」等と記録する方法，又は「備考」欄に直接「北東→南西」等の振り合いで記録する方法が考えられる」（田村解説）とされているので，適宜の分かりやすい方法により記録することになる。なお，撮影方向の記録は，遠景の備考欄に記録すれば，近景の欄には特に記録する必要はないと考える。

また，最後尾に「その他必要な事項」欄が設けられている。この欄には，筆界点が仮表示や計算点である場合の理由などを記録したり，分筆線を設定した条件・経緯など（【事例１】参照）を必要に応じて記録するとよい。

なお，【事例２】では，本章の記録は特に必要でないと判断したためこれを省略し

ている。

08章　地域区分・精度区分

現地の地域区分及び地図等の精度区分を記録する。

誤差の許容限度を確認するために必要となる（田村解説）記録項目である。

09章　筆界位置の計測

基準点測量等及び一筆地測量に関する情報について記録する。

① 基準点測量等

「測地系」欄は，あらかじめ列挙されている項目（世界測地系，変換パラメータ，任意座標）の該当するものに印を付け，「変換パラメータ」と「任意座標」については，括弧に補足事項を記録する。「世界測地系」に印をするのは，「世界測地系2011による測量の場合のみ」（田村解説）とされている。測地成果2000及び日本測地系の場合は，「任意座標」に印を付け，括弧にその旨を記録する。「変換パラメータ」項目は，基本三角点等の成果を変換パラメータにより変換したものを測量の基礎とした場合，ここに印を付け，括弧内に変換パラメータのバージョンを記録する。地方公共団体で公表されている測地成果2011の成果が，パラメータ変換により改正されている場合は，この項目ではなく，「世界測地系」に印を付けることになる。

「任意座標」は，恒久的地物に基づく場合又は測地成果2000若しくは日本測地系の場合に印を付ける。

「使用機器」欄は，あらかじめ列挙されている項目（TS，GNSS，その他）の該当するものに印を付ける。その他の場合は括弧に使用機器を記録する。

「観測方法」欄は，上の行が，TS等の場合の項目，下の行がGNSS等の場合の項目となっている。あらかじめ列挙されている項目の該当するものに印を付け，その他の場合は，括弧内に観測方法を記録する。

「観測日」欄は観測した期間を記録するようになっているので，開始年月日と終了年月日を記録する。

「使用した基本三角点等」欄は，使用した基本三角点等の点名，等級・種別及び標識の種類を記録する。入手した成果表に基づいて記録すればよい。

「補助基準点」欄は，基本三角点等に基づいて設置した多角点（登記基準点及び登記補助点）について点名，名称・種別及び標識の種類を記録する。【事例１】では，新設した４級登記基準点について本欄に記録しているが，認定を受けた場合には，「使用した基本三角点等」欄に記録することになろう。

「恒久的地物」欄は，基本三角点等に基づく測量ができないため，恒久的地物に基づく測量を行った場合に使用した恒久的地物について，点名，名称・種別及び地物の名称を記録する。

また，画像情報欄に恒久的地物の写真画像並びに撮影年月日及び備考を記録する。備考欄には，点名等を記録して，上欄と対照できるようにする。

なお，画像情報欄には，「恒久的地物に関する画像のほか，必要に応じて，使用した基本三角点等及び補助基準点の画像を記録する」（田村解説）こととされている。

【事例1】では，使用した基本三角点等の写真の遠景と近景を記録し，それぞれに撮影年月日と備考欄に点名等を記録している。

「基本三角点等に基づく測量ができない理由」欄は，現地の近傍に基本三角点等が存しないことなど，基本三角点等に基づく測量ができない理由について記録する。

② 一筆地測量

「使用機器」欄は，あらかじめ列挙されている項目（TS，GNSS，その他）の該当するものに印を付ける。その他の場合は括弧に使用した機器を記録する。

「観測日」欄は，観測した期間を記録するようになっているので，開始年月日と終了年月日を記録する。【事例1】では，本欄の終了年月日を地積測量図に記録する測量年月日（不登規則77条1項10号）としている。

「求積・誤差の許容限度の検証」欄は，申請に係る土地について，地番，登記地積，実測面積，較差及び公差を記録し，地積更正の要否について印をして記録する。作成ソフトでは，条件を入力すると公差が自動的に計算される仕様になっているが，較差が公差ぎりぎりの場合は，値の丸めが影響するので，自分で計算する必要がある。

なお，登記の目的により，本章の情報が必要でないと判断できる場合には，記録を省略して差し支えないと考える（【事例2】では，本章の記録を省略している。）。

10章　補足・特記事項

申請等に関する補足事項及び特記事項について記録する。

他の章での記録事項について補足すべき事項や他の章では表現しきれない特に記録すべき事項についてここに記録する。

例えば，必要に応じて，画地調整に関する説明や，基準点測量等の精度管理に関する情報を記録することが考えられる。【事例1】では，基準点測量等について補足をしている。

【事例2】では，地積についての説明と，画像情報及び調査図について前件（建物の調査報告情報）を引用する旨の記録をしている（これらはあくまでも例であり，適宜

判断すればよい。）。

11章　画像情報

申請等に関する画像情報を記録する。

別紙による場合は「別紙のとおり」に印をする。

現地の全景等，申請に係る土地の状況が分かるものを添付するとよい。その場合，撮影年月日と備考欄には，撮影した方向など画像の説明を記録する（撮影方向や撮影位置については，07章と同様の要領で記録するのがよい。）。

「書面審査において申請地の状況を正確に把握することができるようになるほか，実地調査の際にも特定しやすくなるので，画像情報は可能な限り多く添付されることが望ましい」（田村解説）とされている。

【事例1】では，現地の全景を1枚記録している。

【事例2】では，地目変更の事実が分かるように2方向からの現地の写真を記録している。

12章　調査図（現地案内図等）

必要に応じて調査図を添付する。別紙による場合は，「別紙のとおり」に印をする。

調査図に記録する内容は，申請の内容や現地の状況により異なるが，申請に関係する土地の略図に地番，地目，地積，所有者等，筆界点名，境界標の種類，地物・工作物，写真の撮影方向などを記録し，他の章で記録した事項が理解しやすくなるように記録するとよい。【事例1】では，「別紙のとおり」に印をして，CADで作成した図面を添付している。

なお，「調査図」に求められる情報については，運用上の問題として，「各局と各土地家屋調査士との協議等を通じて，検討されるべき事項であると考えられる」（田村解説）ことから，独自の運用する地域もあり得るため，管轄登記所の取扱いについて，情報を得ておくようにするとよい。

【事例1】　地目更正・分筆

不動産登記規則第93条不動産調査報告書（土地）日調連様式第9号

不動産登記規則第93条ただし書	不　動　産　調　査　報　告　書		土地

以下のとおり調査をしたので、その結果を報告します。

平成　２８年　　８月　２２日

報告書No.　1600062

〇〇土地家屋調査士会所属
登録No.　0000

土地家屋調査士　土地太郎　　電子署名又は職印

電話番号　00-0000-0000

01　登記の目的

申請番号	事件名		
1	□表題　■分筆　　□合筆　　□所在　　□地目　　■地積　　□地図訂正 □地積測量図訂正　　□土地所在図訂正　　□その他（　　　　　　　　　）		□変更 ■更正

02　調査した土地　（表題登記以外は，申請前の状況を記載すること。）

申請番号	所　在	地番	地目	地積 ㎡	第三者の権利の有無	利用状況	地積測量図の有無
1	〇〇市〇〇町二丁目	２６番	宅地	269:42	■有 □無	建物敷地	□有 ■無
－	同　上	２５番１	宅地	132:23	□有 □無	建物敷地 （工事中）	■有 □無
－	同　上	２５番２	宅地	198:34	□有 □無	建物敷地	■有 □無
－	同　上	２７番	宅地	247:93	□有 ■無	更地	□有 ■無
－	同　上	無番地 （北側及び西側）			□有 □無	道路	□有 □無

03　所有権登記名義人等

地　番	所有権登記名義人（■立会人）	
２６番 （申請地）	住所 （登記記録と異なる場合）	
	氏名	甲野一郎
	本人確認方法	■運転免許証　□個人番号カード　□面識有り　■その他（受託時に本人自宅にて面談確認）
	持分	□単有　□共有（持分　　　　　）
	連絡先（電話番号等）	00-0000-0000
	立会人	
	住所	
	氏名	
	本人確認方法	□運転免許証　□個人番号カード　□面識有り　□その他（　　　　　）
	所有権登記名義人との関係	□親族（　　　　）□管理者（　　　　）□代表者　□その他（　　　　　）
	連絡先（電話番号等）	
	立会・確認状況等	平成28年8月8日　立会・確認 現地で既設境界標，ブロック塀及び地物並びに仮表示（木杭及びペイント）及び図面に基づき筆界点及び分割点（線）を確認

1/9

地　番	所有権登記名義人（■立会人）		
	住所 （登記記録と異なる場合）	○○市北町一丁目5番3号	
	氏名	乙川次郎	
	本人確認方法	□運転免許証　■個人番号カード　□面識有り　■その他（乙川氏自宅にて面談・住民票にて移転を確認）	
	持分	■単有　□共有（持分　　　　）	
	連絡先（電話番号等）		
25番1	立会人		
	住所		
	氏名		
	本人確認方法	□運転免許証　□個人番号カード　□面識有り　□その他（　　　　）	
	所有権登記名義人との関係	□親族（　　　　）□管理者（　　　　）□代表者　□その他（　　　　）	
	連絡先（電話番号等）		
	立会・確認状況等	平成28年8月8日　立会・確認 現地で既設境界標，ブロック塀及び地物並びに仮表示（木杭）に基づき確認	
地　番	所有権登記名義人（□立会人）		
	住所 （登記記録と異なる場合）		
	氏名	丙村商事株式会社（株式会社丙村商会から平成27年4月1日商号変更）	
	本人確認方法	□運転免許証　□個人番号カード　□面識有り　■その他（会社の登記事項証明書）	
	持分	■単有　□共有（持分　　　　）	
	連絡先（電話番号等）		
25番2	立会人		
	住所	□□市東町三丁目2番7号	
	氏名	丙村五郎	
	本人確認方法	□運転免許証　□個人番号カード　□面識有り　■その他（丙村商事本社にて面談・確認）	
	所有権登記名義人との関係	□親族（　　　　）□管理者（　　　　）■代表者　□その他（　　　　）	
	連絡先（電話番号等）		
	立会・確認状況等	平成28年8月8日　立会・平成28年8月10日　確認 現地で既設境界標及びブロック塀に基づき確認	
地　番	所有権登記名義人（□立会人）		
	住所 （登記記録と異なる場合）		
	氏名	丁山三津子，丁山一郎	
	本人確認方法	□運転免許証　□個人番号カード　□面識有り　■その他（登記記録上の住所を訪問して面談・確認）	
	持分	□単有　■共有（持分1/2, 1/2）	
	連絡先（電話番号等）		
27番	立会人		
	住所		
	氏名	丁山一郎	
	本人確認方法	□運転免許証　□個人番号カード　□面識有り　□その他（　　　　）	
	所有権登記名義人との関係	□親族（　　　　）□管理者（　　　　）□代表者　□その他（　　　　）	
	連絡先（電話番号等）		
	立会・確認状況等	平成28年8月8日　立会・平成28年8月9日　確認 現地で既設境界標，ブロック塀及び地物並びに仮表示（木杭及びペイント）に基づき確認 共有者丁山三津子氏は，所用のため立会当日は欠席。翌日自宅に伺い，図面等資料に基づき確認	

2/9

地　番	所有権登記名義人（□立会人）		
無番地（北側及び西側）	住所 （登記記録と異なる場合）		
	氏名	○○市	
	本人確認方法	□運転免許証　□個人番号カード　□面識有り　□その他（　　　　）	
	持分	□単有　□共有（持分　　　　）	
	連絡先（電話番号等）		
	立会人		
	住所		
	氏名	○○市太郎	
	本人確認方法	□運転免許証　□個人番号カード　■面識有り　□その他（　　　　）	
	所有権登記名義人との関係	□親族（　　　　）■管理者（○○市土木部管理課職員）□代表者　□その他（	
	連絡先（電話番号等）		
	立会・確認状況等	平成28年8月8日　立会・平成28年8月19日　確認 現地で既設境界標及び地物並びに仮表示（木杭及びペイント）に基づき確認	

04　登記原因及びその日付

申請番号	地　番	原因日付	原因	登記原因及びその日付の具体的判断理由
1	26番		錯誤・分筆	分筆前の地積と分筆後の地積の差が，誤差の限度を超えているため。（許容限度については，09章記録のとおり）

05　調査資料・証言・事実等

資料等区分	資料等番号	資料等名
登記所資料	1	■ 土地登記記録
		□ 土地閉鎖登記記録・閉鎖登記簿
		□ 建物登記記録
		□ 建物閉鎖登記記録・閉鎖登記簿
		□ 地図
	2	■ 地図に準ずる図面（旧土地台帳附属地図）
		□ 閉鎖地図及び閉鎖地図に準ずる図面
	3	■ 地積測量図・土地所在図（25-1，-2）
		□ 筆界特定関係資料等
		□ 旧土地台帳
		□ 旧土地台帳附属地図（和紙公図）
		□ 基準点成果
		□ その他
		□ その他
官公署等資料		□ 台帳申告書写し
		□ 地籍図等
		□ 国土調査等関係資料
		□ 道路台帳
		□ 道路台帳附属地図
	4	■ 道路境界確定図等（○○市との境界確定協議書）
		□ 法定外公共物確定協議書等
		□ 公共用地払下げ図面等
		□ 河川法の適用河川境界承認図等
		□ 換地確定図
		□ 戦災復興区画整理図
		□ 空中写真
		□ 農業委員会の許可書等
	5	■ 基準点成果（街区多角点，認定4級登記基準点）
		□ その他
		□ その他

3/9

174

その他の事実等	6	■ 地形地物：段差・石垣・のり地・崖・沢・道路・水路・尾根・谷・その他
	7	■ 工作物：境界標識・土留め・ブロック塀・コンクリート擁壁・その他
	8	■ 筆界確認書，立会証明書等
		□ 売渡図面
	9	■ 承諾書（抵当権消滅承諾書）
		□ 証言
		□ その他
		□ その他
原本結果確認		電磁的記録（PDF）で添付した法定外添付情報（資料等番号4及び8）については原本の写しに相違ない。

06　資料・証言・事実等の分析

資料等番号	地番	分析手法，分析結果その他必要な事項
1	25-1, 25-2, 26, 27	表題部の各記録事項及び所有権登記名義人を確認した。
2		土地の区画形状及び配列の確認。現地と概ね一致している。
3	25-1, -2, 26	**作成年月日** 昭和58年5月20日 **求積方法** □座標法　■三斜法　□その他（　　　　　　　　　　） 25番を25番1と25番2に分筆した際の地積測量図（25番1は差引求積）（作成者：土地家屋調査士　何某） 筆界位置の確認資料として採用。 申請地との境界には，記載のとおり境界標があり，辺長も現地と整合する。 申請地，25番1及び26番2との3筆境付近には，境界標は見当たらない。
4	25-1, 26, 27, 無番地（北側及び西側）	○○市との境界確定協議書（平成28年8月19日発行） 北側及び西側の無番地（道路）との筆界位置の確認資料とした。
5		街区多角点：10A51, 10A52，認定4級登記基準点：274001の成果（世界測地系：測地成果2011） 測量の基準のデータとして使用。
6	26, 無番地（北側及び西側）	26番と無番地（北側及び西側）の道路との間には，側溝が設置されている。
7	26, 25-1, 25-2, 27	・26番と25番1及び25番2との間には，ブロック塀が設置され，当該ブロック塀の北側（26番側）が境界となっている。 筆界位置の確認資料とした。 ・26番と27番との間には，南端点から約6mまでブロック塀が設置され，当該ブロック塀の西側（26番側）が境界となっている。 筆界位置の確認資料とした。
8	26, 25-1, 25-2, 27	申請地26番と各隣接民地との境界確認書。 筆界位置の認定資料とした。
9	26	□□信用金庫及び○○銀行株式会社による，分筆後の土地（イ）予定地番26番1についての抵当権消滅承諾書

4/9

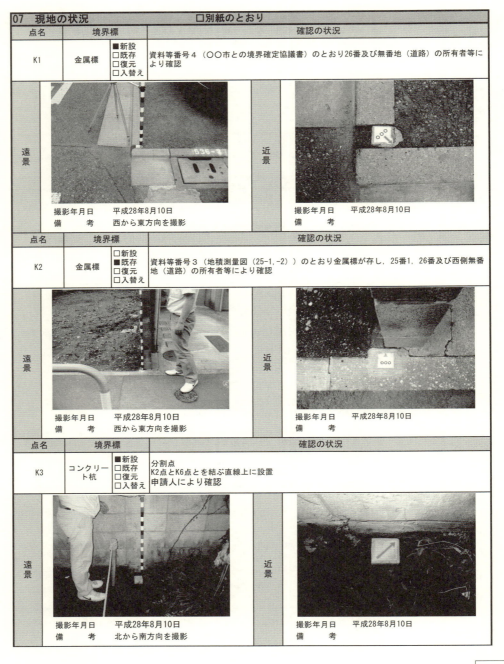

07　現地の状況		□別紙のとおり	
点名	境界標	確認の状況	
K1	金属標	■新設 □既存 □復元 □入替え	資料等番号4（〇〇市との境界確定協議書）のとおり26番及び無番地（道路）の所有者等により確認

遠景

近景

撮影年月日	平成28年8月10日	撮影年月日	平成28年8月10日
備　考	西から東方向を撮影	備　考	

点名	境界標	確認の状況	
K2	金属標	□新設 ■既存 □復元 □入替え	資料等番号3（地積測量図（25-1, -2））のとおり金属標が存し，25番1，26番及び西側無番地（道路）の所有者等により確認

遠景

近景

撮影年月日	平成28年8月10日	撮影年月日	平成28年8月10日
備　考	西から東方向を撮影	備　考	

点名	境界標	確認の状況	
K3	コンクリート杭	■新設 □既存 □復元 □入替え	分割点 K2点とK6点とを結ぶ直線上に設置 申請人により確認

遠景

近景

撮影年月日	平成28年8月10日	撮影年月日	平成28年8月10日
備　考	北から南方向を撮影	備　考	

5/9

176

点名	境界標	確認の状況
K4	金属標　■新設　□既存　□復元　□入替え	分割点 K1点とK5点とを結ぶ直線上に設置 申請人により確認

	遠景	近景
撮影年月日	平成28年8月10日	平成28年8月10日
備　　考	北から南方向を撮影	

点名	境界標	確認の状況
K5	コンクリート杭　□新設　■既存　□復元　□入替え	資料等番号4（〇〇市との境界確定協議書）及び資料等番号8（境界確認書）のとおり，26番，27番及び無番地（道路）の所有者等により確認

	遠景	近景
撮影年月日	平成28年8月10日	平成28年8月10日
備　　考	北から南方向を撮影	

点名	境界標	確認の状況
K6	コンクリート杭　□新設　■既存　□復元　□入替え	資料等番号3（地積測量図（25-1,-2））のとおりコンクリート杭が存し，25番2，26番及び27番の所有者等により確認

	遠景	近景
撮影年月日	平成28年8月10日	平成28年8月10日
備　　考	北西から南東方向を撮影	

その他必要な事項	分割線（K3点とK4点とを結ぶ直線）は，倉庫の西側外壁から2.5m西側の線（申請人の指示線）である。

08　地域区分・精度区分

地域区分	■市街地地域（甲2まで）　　□村落・農耕地域（乙1まで）　　□山林・原野地域（乙3まで）
地図等の精度区分	□甲1　□甲2　□甲3　□乙1　□乙2　□乙3　■なし

6/9

09	筆界位置の計測		
	基 準 点 測 量 等		

測地系	■世界測地系　□変換パラメータ（　　　　　）　　□任意座標（　　　　　）		
使用機器	■TS　　□GNSS　□その他（　　　　　　　　　　　）		
観測方法	□放射　■結合　□閉合　□交会　□単回　■対回　□平均　□その他（　　　　）		
	□スタティック　　□短縮スタティック　　　□RTK　　□ネットワーク型RTK　□その他（　　　）		
観測日	平成28年7月19日　　〜　　平成28年7月22日		

	点　名	等級・種別	標　識
使用した 基本三角点等	10A51	街区多角点：3級相当	金属標
	10A52	街区多角点：3級相当	金属標
	274001	認定4級登記基準点	鋲

	点　名	名称・種別	標　識
補助基準点	T1, T2, T3	4級登記基準点	鋲
	T4, T5, T6	登記補助点	鋲

	点　名	名称・種別	地物の名称
恒久的地物			

遠景		近景	
	撮影年月日　　平成28年7月22日 備　　考　　街区多角点：10A51		撮影年月日　　平成28年7月22日 備　　考　　街区多角点：10A51
遠景		近景	
	撮影年月日　　平成28年7月22日 備　　考　　街区多角点：10A52		撮影年月日　　平成28年7月22日 備　　考　　街区多角点：10A52
遠景		近景	
	撮影年月日　　平成28年7月22日 備　　考　　認定4級登記基準点：274001		撮影年月日　　平成28年7月22日 備　　考　　認定4級登記基準点：274001

7/9

基本三角点等に基づく測量ができない理由						
一　筆　地　測　量						
使用機器	■TS　□GNSS　□その他（　　　　　　　　　　　　　）					
観測日	平成28年7月22日　　　　～　　　　平成28年8月10日					
求積・誤差の許容限度の検証	地　番	登記地積㎡	実測面積㎡	較　差㎡	公　差	地積更正の要否
	２６番	269:42	272:31	2:89	1.49	■要　□否

10　補足・特記事項

基準点測量に関する補足事項
使用機器　：Ｓ社　ＴＳ＊＊＊　２級トータルステーション　平成28年5月18日検定済
観測の方法：１次路線：認定４級登記基準点274001を後視点とし，10A52から10A51へ単路線結合の４級登記基準点測量（厳密）を行いT1，T2及びT3を設置（全点鋲）　単位重量当たりの標準偏差　水平＊.＊秒，高低＊.＊秒，点検計算における閉合差　水平＊mm
（1/＊＊,＊＊＊）高低＊＊mm
２次路線：細部測量のための登記補助点をT2（後視T3）からT1（取付10A52）の単路線結合でT4，T5及びT6を設置（全点鋲）精度
1/＊＊.＊＊＊

11　画像情報　　　　　　　　　□別紙のとおり

撮影年月日　　平成28年8月10日	撮影年月日
備　　考　　　現地全景：北西側から撮影	備　　考

12　調査図（現地案内図等）　　　■別紙のとおり

8/9

調　査　図

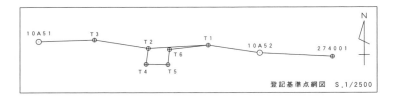

登記基準点網図　S.1/2500

○○市○○町二丁目

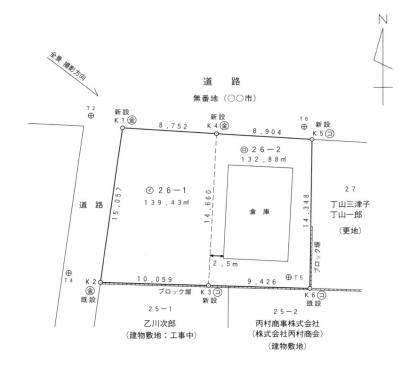

筆界点	境界標の種類
石	石　　杭
コ	コンクリート杭
金	金　属　標
鋲	鉄　　　鋲
ペ	ペ ン キ

――――――――　分　割　線

縮尺　1／250

単位：m

9/9

【事例２】　地目変更

不動産登記規則第93条不動産調査報告書（土地）日調連様式第９号

不動産登記規則第93条ただし書	不　動　産　調　査　報　告　書	土地

以下のとおり調査をしたので、その結果を報告します。

平成　２８年　　９月　　９日

○○土地家屋調査士会所属
登録No.　00000

電話番号　00-0000-0000

報告書No.　1600065

土地家屋調査士　土地太郎　　電子署名又は職印

01　登記の目的

申請番号	事件名	
1	□表題　□分筆　□合筆　□所在　■地目　□地積　□地図訂正 □地積測量図訂正　□土地所在図訂正　□その他（　　　　　　）	■変更 □更正
2	□表題　□分筆　□合筆　□所在　■地目　□地積　□地図訂正 □地積測量図訂正　□土地所在図訂正　□その他（　　　　　　）	■変更 □更正

02　調査した土地　（表題登記以外は，申請前の状況を記載すること。）

申請番号	所　在	地番	地目	地　積㎡	第三者の権利の有無	利用状況	地積測量図の有無
1	○○市○○町一丁目	１５番３	畑	165	■有 □無	建物敷地	■有 □無
2	同　　上	１５番４	畑	264	□有 ■無	駐車場	■有 □無

03　所有権登記名義人等

地　番	所有権登記名義人（□立会人）	
15-3	住所 （登記記録と異なる場合）	
	氏名	甲山三郎
	本人確認方法	□運転免許証　□個人番号カード　□面識有り　■その他（○○銀行株式会社○○支店において面談・打ち合わせにより確認）
	持分	■単有　□共有（持分　　　　　）
	連絡先（電話番号等）	00-0000-0000
	立会人	
	住所	
	氏名	
	本人確認方法	□運転免許証　□個人番号カード　□面識有り　□その他（　　　　）
	所有権登記名義人との関係	□親族（　　　　）□管理者（　　　　）□代表者　□その他（　　　　）
	連絡先（電話番号等）	
	立会・確認状況等	

1/4

地　番	所有権登記名義人（□立会人）		
15-4	住所 （登記記録と異なる場合）		
	氏名	甲山三郎，甲山一美	
	本人確認方法	□運転免許証　■個人番号カード　□面識有り　■その他（甲山三郎氏について上記15-3に同じ）	
	持分	□単有　■共有（持分2/3, 1/3）	
	連絡先（電話番号等）		
	立会人		
	住所		
	氏名		
	本人確認方法	□運転免許証　□個人番号カード　□面識有り　□その他（　　　　）	
	所有権登記名義人との関係	□親族（　　　　）□管理者（　　　　）□代表者　□その他（　　　　）	
	連絡先（電話番号等）		
	立会・確認状況等		

04　登記原因及びその日付

申請番号	地　番	原因日付	原因	登記原因及びその日付の具体的判断理由
1	１５番３	平成28年8月31日	地目変更	１５番３の土地全体を敷地とする前件申請建物の建築（平成28年8月31日新築）により，宅地に地目変更と認定した。
2	１５番４	平成28年9月4日	地目変更	本件土地は，整地・舗装され，月極駐車場として利用されている。工事の完了・利用開始の日（平成28年9月4日）をもって，雑種地に地目変更と認定した（06章資料等番号5のとおり）。

05　調査資料・証言・事実等

資料等区分	資料等番号	資料等名
登記所資料	1	■ 土地登記記録
		□ 土地閉鎖登記記録・閉鎖登記簿
		□ 建物登記記録
		□ 建物閉鎖登記記録・閉鎖登記簿
	2	■ 地図（法務省）
		□ 地図に準ずる図面
		□ 閉鎖地図及び閉鎖地図に準ずる図面
	3	■ 地積測量図・土地所在図
		□ 筆界特定関係資料等
		□ 旧土地台帳
		□ 旧土地台帳附属地図（和紙公図）
		□ 基準点成果
		□ その他
		□ その他

2/4

官公署等資料		☐ 台帳申告書写し
		☐ 地籍図等
		☐ 国土調査等関係資料
		☐ 道路台帳
		☐ 道路台帳附属地図
		☐ 道路境界確定図等
		☐ 法定外公共物確定協議書等
		☐ 公共用地払下げ図面等
		☐ 河川法の適用河川境界承認図等
		☐ 換地確定図
		☐ 戦災復興区画整理図
		☐ 空中写真
	4	■ 農業委員会の許可書等（農地転用受理通知書）
		☐ 基準点成果
		☐ その他
		☐ その他
その他の事実等		☐ 地形地物：段差・石垣・のり地・崖・沢・道路・水路・尾根・谷・その他
		☐ 工作物：境界標識・土留め・ブロック塀・コンクリート擁壁・その他
		☐ 筆界確認書，立会証明書等
		☐ 売渡図面
		☐ 承諾書
	5	■ 証言（15番4の利用状況に関する申請人の証言）
		☐ その他
		☐ その他
原本結果確認		

06　資料・証言・事実等の分析

資料等番号	地　番	分析手法，分析結果その他必要な事項
1	15番3 15番4	表題部の各記録事項及び所有権登記名義人を確認した。
2	15番3 15番4	位置及び区画形状並びに隣接土地との配列の確認資料。 現地と一致していることを確認した。
3	15番3 15番4	作成年月日　平成25年2月20日 求積方法　■座標法　☐三斜法　☐その他（　　　　　　） 区画形状及び地積の確認資料。 境界標の設置状況及び土地の区画形状は，現地と一致している。
4	15番3 15番4	農地の転用について，関係法令に従って手続が適切にされていることの確認資料。 記載内容と現地は，整合性のあることを確認した。
5	15番4	証言者　甲山三郎（申請人） 整地・舗装して駐車場としたのは，平成28年9月4日（工事の完了・利用開始の日）であるとの証言である。 本証言は，現地の状況と整合性が認められるため，原因日付の認定資料とした。

08　地域区分・精度区分

地域区分	■市街地地域 （甲2まで）	☐村落・農耕地域 （乙1まで）	☐山林・原野地域 （乙3まで）
地図等の 精度区分	■甲1　☐甲2　☐甲3　☐乙1　☐乙2　☐乙3　☐なし		

3/4

10　補足・特記事項
１５番３の土地の申請情報である変更後の地積の小数部分は，地積測量図に記載された，切り捨て前の値によるものである。 １５番３の画像情報及び調査図は，前件の調査報告書を参照。

11　画像情報　　　　　　　　□別紙のとおり
 撮影年月日　　平成28年9月2日 備　　　考　　15番4を北西側から撮影
 撮影年月日　　平成28年9月2日 備　　　考　　15番4を北東側から撮影
12　調査図（現地案内図等）　　■別紙のとおり

※調査図（別紙）は省略

4/4

【記録例（日調連）】

| 不動産登記規則第93条ただし書 | **不 動 産 調 査 報 告 書** | **土地** |

以下のとおり調査をしたので、その結果を報告します。

平成　　年　　月　　日

○○土地家屋調査士会所属
登録No.　00000

電話番号　00-0000-0000

報告書No.＿＿＿＿＿＿＿＿＿＿

土地家屋調査士　○○　○○　　電子署名又は職印

01　登記の目的

申請番号	事件名		
1	□表題　■分筆　□合筆　□所在　□地目　■地積　□地図訂正 □地積測量図訂正　□土地所在図訂正　□その他（　　　　　　　）		□変更 ■更正
2	□表題　□分筆　□合筆　□所在　□地目　■地積　□地図訂正 □地積測量図訂正　□土地所在図訂正　□その他（　　　　　　　）		□変更 ■更正
3	□表題　□分筆　□合筆　□所在　■地目　□地積　□地図訂正 □地積測量図訂正　□土地所在図訂正　□その他（　　　　　　　）		■変更 □更正

02　調査した土地　（表題登記以外は，申請前の状況を記載すること。）

申請番号	所　在	地　番	地　目	地　積 ㎡	第三者の権利の有無	利用状況	地積測量図の有無
1	Ａ市Ｂ町三丁目	1-1	宅地	165:40	■有 □無	宅地	□有 ■無
2,3	同　上	1-2	畑	165	□有 ■無	宅地	□有 ■無
—	同　上	1-3	宅地	136:71	□有 □無	宅地	□有 □無
—	同　上	1-4	宅地	111:92	□有 □無	宅地	■有 ■無
—	同　上	4-5	雑種地	3884	□有 □無	駐車場	□有 ■無
—	同　上	3-2	宅地	160:55	□有 □無	宅地	□有 ■無
—	同　上	1-1地先	道		□有 □無	道路	□有 □無

03　所有権登記名義人等

地　番	所有権登記名義人（■立会人）	
1-1	住所 （登記記録と異なる場合）	Ａ市Ｂ町三丁目２番１号
	氏名	甲野　太郎
	本人確認方法	■運転免許証　□個人番号カード　□面識有り　□その他（　　　）
	持分	■単有　□共有（持分　　　　）
	連絡先（電話番号等）	12-3456-7890
	立会人	
	住所	
	氏名	
	本人確認方法	□運転免許証　□個人番号カード　□面識有り　□その他（　　　）
	所有権登記名義人との関係	□親族（　　　）　□管理者（　　　）□代表者　□その他（　　　）
	連絡先（電話番号等）	
	立会・確認状況等	平成○年○月○日　立会・確認 所定の日時に本人が立ち会い，確認した。 なお，現地及び図面で分割点を確認している。

01/10

地　番		所有権登記名義人（□立会人）	
1-2	住所 （登記記録と異なる場合）		
	氏名	丙野　三郎	
	本人確認方法	□運転免許証　□個人番号カード　■面識有り　□その他（　　　　）	
	持分	□単有　□共有（持分　　　　）	
	連絡先（電話番号等）	12-3456-7891	
		立会人	
	住所	A市B町三丁目1番2号	
	氏名	丙野　花子	
	本人確認方法	□運転免許証　□個人番号カード　■面識有り　□その他（　　　　）	
	所有権登記名義人との関係	■親族（　妻　）　□管理者（　　　　）　□代表者　□その他（　　　　）	
	連絡先（電話番号等）	12-3456-7891	
	立会・確認状況等	平成○年○月○日　立会・確認 　所定の日時は丙野三郎は都合が悪かったため，妻の丙野花子が代理で立ち会った。○月○日に当職が丙野三郎宅を訪問し，本人と面談の上，確認した。	

地　番		所有権登記名義人（■立会人）	
1-3	住所 （登記記録と異なる場合）		
	氏名	丁野　四郎	
	本人確認方法	■運転免許証　□個人番号カード　□面識有り　□その他（　　　　）	
	持分	■単有　□共有（持分　　　　）	
	連絡先（電話番号等）	12-3456-7892	
		立会人	
	住所		
	氏名		
	本人確認方法	□運転免許証　□個人番号カード　□面識有り　□その他（　　　　）	
	所有権登記名義人との関係	□親族（　　　）　□管理者（　　　）　□代表者　□その他（　　　）	
	連絡先（電話番号等）		
	立会・確認状況等	平成○年○月○日　立会・確認 所定の日時に本人が立ち会い，確認した。	

地　番		所有権登記名義人（■立会人）	
1-4	住所 （登記記録と異なる場合）		
	氏名	丁野　五郎、丁野　四郎	
	本人確認方法	■運転免許証　□個人番号カード　□面識有り　□その他（　　　　）	
	持分	□単有　■共有（持分　1/2, 1/2　）	
	連絡先（電話番号等）	12-3456-7893，12-3456-7892	
		立会人	
	住所	A市B町三丁目1番4号	
	氏名	丁野　四郎	
	本人確認方法	□運転免許証　□個人番号カード　□面識有り　□その他（　　　　）	
	所有権登記名義人との関係	□親族（　　　）　□管理者（　　　）　□代表者　□その他（　　　）	
	連絡先（電話番号等）	12-3456-7892	
	立会・確認状況等	平成○年○月○日　立会・確認 　所定の日時に本人が立ち会い，確認した。なお，共有者丁野五郎は，仕事のために欠席し，父丁野四郎に委任した（委任状確認済み）。	

02/10

186

地　番	所有権登記名義人（□立会人）		
4-5	住所 （登記記録と異なる場合）		
	氏名	戌野建設株式会社	
	本人確認方法	□運転免許証　□個人番号カード　□面識有り　□その他（　　　　　）	
	持分	■単有　□共有（持分　　　　　　）	
	連絡先（電話番号等）	12-3456-7894	
	立会人		
	住所	C市C町一丁目1番1号	
	氏名	戌野　七郎	
	本人確認方法	□運転免許証　□個人番号カード　■面識有り　□その他（　　　　　）	
	所有権登記名義人との関係	□親族（　　　　　）　□管理者（　　　　）■代表者　□その他（　　　　　）	
	連絡先（電話番号等）	12-3456-7895	
	立会・確認状況等	平成〇年〇月〇日　立会・確認 所定の日時に代表取締役戌野七郎が立ち会い，確認した。	

地　番	所有権登記名義人（■立会人）		
3-2	住所 （登記記録と異なる場合）		
	氏名	己野　六郎	
	本人確認方法	■運転免許証　□個人番号カード　□面識有り　□その他（　　　　　）	
	持分	■単有　□共有	
	連絡先（電話番号等）	12-3456-7899	
	立会人		
	住所		
	氏名		
	本人確認方法	□運転免許証　□個人番号カード　□面識有り　□その他（　　　　　）	
	所有権登記名義人との関係	□親族（　　　　　）　□管理者（　　　　）□代表者　□その他（　　　　　）	
	連絡先（電話番号等）		
	立会・確認状況等	平成〇年〇月〇日　立会・確認 所定の日時に本人が立ち会い，確認した。	

地　番	所有権登記名義人（□立会人）		
1-1地先	住所 （登記記録と異なる場合）		
	氏名	A市	
	本人確認方法	□運転免許証　□個人番号カード　□面識有り　□その他（　　　　　）	
	持分	□単有　□共有（持分　　　　　　）	
	連絡先（電話番号等）		
	立会人		
	住所		
	氏名	用地　吾郎（建設部用地課）	
	本人確認方法	□運転免許証　□個人番号カード　■面識有り　□その他（　　　　　）	
	所有権登記名義人との関係	□親族（　　　　　）　■管理者（係長）□代表者　□その他（　　　　　）	
	連絡先（電話番号等）	12-1111-1111　　（内線1111）	
	立会・確認状況等	平成〇年〇月〇日　立会・確認 所定の日時に本人が立ち会い，確認した。	

04　登記原因及びその日付

申請番号	地番	原因日付	原因	登記原因及びその日付の具体的判断理由
1	1-1		錯誤	
2	1-2		錯誤	
3	1-2	平成〇年〇月〇日	変更	居宅新築年月日をもって変更したものと判断した。

03/10

05　調査資料・証言・事実等

資料等区分	資料等番号	資料等名
登記所資料	1	■ 土地登記記録
		□ 土地閉鎖登記記録・閉鎖登記簿
		□ 建物登記記録
		□ 建物閉鎖登記記録・閉鎖登記簿
		□ 地図（　　　　　　　　）
	2	■ 地図に準ずる図面（旧土地台帳附属地図）
		□ 閉鎖地図及び閉鎖地図に準ずる図面
	3	■ 地積測量図・土地所在図
		□ 筆界特定関係資料等
		□ 旧土地台帳
		□ 旧土地台帳附属地図（和紙公図）
		□ 基準点成果
		□ その他（　　　　　　　　　　　　）
		□ その他（　　　　　　　　　　　　）
官公署等資料		□ 台帳申告書写し
		□ 地籍図等
		□ 国土調査等関係資料
	4	■ 道路台帳
		□ 道路台帳附属地図
		□ 道路境界確定図等
		□ 法定外公共物確定協議書等
		□ 公共用地払下げ図面等
		□ 河川法の適用河川境界承認図等
		□ 換地確定図
		□ 戦災復興区画整理図
		□ 空中写真
	5	■ 農業委員会の許可書等
	6	■ 基準点成果
		□ その他（　　　　　　　　　　）
		□ その他（　　　　　　　　　　）
その他の事実等	7	■ 地形地物：段差・石垣・のり地・崖・沢・道路・水路・尾根・谷・その他
	8	■ 工作物：境界標識・土留め・ブロック塀・コンクリート擁壁・その他
	9	■ 筆界確認書，立会証明書等
		□ 売渡図面
		□ 承諾書
	10	■ 証言（証言者　庚野九郎、丙野十郎　　　　　）
		□ その他（　　　　　　　　　　）
		□ その他（　　　　　　　　　　）
原本結果確認		電磁的記録（PDF）で添付した法定外添付情報（資料等番号９）については，原本の写しに相違ない。

06　資料・証言・事実等の分析

資料等番号	地　番	分析手法，分析結果その他必要な事項
1		所有権登記名義人等に誤りがないことを確認した。
2		地番の配列は一致しており，土地の形状もおおむね一致している。
3	1-2, 3-2	作成年月日　昭和〇年〇月〇日　　求積方法　□座標法　■三斜法　□その他（　　　　　　　）　　既存境界標との整合性があり，復元資料として採用することができる。（作成者　土地家屋調査士　松本調吉）

3	1-3, 1-4	作成年月日	昭和〇年〇月〇日	
		求積方法	□座標法　■三斜法　□その他（　　　　　　　　　）	
		既存境界標との整合性があり，復元資料として採用することができる。 （作成者　土地家屋調査士　松本調吉）		
4	1-1, 1-2, 1-3, 3-2, 1-1地先	道路との筆界位置の確認資料として利用した。用地杭の設置精度は，比較的良好である。		
5	1-2	許可内容を確認した。平成〇年〇月〇日に，丙野三郎が居宅新築を目的として許可を取得したことを確認した。		
6	−	位置の計測の基準として利用した（世界測地系２０１１）。		
7, 8	1-1, 1-2, 1- 3, 3-2, 4-5, 1- 1地先	1-1と1-2との間には，コンクリート擁壁が設置されている。 1-1と3-2との間には，コンクリートブロック塀が設置されている。 1-2と1-3との間には，ブロック塀（基礎部分のみ）が設置されている。 1-1及び1-2と道路との間には，側溝が設置されている。 1-1及び1-2と4-5との間には，ネットフェンスが設置されている。		
9	1-1, 3-2	筆界位置の確認資料として利用した。		
10	1-1, 1-2	証言者　庚野　九郎（道路対向地7-2所有者）		
		甲野太郎の父がコンクリート擁壁を設置したことを覚えている（３０年程度前）。境界線は擁壁面であると聞いた記憶がある（平成〇年〇月〇日証言者宅で確認）。		
10	1-1, 1-2	証言者　丙野　十郎（丙野三郎の長男，同居人）		
		父　丙野三郎は，昔からコンクリート擁壁面が境界線であると言っていた（平成〇年〇月〇日証言者宅で確認）。		

07　現地の状況　　　　□別紙のとおり

点名	境界標		確認の状況
C1	コンクリート杭	□新設 ■既存 □復元 □入替え	地積測量図（3-2）のとおり既存コンクリート杭が設置されており，1-1，3-2及び道路の立会人が異議なく確認した。

遠景	撮影年月日　平成〇年〇月〇日 備　考　写真番号①	近景	撮影年月日　平成〇年〇月〇日 備　考

05/10

189

点名	境界標	確認の状況
C2	コンク リート杭 □新設 ■既存 □復元 □入替え	地積測量図（3-2）のとおり既存コンクリート杭が設置されており，1-1，4-5及び3-2の立会人が異議なく確認した。

遠景		近景	
	撮影年月日　平成〇年〇月〇日 備　　考　写真番号②		撮影年月日　平成〇年〇月〇日 備　　考

点名	境界標	確認の状況
M3	金属標 □新設 □既存 ■復元 □入替え	地積測量図（1-2）の辺長から復元した点について，1-1，1-2及び4-5の立会人が異議なく確認した。

遠景	画像省略	近景	画像省略
	撮影年月日　平成〇年〇月〇日 備　　考　写真番号③		撮影年月日　平成〇年〇月〇日 備　　考

点名	境界標	確認の状況
M4	金属標 □新設 □既存 ■復元 □入替え	地積測量図（1-2）の辺長から復元した点について，1-1，1-2及び道路の立会人が異議なく確認した。

遠景	画像省略	近景	画像省略
	撮影年月日　平成〇年〇月〇日 備　　考　写真番号④		撮影年月日　平成〇年〇月〇日 備　　考

06/10

点名	境界標	確認の状況
C5	コンクリート杭　□新設　□既存　■復元　□入替え	地積測量図（1-3）の辺長から復元した点について，1-2, 1-3及び道路の立会人が異議なく確認した。

遠景	画像省略	近景	画像省略
	撮影年月日　平成〇年〇月〇日 備　　考　写真番号⑤		撮影年月日　平成〇年〇月〇日 備　　考

点名	境界標	確認の状況
C6	コンクリート杭　□新設　□既存　■復元　□入替え	地積測量図（1-3）の辺長から復元した点について，1-2, 1-3, 1-4及び4-5の立会人が異議なく確認した。

遠景	画像省略	近景	画像省略
	撮影年月日　平成〇年〇月〇日 備　　考　写真番号⑥		撮影年月日　平成〇年〇月〇日 備　　考

点名	境界標	確認の状況
X1	コンクリート杭　■新設　□既存　□復元　□入替え	分割点

遠景	画像省略	近景	画像省略
	撮影年月日　平成〇年〇月〇日 備　　考　写真番号⑦		撮影年月日　平成〇年〇月〇日 備　　考

07/10

191

点名	境界標		確認の状況
X2	コンク リート杭	■新設 □既存 □復元 □入替え	分割点

遠景	画像省略	近景	画像省略
	撮影年月日　平成〇年〇月〇日 備　　考　写真番号⑧		撮影年月日　平成〇年〇月〇日 備　　考

その他 必要な事項	

08　地域区分・精度区分

地域区分	■市街地地域 （甲2まで）　　　□村落・農耕地域 （乙1まで）　　　□山林・原野地域 （乙3まで）
地図等の 精度区分	□甲1　■甲2　□甲3　□乙1　□乙2　□乙3　□なし

09　筆界位置の計測

基　準　点　測　量　等

測地系	■世界測地系　　□変換パラメータ（　　　　　　）　　□任意座標（　　　　　　　）
使用機器	■TS　　□GNSS　　□その他（　　　　　　　　　　）
観測方法	■放射　□結合　□閉合　□交会　■単回　■対回　□平均　□その他（　　　　　） □スタティック　□短縮スタティック　□RTK　□ネットワーク型RTK　□その他（　　　　　）
観測日	平成〇年〇月〇日　　～　　平成〇年〇月〇日

使用した 基本三角点等	点　名	等級・種別	標　識
	100A	街区三角点	真鍮標識
	20B3	街区多角点	真鍮標識

補助基準点	点　名	名称・種別	標　識
	T-1	多角点	金属鋲
	T-2	多角点	金属鋲

恒久的地物	点　名	名称・種別	地物の名称
	T1	金属鋲	河川キロポスト
		電柱	〇〇電力〇番

08/10

192

遠景	画像省略	近景	画像省略
	撮影年月日 備　　考		撮影年月日 備　　考

基本三角点等に基づく測量ができない理由	

一　筆　地　測　量

使用機器	■TS　　□GNSS　　□その他（　　　　　　　　　　　　　　）
観測日	平成○年○月○日　　～　　平成○年○月○日

求積・誤差の許容限度の検証	地　番	登記地積	実測面積	較　差	公　差	地積更正の要否
		㎡	㎡	㎡		
	1-1	165:40	166:80	1:40	1.11	■要　□否
	1-2	165	167:42	2:42	1.11	■要　□否

10　補足・特記事項
（※各欄における記録事項を補足すべき事項等を記録する。）

11　画像情報　　　　　　　　　　□別紙のとおり

画像省略	画像省略
撮影年月日 備　　考	撮影年月日 備　　考

09/10

193

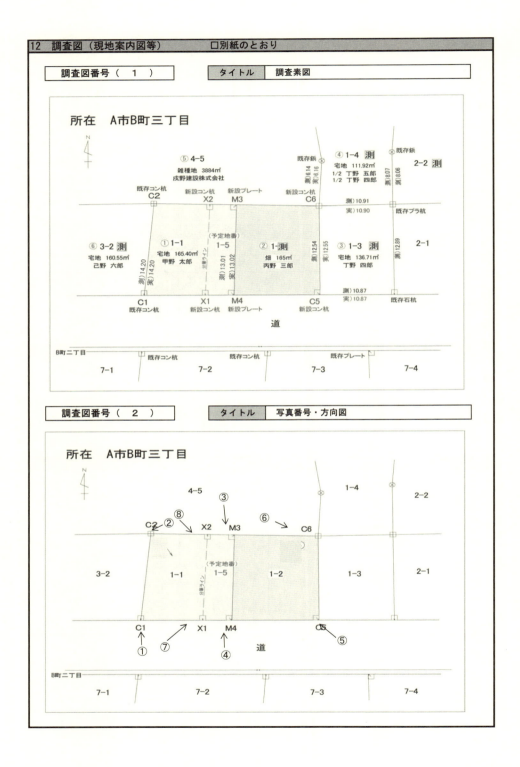

12　調査図（現地案内図等）　　　　　□別紙のとおり

調査図番号（　1　）　　　タイトル　調査素図

所在　　A市B町三丁目

調査図番号（　2　）　　　タイトル　写真番号・方向図

所在　　A市B町三丁目

10/10

194

第 6 章

地殻変動と登記実務

地震に伴う地殻変動と登記実務に関する情報

第1節

1　平成23年東北地方太平洋沖地震

　平成23年3月11日14時46分頃，太平洋三陸沖を震源とする「平成23年（2011年）東北地方太平洋沖地震」（マグニチュード9.0，最大震度7）が発生，さらにこの地震に伴う津波が来襲し，東北地方の特に太平洋沿岸一帯に甚大な被害をもたらした。その後も多くの余震と誘発地震（3月12日3時59分頃，長野県北部を震源とする「長野県北部地震」（マグニチュード6.7最大震度6強），3月15日22時31分頃，静岡県東部を震源とする「静岡県東部地震」（マグニチュード6.4（暫定値）最大震度6強））が発生した。

　余震活動は，時間の経過とともに低下してきているものの，5年を経過した今なお活発な状態（平成28年3月8日気象庁発表）である。

2　東北地方太平洋沖地震に伴う地殻変動と登記実務に関する情報

　平成23年3月11日に発生した「平成23年（2011年）東北地方太平洋沖地震」（以下「東北地方太平洋沖地震」という。）に伴い，東日本の広い範囲で地殻が大きく変動した（電子基準点牡鹿（宮城県石巻市）で水平方向に5.3メートル（暫定値），垂直方向に−1.2メートル（暫定値））。

　この地殻変動は，土地の登記に関する実務の取扱いでは，①地積測量図の内容とすべき，基本三角点等に基づく測量の成果による筆界点の座標値（不登規則77条1項8号）の記録（後記第2節に記述），及び②地殻変動のあった土地（筆界）の認定（後記第3節に記述），に大きく影響を及ぼすこととなった。

　まずは，地震発生後に行政から発せられた，上述の2点に関係する主な情報について，時系列ごとに整理して見ていくこととする。

(1)　基準点の測量成果の公表停止

　平成23年3月14日，国土地理院は，東北地方及びその周辺で地殻変動が大きかった地域の基準点（電子基準点，三角点，水準点）の測量成果の公表を停止した（202頁【図】

参照)。

(2)　**基準点測量成果公表停止地域の地積測量図の作成に係る留意点**

　平成23年 3 月18日民二第695号民事第二課長通知「平成23年東北地方太平洋沖地震に伴い基準点測量成果の公表が停止された地域における地積測量図の作成等に関する留意点について」が発せられた。

　本通知は，基準点の改定成果等の公表がされたことを受けて発せられた後掲(7)の平成23年11月17日民二第2775号通知（203頁参照）による地積測量図の作成等に取扱いが示されるまでのものである。

【平成23年 3 月18日民二第695号民事局第二課長通知】

　●平成23年東北地方太平洋沖地震に伴い基準点測量成果の公表が停止された地域における地積測量図の作成等に関する留意点について

　　国土交通省国土地理院（以下「地理院」という。）は本月11日に発生した標記地震の影響に伴い，東北地方及びその周辺で地殻変動が大きかった地域の基準点測量成果（電子基準点，三角点，水準点）の公表を停止し，基準点の改測と行う予定としています。
　　そこで，その改定の成果が公表されるまでの間，分筆の登記等に伴って登記所に提出される地積測量図の作成に係る留意点は，下記のとおりとしますので，この旨，貴管下登記官に周知願います。
記
1　基準点測量成果の公表が停止された地域
　　青森県，秋田県，岩手県，山形県，宮城県，福島県，新潟県，栃木県，群馬県，長野県，茨城県，埼玉県，東京都，千葉県，神奈川県，山梨県
2　基準点測量成果の公表が停止された地域において提出される地積測量図の取扱い
　　基準点測量成果の公表が停止された地域において提出される地積測量図に記録された筆界点の座標値は，「近傍に基本三角点等が存しない場合その他の基本三角点等に基づく測量ができない特別の事情がある場合」（不動産登記規則（平成17年法務省令第18号。以下「規則」という。）第77条第 2 項）に該当するものとして，近傍の恒久的地物に基づく測量の成果として取り扱うものとする。
　　したがって，地積測量図に記録された筆界点の座標値が既設の基本三角点等に基づいて実施された場合であっても，同座標値は，任意座標値として取り扱われることになる。
　　ただし，地積測量図に記録された筆界点の座標値が既設の基本三角点等に基づいて測量された成果であるときは，申請人又はその代理人に対し，その旨を地積測量図に記録することを求めるものとする。

3　地震前の測量成果による筆界点の座標値の取扱い

　　提出された地積測量図に記録された筆界点の座標値が地震前の測量成果に基づくものである場合には，地震後に，その成果について，点検が行われ，その点検結果において相対的位置に変動がない（公差の範囲内）と確認されたときは，その旨が，規則第93条ただし書に規定する土地家屋調査士又は土地家屋調査士法人が作成した不動産に係る調査に関する報告に記録されていることが必要となる。

4　その他

　　地理院が基準点の改定を行い，その成果に基づき，地震発生前の座標値から地震発生後の座標値に変換するためのパラメータ等が公表された場合の取扱いについては，おって連絡するものとする。

●本通知２について

　基準点測量成果の公表が停止された地域において提出される地積測量図に記録された筆界点の座標値は，基本三角点等に基づく測量が地震の前に行われたものであるか，後に行われたものであるかにかかわらず，近傍の恒久的地物に基づく測量の成果として扱い，地図情報システムでは任意座標系として登録する旨を定めている。

　しかし，筆界点の座標値が，既設の基本三角点等に基づいて測量された成果であるときには，地積測量図にその旨を記録(注)して，後日，地震発生前の座標値から地震発生後の座標値に変換するためのパラメータ（以下「座標補正パラメータ」という。）等の公表があった場合に対応できるよう備えておく，ということである。

(注)　日本土地家屋調査士会連合会発出の平成23年３月22日付け日調連発第449号の通知では，"地積測量図への記録の例「この測量に使用した基本三角点等は，地震前の国土地理院の公表成果を使用したものである。」"としている。

●本通知３について

　筆界点の座標値が，地震前の測量成果に基づくものである場合には，地震後に点検を行い相対的位置に変動がない（公差の範囲内）ことを確認し，その旨を調査報告情報に記録して提供しなければならない旨を定めている。変動がある（公差の範囲を超える。）場合には，地震後の測量成果に基づく筆界点の座標値を記録しなければならない。

(3)　基準点測量成果公表停止地域における街区基準点の成果の公開停止

　平成23年３月23日付け事務連絡「平成23年東北地方太平洋沖地震に伴い基準点測量成果の公表が停止された地域における街区基準点の成果の公開の停止について」が発せられた。

【平成23年 3 月23日民事局民事第二課事務連絡】

> ●平成23年東北地方太平洋沖地震に伴い基準点測量成果の公表が停止された地域における街区基準点の成果の公開の停止について
>
> 　都市再生街区基本調査により整備された街区基準点の成果については，登記所内の適宜の場所に備え付け，これを一般に公開しているところです（平成18年 8 月15日付け法務省民二第1794号民事第二課長通知参照）が，今般，本月11日に発生した東北地方太平洋沖地震の影響に伴い，国土交通省土地・水資源局国土調査課から，電子基準点及び三角点の測量成果公表停止地域については，法務局・地方法務局において公開している街区基準点の成果の公開を停止するよう依頼がありました。
> 　つきましては，該当する登記所において公開している街区基準点の成果について，公開を停止するようお願いします。
> 　なお，当該地域における事務処理上の留意点については，本月18日付け民二第695号当課課長通知「平成23年東北地方太平洋沖地震に伴い基準点測量成果の公表が停止された地域における地積測量図の作成等に関する留意点について」を参照願います。
> 　おって，本件については，日本土地家屋調査士会連合会に通知済みであることを申し添えます。

⑷　災害復旧における境界標識等の保存

　平成23年 3 月24日民二第739号民事第二課長依頼「東北地方太平洋沖地震による災害復旧における境界標識等の保存について」が日本土地家屋調査士会連合会東北地方太平洋沖地震災害対策本部長宛に発せられた。

【平成23年 3 月24日民二第739号民事局民事第二課長依頼】

> ●東北地方太平洋沖地震による災害復旧における境界標識等の保存について
>
> 　標記地震による被災地域において，倒壊家屋の撤去等の復旧作業が開始されたところですが，土地の境界を示す境界石，コンクリート杭，金属鋲等の境界標識はもとより，塀・石垣の基礎部分，側溝なども土地の位置，境界を確認するために重要な役割を果たしますので，これらについて可能な限り保存するよう関係作業機関等への周知を依頼しました。
> 　ついては，貴会会員が土地関係の相談等に当たる場合にも，この趣旨を踏まえて対応されるよう関係者に周知方配慮をお願いします。

　これは，土地の位置，境界を確認するためには，境界標識はもとより，塀等の基礎や側溝などが重要であるので，復旧作業の際にはできる限り保存するようにとの依頼である。

⑸　水平地殻変動と登記の取扱い

　平成23年4月28日付け事務連絡「東日本大震災による土地の水平地殻変動と登記の取扱いについて」が発せられた。

【平成23年4月28日民事局民事第二課事務連絡】

●東日本大震災による土地の水平地殻変動と登記の取扱いについて

　国土地理院の提供している別紙の情報によると，本年3月11日の東日本大震災及びその後の余震によって，電子基準点の位置が水平方向で最大5メートル以上移動しているとのことですが，この地震により水平移動した地表面については，土地の筆界も相対的に移動したものと考えられます。

　したがって，土地の筆界が相対的に移動したものとして取り扱った地積測量図を添付情報とする登記の申請・嘱託は，基本的には受理して差し支えないと考えられます。ただし，地域によっては，がけ崩れ，地滑り等により，必ずしも水平に移動していない場合も想定されますので，審査に当たってはこの点を配慮願います。

　また，土地の水平地殻変動については，現在，国土地理院が，改めて基準点の測量を行っており，この成果に基づき，登記所備付地図の座標値の変換作業を予定しているため，本事務連絡の取扱いは，その変換作業が完了するまでの間とし，その後の取り扱いについては，別途連絡する予定です。

【別紙】国土地理院による地殻変動の資料「本震（M9.0）に伴う地殻変動」（水平・上下）

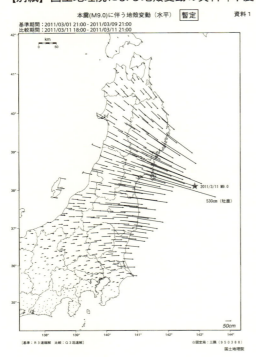

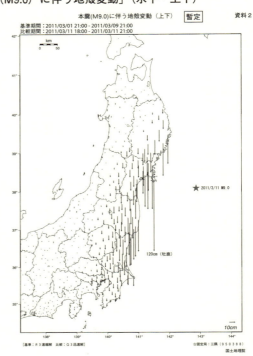

　本事務連絡によると，今回の地殻変動に伴う筆界の移動の考え方は，基本的に，平成7年1月17日に発生した兵庫県南部地震の際の先例（平7.3.29民三2589号回答）の考え方を踏襲するものである。

　この時点では，国土地理院による基準点の成果の改定が行われていないため，水平地殻変動により地表面が移動した場合における筆界の移動についての基本的な考え方を示すにとどまっている。

　その後，平成23年10月31日国土地理院から，基準点測量成果の再測量後の成果が公表され，後掲203頁の同年11月17日民二第2775号民事第二課長通知が発出されている。

【平成7年3月29日民三第2589号民事局長回答】

> ●兵庫県南部地震による土地の水平地殻変動と登記の取扱いについて
>
> 　この度建設省国土地理院が阪神間の一・二等三角点について緊急測量を実施した結果，本年1月17日の兵庫県南部地震により，三角点の水平移動が数センチメートルから数10センチメートル生じていることが判明しました。
> 　ついては，上記地震により水平移動した地表面を測量した地積測量図を添付した登記の申請・嘱託事件等の取扱いについては，基本的には次のような考え方によって処理することとしてよいか，お伺いします。
> 記
> 　地震による地殻の変動に伴い広範囲にわたって地表面が水平移動した場合には，土地の筆界も相対的に移動したものとして取り扱う。
> 　なお，局部的な地表面の土砂の移動（崖崩れ等）の場合には，土地の筆界は移動しないものとして取り扱う。
> 　　**回　　答**
> 　本月20日付け不第133号をもって照会のあった表記の件については，貴見のとおりと考えます。

(6)　基準点測量成果の公表停止地域における電子基準点の新測量成果公表

　平成23年5月31日，国土地理院は，基準点の成果の公表を停止していた地域に加え，富山県，石川県，福井県及び岐阜県の電子基準点について新しい測量成果（改定成果）を公表した。同時に，富山県，石川県，福井県及び岐阜県の三角点等の成果の公表を停止した。

　なお，三角点等の新しい測量成果及び座標補正パラメータ（以下「改定成果等」という。）は，同年10月下旬を目標として公表していく予定であることが示された（次頁【図】参照）。

　そして，予定どおり同年10月31日三角点等の成果が改定され，同日改定成果等が公表・提供された。

　なお，平成23年10月21日測量法施行令の一部が改正（平成23年10月21日政令第326号）され，日本経緯度原点の原点数値及び日本水準原点の原点数値が改正された。

　この改正により，改定された新しい測量成果の名称は，三角点及び水準点とも全国で「測地成果2011」に改められ，それまでの「測地成果2000」と区別されることとなった。

【図】　三角点等成果公表停止地域図

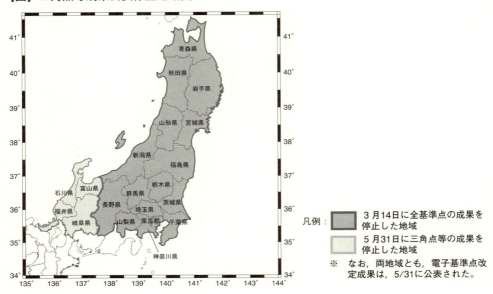

(7)　基準点測量成果の再測量後の成果が公表されたことに伴う地積測量図の作成等における留意点について

　平成23年11月17日民二第2775号民事第二課長通知「東日本大震災に伴う地殻変動により停止されていた基準点測量成果の再測量後の成果が公表されたことに伴う地積測量図の作成等における留意点について」が発せられた。

　前(6)記載のとおり国土地理院が基準点の改定成果等を公表したことを受け，測量を行った時期と使用した基本三角点等の成果の区別に従って，地積測量図等に記録すべき事項等について定めている。

【平成23年11月17日法務省民二第2775号法務省民事局民事第二課長通知】

●東日本大震災に伴う地殻変動により停止されていた基準点測量成果の再測量後の成果が公表されたことに伴う地積測量図の作成等における留意点について（通知）

　国土交通省国土地理院（以下「地理院」という。）は，本年3月11日に発生した標記震災の影響に伴い，東北地方及びその周辺で地殻変動が大きかった東日本の各地の基準点測量成果（電子基準点，三角点，水準点）の公表を停止していましたが，当該基準点の再測量が完了したとして，本年10月31日，その成果を公表しました（電子基準点の成果については，本年5月31日から公表）。

　その成果の公表に伴い，分筆の登記等に伴って登記所に提出される地積測量図の作成等に係る留意点を下記のとおりとしますので，この旨，貴官下登記官に周知願います。

記

1　基準点測量成果の公表が停止されていたが，再測量の成果の公表がされた地域
　　東京都，神奈川県，埼玉県，千葉県，茨城県，栃木県，群馬県，山梨県，長野県，新潟県，岐阜県，福井県，石川県，富山県，宮城県，福島県，山形県，岩手県，秋田県及び青森県

2　基準点の再測量の成果の公表がされた地域において提出される地積測量図の取扱い
　(1)　本年10月31日より後の測量に基づき作成された地積測量図
　　　近傍に基本三角点等があり，当該基本三角点等が再測量又は地理院の示す方式による座標変換（以下「パラメータ変換」という。）がされたものである場合は，原則として，その基本三角点等を基に筆界点の測量をしなければならない。
　　　したがって，近傍の基本三角点等が再測量又はパラメータ変換がされていれば，それを基にした測量の結果を記録したものであるかを確認するものとする。また，地積測量図に，当該基本三角点等の座標値が，再測量又はパラメータ変換がされたものであることの記録（使用する基本三角点等の点名の横に記録）を求めるものとする。
　　　また近傍の基本三角点等が再測量又はパラメータ変換がされていない場合であっても，原則として当該基本三角点等を基に測量を行い，当該基本三角点等の情報を地積測量図に記録し，点名の横に再測量又はパラメータ変換がされていない旨を併せて記録することを求めることとする。この場合の筆界点座標値は，任意座標として取り扱うものとする。
　(2)　本年3月11日から10月31日までの間の測量に基づき作成された地積測量図
　　　再測量又はパラメータ変換がされていない近傍の基本三角点等を基に測量されたものについては，原則として，本年10月31日に公表された基準点の再測量の成果を基に当該基本三角点等の座標値を改算し，筆界点座標値も修正し，さらに当該基本三角点等の点名の横に再測量又はパラメータを変換した旨を地積測量図に記録することを求めることとする。

(3)　本年3月11日より前の測量に基づき作成された地積測量図

　　基準点測量成果の公表が停止されてから約8か月を経過したことから，本年3月11日より前に測量した成果に基づいて作成された地積測量図が今後提出されることは少ないものと見込まれるが，このような地積測量図については，本年3月18日付け法務省民二第695号法務省民事局民事第二課長通知の3のとおり，震災後に相対的位置関係に異動が生じていないか点検がされた結果が，不動産登記規則（平成17年法務省令第18号）第93条ただし書に規定する土地家屋調査士又は土地家屋調査士法人が作成した不動産に係る調査に関する報告（これと同等の官公署等が作成する調査報告を含む。）に記録されていることを確認し，調査を行うものとする。点検がされていない場合は，点検を求めるものとする。

　　また，道路関係事業等の公共事業に関する測量について，本年3月11日より前の測量成果に基づいて作成された地積測量図の取扱いは，嘱託をした国又は地方公共団体等と別途協議するものとする。

(4)　その他

　　今後，基本三角点等は，その管理者により，順次，再測量又はパラメータ変換がされていくこととなると思われるが，予算等の関係から，作業が遅れるおそれがある。

　　基本三角点等について，その管理者が再測量又はパラメータ変換を行っていない場合に，申請代理人である土地家屋調査士が自らパラメータ変換を行い，それを地積測量図に記録したときは，管理者がパラメータ変換を行ったものに準じた取扱いとすることとし，地積測量図の基本三角点等の点名の横にその旨の記録を求めるものとする。

　　なお，基本三角点等について，移動量が少なく，本年3月11日以降も引き続き測量成果の公表がされているものについては，従前どおりの取扱いとし，本通知を考慮する必要はない。

3　地図情報システムへの筆界点座標値の入力

　　地積測量図に記録された筆界点座標値が任意座標として取り扱われる場合を除き，再測量又はパラメータ変換された基本三角点等に基づき測量された筆界点座標値は，公共座標と同程度の精度があるものであるが，地図情報システムに登録されている登記所備付地図の筆界点座標値がパラメータ変換されていないため，誤差が大きく，座標値入力による分筆の処理が困難となることが想定される。このような場合には，現在のところ，他に採るべき対応策がないため，辺長入力等により，処理を行うものとする。

　　なお，地図情報システムにおける地図の筆界点座標値のパラメータ変換に係る機能は，本年度末を目途に開発される予定である。その後，各登記所の端末において，地図の筆界点座標値のパラメータ変換が可能となるが，詳細については，追って連絡するものとする。

4　日本土地家屋調査士会連合会への連絡

　　本通知については，日本土地家屋調査士会連合会に対しても参考送付しているものである。

⑻　基準点測量成果の再測量後の成果が公表されたことに伴う地積測量図の作成における記録方法について

　　平成23年12月28日事務連絡「東日本大震災に伴う地殻変動により停止されていた基準点測量成果の再測量後の成果が公表されたことに伴う地積測量図の作成における記録方法について」が発せられた。

　　また，日調連からも前記⑺平成23年11月17日民二第2775号民事第二課長通知に基づく地積測量図への参考記載例が示された（平成23年11月30日付け日本土地家屋調査士会連合会「解説資料」（【資料24】））。

【平成23年12月28日法務省民事局民事第二課事務連絡】

●東日本大震災に伴う地殻変動により停止されていた基準点測量成果の再測量後の成果が公表されたことに伴う地積測量図の作成における記録方法について

　標記地積測量図の作成等の留意点については，本年11月17日付け法務省民二第2775号法務省民事局民事第二課長通知により各局に通知したところですが，地積測量図への具体的な記録方法について，別添のとおり記録の例を作成しましたので，連絡します。

1　基本三角点等に基づく測量

		地積測量図の記録方法	点名横の記録の例	確認の方法	座標の性質
本年10月31日より後の測量に基づき作成された地積測量図	管理者が，近傍の基本三角点等の再測量又はパラメータ変換をしている	作成者は，当該基本三角点等が，再測量又はパラメータ変換がされたものであることの記録（使用する基本三角点等の点名の横に記録）をする。	「管理者のパラメータ変換による」「管理者の再測量による」	地積測量図の作成者に確認（調査報告書等による）	公共座標
	管理者が，近傍の基本三角点等の再測量又はパラメータ変換をしていない（次欄を除く。）	作成者は，当該基本三角点等が，再測量又はパラメータ変換がされていないものであることの記録（使用する基本三角点等の点名の横に記録）をする。	「再測量又はパラメータ変換がされていない」	地積測量図の作成者に確認（調査報告書等による）	任意座標
	管理者が，近傍の基本三角点等の再測量又はパラメータ変換をしていないものの，作成者（土地家屋調査士）が自らパラメータ変換をしている	作成者は，当該基本三角点等がパラメータ変換がされたものであることの記録（使用する基本三角点等の点名の横に記録）をする。	「作成者のパラメータ変換による」	地積測量図の作成者に確認（調査報告書等による）	公共座標に準ずる

本年3月11日から10月31日までの間の測量に基づき作成された地積測量図	近傍の基本三角点等の再測量又はパラメータ変換がされていないもの，本年10月31日に公表された基準点の再測量の成果を基に，作成者が基本三角点等の座標値を改算し，筆界点座標値も修正した	作成者は，基本三角点等の点名の横に再測量又はパラメータ変換した旨を記録する。	「作成者の改算による」「作成者のパラメータ変換による」「作成者の改算，パラメータ変換による」	地積測量図の作成者に確認（調査報告書等による）	公共座標に準ずる
	近傍の基本三角点等の再測量又はパラメータ変換がされておらず，作成者が改算等も行っていない	改算，パラメータ変換を行わずに作成された地積測量図が提出された場合は，改算，パラメータ変換し，その旨を地積測量図に記録するよう求めることとするが，それでもパラメータ変換等を行わない場合は，任意座標の取扱いとし，当該基本三角点等の情報を地積測量図に記録し，点名の横に再測量又はパラメータ変換がされていない旨を併せて記録する。	「再測量がされていない」「パラメータ変換がされていない」	地積測量図の作成者に確認（調査報告書等による）	任意座標

	測量及び測量図作成者	確認の方法等	座標の性質
本年3月11日より前の測量に基づき作成された地積測量図	土地家屋調査士又は土地家屋調査士法人	震災後に相対的位置関係に異動が生じていないか点検がされた結果が，不動産登記規則（平成17年法務省令第18号。以下「規則」という。）第93条ただし書きに規定する調査報告書に記録されていることを確認し，点検がされていない場合は，点検を求める（平成23年3月18日付け法務省民二第695号民事局民事第二課長通知の3参照）。	任意座標
	国又は地方公共団体等	震災後に相対的位置関係に異動が生じていないか点検がされた結果が，規則第93条ただし書きに規定する調査報告書に記録されていることを確認し，点検がされていない場合は，点検を求める（平成23年3月18日付け法務省民二第695号民事局民事第二課長通知の3参照）。なお，公共事業後に嘱託されるものについて，大規模に点検測量を求めることが事実上困難であると判断される場合は，点検内容（点検の範囲）等について，登記官と個別に協議する。	任意座標

2　電子基準点に基づく測量

	点　検	確認の方法	座標の性質
本年3月11日より前の測量に基づき作成された地積測量図	震災後に相対的位置関係に異動が生じていないか点検がされた結果が，規則第93条ただし書に規定す	地積測量図の作成者に確認（調査	任意座標

	る調査報告書に記録されていることを確認し，点検がされていない場合は，点検を求める。	報告書等による）	
本年5月31日より後の測量に基づき作成された地積測量図	不要	不要	公共座標

※電子基準点に基づく測量については，本年3月11日から本年5月30日までに行われることは想定されないため，例を示していない。

(9)　東京法務局管内での地積測量図の取扱い

前記(1)から(8)まで，全国レベルの情報について時系列ごとに見てきたが，地域により，法務局又は地方法務局管内における地積測量図の取扱いについて定めているところもあるため，参考として東京法務局管内での取扱いについて触れておく。

東京法務局管内での地積測量図の取扱いについて，平成23年3月25日，東京法務局民事行政部首席登記官（不動産登記担当）から事務連絡が発せられた。

その後，平成23年10月7日東京法務局民事行政部首席登記官（不動産登記担当）事務連絡により取扱いの一部変更があった。

1年8か月ほどこの取扱いにより運用された後，平成25年6月3日東京法務局民事行政部不動産登記部門総括表示登記専門官事務連絡が発せられ，その後現在まで変更はされていない。

平成25年6月3日事務連絡は，基準点測量成果の再測量後の成果が公表されたことに伴う取扱いを定めたものである。

平成23年10月7日事務連絡の取扱いは，基準点測量成果の再測量後の成果が公表される前のものであるが，ローカル事情等から平成25年6月3日事務連絡まで，運用されていた。そのため，この期間に備え付けられた地積測量図は少なくない。よって，この時期の地積測量図の記載内容を正しく理解することができるよう，当該事務連絡も併せて【資料25】に掲載した。

【平成25年6月3日東京法務局民事行政部不動産登記部門総括表示登記専門官事務連絡】

●東日本大震災に伴う地殻変動により停止されていた基準点測量成果の再測量後の成果が公表されたことに伴う地積測量図の取扱いについて

標記について，平成23年11月17日付け法務省民二第2775号をもって法務省民事局民事第二課長通知が，また，同年12月28日には同課法務専門官事務連絡がそれぞれ発出されているところですが，今後申請される登記申請に提供される地積測量図の

作成について，下記のとおり取り扱うこととしましたので貴管下職員に周知願います。

記

1　平成23年3月11日より後の測量成果に基づく登記申請について
(1)　近傍に基本三角点又は街区基準点があり，当該基本三角点等が再測量又は国土交通省国土地理院（以下「国土地理院」という。）の示す方式により座標変換（以下「パラメータ変換」という。）されたものである場合は，原則として，基本三角点等を基に筆界点の測量をし，その旨を不動産登記規則第93条ただし書きの調査報告書（以下「調査報告書」という。）Ⅴ欄「地積の測量方法に関する情報」の「報告事項」欄及び地積測量図に記録させるものとする。（記録場所については，以下同様とする。）
(2)　近傍の基本三角点等が，再測量又はパラメータ変換されていない場合は，当該基本三角点等を近傍の恒久的地物（規則第77条第2項）として取り扱い，その旨を調査報告書及び地積測量図に記録させるものとする。
2　平成23年3月11日から基本三角点又は地方自治体の街区基準点の改定成果公表日までの間の測量成果に基づく登記申請について
(1)　国土地理院による成果公表又は街区基準点改定成果公表日前に近傍の基本三角点等を基に測量された成果は，管理者が当該基本三角点等を再測量又はパラメータ変換した場合，新たに公表された成果に基づき，作成者が自ら測量データを再計算し，筆界点座標値の補正を行った場合は，その旨を調査報告書及び地積測量図に記録させるものとする。
(2)　当該基本三角点等が再測量又はパラメータ変換されていない場合は，当該基本三角点等を近傍の恒久的地物（規則第77条第2項）として取り扱い,その旨を調査報告書及び地積測量図に記録させるものとする。
3　平成23年3月11日より前の測量成果に基づく登記申請について
申請代理人である土地家屋調査士が当該測量成果の点検を行い，多角点及び筆界点の相対的位置関係に変動がない（公差の範囲内）場合に限り，その旨を調査報告書及び地積測量図に記録させるものとする。
4　その他
(1)　地積測量図及び調査報告書の具体的な記録方法は，別紙のとおりとする。
(2)　道路関係事業等の公共事業に関する測量について，平成23年3月11日より前の測量成果に基づいて作成された地積測量図の取り扱いは，嘱託する国又は地方公共団体等と別途協議するものとする。

地積測量図及び調査報告書の作成における記載方法

		地積測量図の平面直角座標系の番号又は記号表示	地積測量図への付記（基本三角点等の点名の横に記載）	規則第93条調査報告書Ⅴ編「報告事項」欄への記載
震災後の測量成果	基本三角点等が再測量又はパラメータ変換された測量	世界測地系（測地成果2011）Ⅸ系	「管理者のパラメータ変換による」「管理者の再測量による」「管理者が平成　年　月　日に改定した成果による」記載事例(1)	既設の基本三角点等が管理者により再測量又はパラメータ変換されている旨を記載

	基本三角点等が再測量又はパラメータ変換された後に再計算した測量成果	世界測地系（測地成果2011）Ⅸ系	「管理者のパラメータ変換及び作成者の再計算による」「管理者の再測量及び作成者の再計算による」「管理者が平成　年　月　日に改定した成果及びその成果を使用した作成者の再計算による」記載事例(2)	平成23年３月11日又は基本三角点又は街区基準点の改定成果公表日までの間に既設の基本三角点等を使用して測量を行い，その後管理者により再測量又はパラメータ変換され公表された基準点の成果を基に，作成者が自ら測量データを再計算し筆界点座標値を修正した旨記載
	基本三角点等が再測量又はパラメータ変換されていない測量成果	任意座標・恒久的地物日本測地系又は世界測地系（測地成果2000）Ⅸ系	「再測量又はパラメータ変換されていない」記載事例(3)	既設の基本三角点等が管理者により再測量又はパラメータ変換されていない旨を記載改定前の基本三角点等の再点検の結果，相対的位置関係に変動がない旨記載
	近傍に基本三角点等が存しない測量成果	任意座標	「不要」記載事例(5)	近傍に基本三角点等が存しないので，近傍の恒久的地物に基づく測量の旨を記載
震災前の測量成果	基本三角点等に基づいた測量成果	任意座標・恒久的地物日本測地系又は世界測地系（測地成果2000）Ⅸ系	「震災前の基本三角点等の成果に基づき測量」記載事例(4)	再点検を行った結果，筆界点の相対的位置関係に変動がない（公差の範囲内）旨を記載※公差の範囲外であれば受理することはできない。
	近傍に基本三角点等が存在しない測量成果	任意座標	「不要」記載事例(5)	再点検を行った結果，筆界点の相対的位置関係に変動がない（公差の範囲内）旨を記載※公差の範囲外であれば受理することはできない。

（記載事項は省略）

3　平成28年熊本地震

平成28年４月14日21時26分に熊本県熊本地方を震源とする地震（マグニチュード6.5,

最大震度7。前震）が発生し，その約28時間後の4月16日1時25分に，同じく熊本県熊本地方を震源とする地震（マグニチュード7.3，最大震度7。本震）が発生した。このほかにも14日から16日の間には，震度6弱と震度6強の地震が数度発生した。気象庁は，「平成28年（2016年）熊本地震」（以下「熊本地震」という。）と命名し，4月14日21時26分以降に発生した熊本県を中心とする一連の地震活動を指すものとした。

　この一連の地震による地殻変動は，最大で水平1メートル，上下2メートルの大きなものであった。東北地方太平洋沖地震は，海底の岩板が起こすプレート型であったが，熊本地震は，前震，本震とも，横ずれ断層型で地殻内の浅い所を発震源とするものである。

平成28年4月16日の熊本県熊本地方の地震（M7.3）（暫定値）前後の観測データ(1)

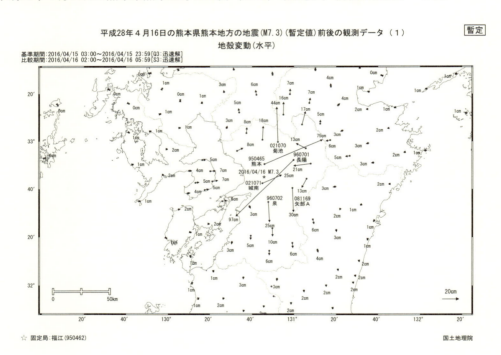

平成28年4月16日の熊本県熊本地方の地震（M7.3）（暫定値）前後の観測データ(2)

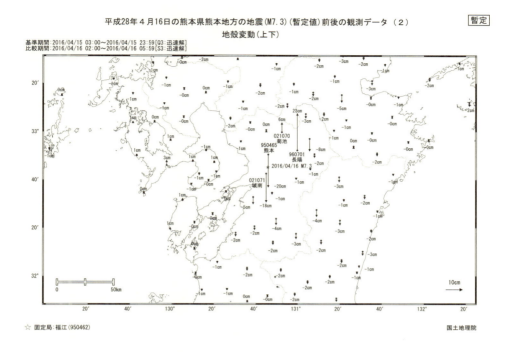

☆ 固定局:福江（950462）　　　　　　　　　　　　　　　　　　　　　　　国土地理院

4　熊本地震に伴う地殻変動と登記実務に関する情報

　　熊本地震に伴う地殻変動が起きたことにより国土地理院及び法務省民事局民事第二課から発せられた土地の登記に関する実務の取扱いに関係する情報について次に掲げることとする。

　　各情報の内容と時系列は，ほぼ東北地方太平洋沖地震のときと同様となっており，地震に伴う地殻変動があった場合の実務の取扱いに関して参考になるものと考える。

(1)　国土地理院関係

①　平成28年4月15日，地震発生地域及びその周辺地域（熊本県，大分県，福岡県，長崎県，宮崎県）の基準点（電子基準点，三角点，水準点）の測量成果の公表を停止した。

②　5月19日に電子基準点37点，6月16日に電子基準点1点の改定成果を公表した。

③　8月31日，地殻変動が大きく，変動の向きが複雑な熊本市，益城町，大津町，西原村，南阿蘇村とその周辺市町村の地域に設置している三角点285点について，再測量による改定成果を公表した。また，水準点146点の成果と電子基準点9点

の成果（高さ）を公表した。

④　9月12日，電子基準点29点の成果（標高）及び測量成果の公表を停止していた
電子基準点付属標38点の改定成果を公表した。

　三角点は，公表停止範囲全域で別途再測量を実施していた170点及びこれらの
再測量を基に作成した座標・標高補正パラメータを用いて再計算を実施した3598
点について，改定成果を公表した（震源断層付近で再測量を実施していない三角点
及び現況状態に異常がみられた三角点については，引き続き測量成果の公表を停止し
ている。）。水準点は，1点について改定成果を公表した。

　また，地殻変動の影響を補正するためのパラメータを公表した（地震断層の周
辺地域は，局所的で複雑な地殻変動が生じているため補正パラメータは作成していな
い。）。

基準点停止範囲

出典：国土地理院ホームページ

⑵　法務省民事局民事第二課関係

①　災害復旧における境界標識等の保存

　平成28年4月21日付け法務省民二第254号法務省民事局民事第二課長依頼「平
成28年熊本地震による災害復旧における境界標等の保存について」【資料26】が
日本土地家屋調査士会連合会長宛に発せられた。

　本依頼は，東北地方太平洋沖地震の際に発せられた平成23年3月24日付け民二
第739号民事局長民事第二課長依頼と同様のものである。

②　基準点測量成果の公表が停止された地域における地積測量図の作成等に関する
留意点

　平成28年4月21日付け法務省民二第333号法務省民事局民事第二課長通知「平

成28年熊本地震に伴い基準点測量成果の公表が停止された地域における地積測量図の作成等に関する留意点について」（【資料29】後段）が発せられた。

　本通知は，東北地方太平洋沖地震の際に発せられた平成23年3月18日付け民二第695号民事局民事第二課長通知（以下「平成23年695号通知」という。）と同様のものである。

　本通知記の「2(1)筆界点の座標値」は，平成23年第695号通知2と，本通知「2(2)地震前の測量成果による筆界点の座標値」は，平成23年第695号通知3と同様である。これらについての説明は，平成23年第695号通知のものを参照頂きたい。

　なお，改定様式の調査報告情報への記録は，09章の測地系欄及び基本三角点に基づく測量ができない理由欄に記録することになる。

③　基準点測量成果の改定成果が公表されたことに伴う地積測量図の作成等に関する留意点について

　平成28年10月19日民二第515号民事第二課長通知「平成28年熊本地震に伴い停止されていた基準点測量成果の改定成果が公表されたことに伴う地積測量の作成等に関する留意点について」が発せられた（【資料30】）。

　本通知は，東北地方太平洋沖地震の際に発せられた平成23年11月17日民二代2775号通知（203頁参照）とほぼ同じ内容のものである。

第2節　地積測量図及び調査報告情報の記録方法

1　はじめに

　平成23年東北地方太平洋沖地震及びその誘発地震に伴い，東北地方を中心として，関東甲信越地域を含む広い範囲で地殻変動があり，土地の地球上の地理学的位置に移動が生じた。その結果，本州のほぼ北半分の地域において基本三角点等の成果が改定（併せて座標補正パラメータも公表）[注] され，基本測量及び公共測量の基準は，世界測地系（測地成果2011）となった。

　平成28年9月には，平成28年熊本地震に伴う地殻変動により公表が停止されていた地震発生地域及びその周辺地域の基本三角点等の成果が改定（併せて座標補正パラメータも公表）[注] された。

（注）　地方公共団体が管理する公共基準点の全てが新しい成果への改定が完了している訳ではない。

　そこで，地積測量図への基本三角点等に基づく測量の成果による筆界点の座標値（不登規則77条1項8号）及び使用した基本三角点等の座標値の記録（不登準則50条1項），並びに調査報告情報の記録はどのようにすべきか，測量を実施した時期別に見ていくこととする。

　記録例は，前節で掲げた平成23年11月17日付け法務省民二第2775号法務省民事局民事第二課長通知（以下「平成23年二課長通知」という。），平成28年10月19日付け法務省民二第515号法務省民事局民事二課長通知（以下「平成28年二課長通知」という。），平成23年12月28日付け法務省民事局民事第二課法務専門官事務連絡（以下「二課事務連絡」という。）及び平成23年11月30日付け日本土地家屋調査士会連合会解説資料（以下「日調連解説資料」という。【資料24】）に基づき，また東京法務局の取扱い（平成25年6月3日付け総括表示登記専門官事務連絡）も参考として，具体的な記録方法を掲げた。

　なお，熊本地震に伴う地殻変動により停止されていた基準点測量成果の再測量後の成果が公表されたことに伴う地積測量図等の記録方法については，執筆時現在（平成28年10月末），具体的に示す事務連絡はまだ発せられていないため，前掲の二課事務連絡を参考として記述した。

　なお，以下の記述中，意見や具体的記録例については，筆者の私見であり，各地域において各法務局又は地方法務局の要領や申し合わせ等がある場合には，その取扱いによるべきであることをお断りしておく。

2　基本三角点等の地震後の新しい成果及び座標補正パラメータの公表後に測量を行った場合

━■測量時期■━
　A—東北地方太平洋沖地震の場合：平成23年10月31日より後（電子基準点のみを与点とした場合は，同年5月31日より後）
　B—熊本地震の場合：平成28年9月21日より後（電子基準点及び三角点の改定成果の公表は，数度に分けて行われているため，使用した点により同年5月19日，同年6月15日又は同年8月31日より後となる場合がある。）

(1)　改定成果が公表されている基本三角点等に基づいて測量を行った場合
ア　地積測量図の記録
　①　測地系の表示
　「世界測地系（測地成果2011）」と記録する。XML図面の場合は，「世界」を記録する。（日調連解説資料(1)前段))。
　②　基本三角点等の点名の横（又は余白）への付記（改定成果の求め方）
　「管理者のパラメータ変換による」又は「管理者の再測量（又は改測若しくは改算）による」などと記録する（参考：平成23年二課長通知，平成28年二課長通知，二課事務連絡）。XML図面の場合は，備考欄又は余白に記録する。
　　ただし，②について日調連解説資料では，「再測量又はパラメータ変換されたものであることの記録（使用する基本三角点等の名称の横に記録）は「世界測地系（測地成果2011）」の表記で対応させて」いるとして，当該記録は省略している。新しい基本三角点等の成果が，「再測」「改算」又は「補正パラメータを用いた補正」のいずれてあるのかは，一般に成果表の情報のみでは分からないこと，いずれの方法によるものも正式な公共測量の成果であることから，特に区別することを要しないとする考えによるものと思慮する。
　　しかし，作成された地積測量図の基礎とする与点が，どの様な性格のものであるかの情報が記録されていれば，筆界点の座標値等の内容を精査する場合に有益であると考えられるので，受託業務ごとに判断することとなろう（以下，本節において共通である。）。

イ　調査報告情報の記録

09章「筆界位置の計測」基準点測量等の測地系欄：「世界測地系」に印を記録する。

10章「補足・特記事項」欄：「使用した基本三角点等の成果は，管理者のパラメータ変換による」又は「使用した基本三角点等の成果は，管理者の再測量（又は改測若しくは改算）による」旨を記録する（本記録の要否については，前記アで説明したとおりである。以下，本節において同じ。）。

⑵　**改定成果が公表されていない基本三角点等に基づいて測量を行った場合**

この場合は，さらに使用した基本三角点等について，地積測量図の作成者が自ら補正パラメータを用いた補正を行った場合（2-1）と，補正を行わない場合（2-2）とに分かれる。

(2-1)　使用した基本三角点等の座標値を，地積測量図の作成者が自ら補正パラメータを用いた補正を行った場合

ア　地積測量図の記録

①　測地系の表示

「世界測地系（測地成果2011）」と記録する。XML図面の場合は，「世界」を記録する（日調連解説資料⑷）。

②　基本三角点等の点名の横（又は余白）への付記（改定成果の求め方）

「作成者のパラメータ変換による」旨を記録する（平成23年二課長通知，平成28年二課長通知，二課事務連絡）。XML図面の場合は，座標変換に「有」を記録し，（日調連解説資料⑷）「作成者のパラメータ変換による」旨は備考欄又は余白に記録する。

また，使用した座標補正パラメータファイルの名称とバージョンを「touhokutaiheiyouoki2011.par　Ver.3.0.0」の振り合いで適宜の位置に記録する。XML図面の場合は，備考欄に記録する（日調連解説資料⑷）。

イ　調査報告情報の記録

09章「筆界位置の計測」基準点測量等の測地系欄：「世界測地系」及び「変換パラメータ」に印を記録し，括弧内に使用した座標補正パラメータファイルの名称とバージョンを「touhokutaiheiyouoki2011.par Ver.3.0.0」の振り合いで記録する。

10章「補足・特記事項」欄：「使用した基本三角点等の座標値は，作成者のパラメータ変換による」旨を記録する。

（2-2）　使用した基本三角点等の座標値を補正しない場合

ア　地積測量図の記録

　①　測地系等の表示

　　東北地方太平洋沖地震の場合は「世界測地系（測地成果2000）」と記録する（日調連解説資料(1)後段）。

　　熊本地震の場合は「世界測地系（測地成果2011地震前）」[注]と記録する。

　　XML図面の場合は，座標系を「任意座標系」とし，適宜の位置に「世界測地系（測地成果2000）」又は「世界測地系（測地成果2011地震前）」と記録する。

　②　基本三角点等の点名の横（又は余白）への付記（改定成果の求め方）

　　「再測量又はパラメータ変換がされていない」（平成23年二課長通知，平成28年二課長通知，二課事務連絡）及び「地震前の基本三角点等の成果に基づき測量」（日調連解説資料(1)後段）を記録する。XML図面の場合も，適宜の位置に同様の記録をする。

（注）　前記１で記述したように熊本地震における基本三角点等の成果の改定がされた後の取扱いに関する事務連絡等が現時点でまだ発せられていないため，筆者が適当と考えた表現の一例である。以下同じ。

イ　調査報告情報の記録

　09章「筆界位置の計測」基準点測量等の測地系欄：「任意座標」に印を記録し，括弧に「世界測地系（測地成果2000）」又は「世界測地系（測地成果2011地震前）」と記録する。

　10章「補足・特記事項」欄：「使用した基本三角点等の成果は，再測量又はパラメータ変換がされていない」旨及び「地震前の基本三角点等の成果に基づき測量した」旨を記録する。さらに，「使用した基本三角点等の相対的位置関係は，地震前の成果と比較して相対的位置関係に変動がないことを確認した」旨の記録をすべきである。

　本項の取扱いが適用できるのは，"使用した基本三角点等の相対的位置関係が，地震前の成果と比較して変動がない"場合に限られることに注意しなければならない。変動がある場合には，恒久的地物に基づく測量の成果として取り扱うこととなる。

　なお，地震前の基本三角点等の測量の成果としては，「世界測地系（測地成果2000）」「世界測地系（測地成果2011地震前）」のほか「日本測地系」の場合も考えられるが，本節（本項，後記３の（2-2）及び４が該当する。）では例示を省略した。

　ここで，本項（使用した基本三角点等の座標値を補正しない場合）の取扱いについて著者の意見を述べておく。改定成果が公表されていない（パラメータ変換もしな

い）基本三角点等（の標識）に基づいた測量の成果は，恒久的地物に基づく測量の成果として取り扱うべきものであり，たとえ地震前と比較して相対的位置関係に変動がないとしても，地震前の測量成果（「世界測地系（測地成果2000）」等）を記録することは適当でないと考える。

3　地震後に，成果の公表が停止された基本三角点等に基づいて測量を行った場合

■測量時期■

A—東北地方太平洋沖地震の場合：平成23年3月11日から同年10月31日まで（電子基準点のみを与点とした場合は除く）

B—熊本地震の場合：平成28年4月16日から同年9月21日まで（一部の三角点については，同年8月31日まで。また，電子基準点のみを与点とした場合は除く。）

(1)　使用した基本三角点等の改定成果が公表されている場合に，作成者が当該与点の座標値を改定成果に置き換えて筆界点の座標値を改算したとき

ア　地積測量図の記録

①　測地系の表示

「世界測地系（測地成果2011）」と記録する。XML図面の場合は，「世界」を記録する（日調連解説資料(2)）。

②　基本三角点等の点名の横（又は余白）への付記（改定成果の求め方）

「管理者のパラメータ変換による」又は「管理者の再測量（又は改測若しくは改算）による」及び「筆界点の座標値は改定成果値により改算」（日調連解説資料(2)）と記録する。XML図面の場合は，備考欄又は余白に記録する。

イ　調査報告情報の記録

09章「筆界位置の計測」基準点測量等の測地系欄：「世界測地系」に印を記録する。

10章「補足・特記事項」欄：「使用した基本三角点等の成果は，管理者のパラメータ変換による」又は「使用した基本三角点等の成果は，管理者の再測量（又は改測若しくは改算）による」旨及び「筆界点の座標値は改定成果値により改算した」旨を記録する。

(2)　使用した基本三角点等の改定成果が公表されていない場合

この場合は，前記2と同様に，使用した基本三角点等について，地積測量図の作成

者が自ら補正パラメータを用いた補正を行った場合（2-1）と，補正を行わない場合（2-2）とに分かれる。

（2-1）　使用した基本三角点等の座標値を，地積測量図の作成者が自ら補正パラメータを用いた補正を行った場合

ア　地積測量図の記録

①　測地系の表示

　「世界測地系（測地成果2011）」と記録する。XML図面の場合は，「世界」を記録する（日調連解説資料(4)）。

②　基本三角点等の点名の横（又は余白）への付記（改定成果の求め方）

　「作成者のパラメータ変換による」（平成23年二課長通知，平成28年二課長通知，二課事務連絡）及び「筆界点の座標値は補正した与点の座標値により改算」（日調連解説資料(2)）等と記録する。XML図面の場合は，備考欄又は余白に記録する。XML図面の場合は，座標変換に「有」を記録し（日調連解説資料(4)），「作成者のパラメータ変換による」旨は備考欄又は余白に記録する。

　また，使用した座標補正パラメータファイルの名称とバージョンを「touhokutaiheiyouoki2011.par Ver.3.0.0」の振り合いで適宜の位置に記録する。XML図面の場合は，備考欄に記録する（日調連解説資料(4)）。

イ　調査報告情報の記録

　09章「筆界位置の計測」基準点測量等の測地系欄：「世界測地系」及び「変換パラメータ」に印を記録し，括弧内に使用した座標補正パラメータファイルの名称とバージョンを「touhokutaiheiyouoki2011.par Ver.3.0.0」の振り合いで記録する。

　10章「補足・特記事項」欄：「使用した基本三角点等の座標値は，作成者のパラメータ変換による」旨及び「筆界点の座標値は補正した与点の座標値により改算した」旨を記録する。

　なお，平成23年二課長通知２(2)及び二課事務連絡の該当欄には，「再測量」及び「改算」の場合について記載されているが，基本三角点等について作成者が通常行えるのは，補正パラメータを用いた補正であると考えるため，これらの場合の記録の例示は本項（2-1）及び次項（2-2）では省略した。「再測量」又は「改算」を行った場合は，「世界測地系（測地成果2011）」となり，「再測量」又は「改算」した旨を適宜記録すればよい。

(2-2)　使用した基本三角点等の座標値を補正しない場合

この場合は，前記2(2)の（2-2）と同じ取扱となる（217頁参照）。

4　地震前に基本三角点等に基づく測量を行った場合

本取扱いが適用されるのは，筆界点等の相対的な位置関係に変動がないことが確認できた場合であり，確認できないときには，改めて測量を行う必要がある。なお，本取扱いは，使用した基本三角点等が，地震後に成果の公表が停止された場合のものであり，成果の公表が停止されていない場合は，従前（地震がない。）の取扱いのとおりである。

> **■測量時期■**
> **A―東北地方太平洋沖地震の場合**：平成23年3月11日より前
> **B―熊本地震の場合**：平成28年4月14日より前

ア　地積測量図の記録

　①　測地系等の表示

　　東北地方太平洋沖地震の場合は「世界測地系（測地成果2000）」と記録する。

　　熊本地震の場合は「世界測地系（測地成果2011地震前）」と記録する。

　　XML図面の場合は，座標系を「任意座標系」とし，適宜の位置に「世界測地系（測地成果2000）」又は「世界測地系（測地成果2011地震前）」と記録する。

　②　基本三角点等の点名の横（又は余白）への付記

　　「地震前の基本三角点等の成果に基づき測量」を記録する。XML図面の場合も，適宜の位置に同様の記録をする。

イ　調査報告情報の記録

　09章「筆界位置の計測」基準点測量等の測地系欄：「任意座標」に印を記録し，括弧内に「世界測地系（測地成果2000）」又は「世界測地系（測地成果2011地震前）」と記録する。

　10章「補足・特記事項」欄：「地震前の基本三角点等の成果に基づき測量」した旨及び，「地震後の点検により，筆界点の相対的な位置関係に変動がないことを確認」した旨の記録をする。

5 地震前に近傍の恒久的地物に基づく測量を行った場合

　本取扱いが適用されるのは，前記４同様に，筆界点等の相対的な位置関係に変動がないことが確認できた場合であり，確認できないときには，改めて測量を行う必要がある。

┌─ ■測量時期■ ──────────────────────────────
│
│　A─東北地方太平洋沖地震の場合：平成23年３月11日より前
│　B─熊本地震の場合：平成28年４月14日より前
│
└──

ア　地積測量図の記録

　①　測地系等の表示

　　「任意座標系」と記録するのが望ましい。

　　XML図面の場合は，座標系を「任意座標系」とする。

　②　恒久的地物の点名の横（又は余白）への付記

　　特に必要ない。

イ　調査報告情報の記録

　09章「筆界位置の計測」基準点測量等の測地系欄：「任意座標」に印をする（括弧内は特に記録する必要はない。）。

　「基本三角点等に基づく測量ができない理由」欄：「近傍に基本三角点等が存在しない」，「近傍の基本三角点等は，改定成果等が公表されていない」など，基本三角点等に基づく測量ができない理由を記録する。

　10章「補足・特記事項」欄：「地震後の点検により，筆界点等の相対的地位置関係に変動がないことを確認」した旨の記録をする。

第3節　地殻変動のあった土地の認定について

　平成7年兵庫県南部地震，平成23年東北地方太平洋沖地震及びその誘発地震，平成28年熊本地震などの大地震による地殻変動により，土地の地球上の地理学的位置に移動が生じたことは既述のとおりである。そこで，地殻変動のあった土地（筆界）の認定について，見ていくこととする。

1　地殻変動と筆界の移動について

　地震に伴う地殻変動による，土地＝筆界の移動については，平成7年の兵庫県南部地震の際の先例による考え方が，現在定着している（平7.3.29民三2589号回答。201頁参照）。

　本先例によると，「兵庫県南部地震による土地の水平地殻変動と登記の取扱いについて」，「地震による地殻の変動に伴い広範囲にわたって地表面が水平移動した場合には，土地の筆界も相対的に移動したものとして取り扱う。なお，局部的な地表面の土砂の移動（崖崩れ等）の場合には，土地の筆界は移動しないものとして取り扱う。」として，地殻変動に伴う地表面の移動と筆界の移動についての基本的な考え方を示している。

　併せて，参考として「水平地殻変動と筆界の考え方等についての解説」（「兵庫県南部地震報告資料」137頁参照）及び運用指針として「兵庫県南部地震による土地の水平地殻変動と登記の取扱いの運用について」が示された（井上隆晴＝西田寛「地震と土地境界—登記上の問題をも含めて」（ジュリスト1079号（1995年）68頁）参照）。

【水平地殻変動と筆界の考え方等についての解説】

> 　1．地殻の変動と地表面の移動について
> 　　土地の筆界は，地表面において特定される（境界標識等により明らかにされている）ものであるところ，地震等により地殻が変動すると，それに伴って地表面も移動するので，土地の筆界もその地表面の移動とともに相対的に移動したものとして取り扱うこととするのである。ここで地殻の変動によることを問題としているの

は，それが絶対的な条件だということではなく，地殻の変動があれば地表面のまとまった移動が生ずることが想定されるのであって，その場合には，筆界の移動を認めることができるからである。したがって，地表面の移動が地殻の変動と程度において一致しない場合であっても，地殻の変動に伴うものであるときは，地表面の移動とともに筆界も移動したものとして取り扱うのである。

　今回の場合，地表面の移動の程度は一様ではないと考えられるが，建設省国土地理院の緊急測量成果による三角点の変動とおおむね同程度のものである場合は，地殻の変動によるものとして取り扱うこととする。

（注）　地殻とは，マントル外側の地球の最外層をなす岩石層で，陸域では地表から数十kmの層であり　地殻変動とは，この地殻の内部の物質の移動などによって起こる地殻の上下左右に揺り動かされる現象をいう。一般的には，火山活動，地震現象，造山運動，造陸運動等として現れる。

２．広範囲について

　建設省国土地理院による阪神間の一・二等三角点の緊急測量の結果によれば，この度の地震においても，相当広範囲に設置されている三角点についてほぼ一定方向への水平移動が確認されており，土地がまとまって広範囲に移動しているものと認めることができる。

３．地表面の水平移動について

　地表面の移動としては，水平方向に移動する場合と垂直方向に移動する場合とが考えられるが，地積（各筆の土地の面積）の定め方については，水平投影面積により，平方メートルを単位として定めることとされており（不動産登記法施行令第4条），土地の筆界も，地表面上の境界を水平投影したものであるといえるので，水平移動のみを問題としているのである。

４．局部的な地表面の土砂の移動（崖崩れ等）について

　崖崩れ等の地表面の土砂の移動，すなわち，地殻変動によらない地表面の土砂の移動の場合は，通常，局部的に発生する現象であり人為的な復元が可能であると考えられることから，土地の筆界への影響はないものとして取り扱う。

　今回の地震においても，地震の影響として崖崩れが生じたものもあろうが，地殻の変動に伴う程度のものでなければ，筆界への影響は1の「地表面の移動」とは切り離してとらえるべきである。なお，地殻変動によらない地表面の土砂の移動は，建設省国土地理院の緊急測量成果による三角点の変動と別個のものと考えられるものをいい，周辺土地の地表面の移動などをも参考として，総合的に判断することとなる。

５．地区または地積測量図の誤差の限度内について

　地図の制度は，できるだけ高いものが望ましいが，実現が可能なものでなければならない。そこで，測量機器の性能等を勘案し，土地の利用状況等に応じた精度区分を定めている（不動産登記事務取扱手続準則25条4項）。

　なお，地積測量図の誤差の限度については，当該土地についての地図の誤差と同一の限度とされており，当該土地についての地図が存しない場合には，準則25条4項の基準によるものとされている。

　このように，地図または地積測量図は，作成当初から，一定限度内の誤差が認められている。この度の地表面の移動・土地の区画の形状の変化が地図等の有する誤

差の範囲内である場合には，変動がないものとして取り扱う。

（注）　地図の誤差の限度（準則25条4項）

　　　・市街地及びその周辺地域

　　　　国土調査法施行令別表第5に掲げる精度区分甲二まで

　　　　（例：筆界点の位置誤差の限度＝平均二乗誤差7cm，公差20cm）

　　　・村落・農耕地域及びその周辺地域

　　　　同精度区分乙二まで

　　　　（同平均二乗誤差25cm，公差75cm）

　　　・山林・原野地域及びその周辺地域

　　　　同精度区分乙三まで

　　　　（同平均二乗誤差100cm，公差300cm）

6．地表面の移動等の確認について

　　地表面の移動または土地の区画の形状の変化の程度は，地震前の区画の形状と地震後の区画の形状の比較により確認することとなるが，そのためには，登記所備え付けの地図または地積測量図の調査及び地震後の土地の測量が必要であること。

（編注：法令等の条文番号等は平成7年当時のものである）

※　地表面の移動には，水平方向と垂直方向の移動が考えられ，実際に兵庫県南部地震でも水平方向だけでなく垂直方向にも移動が認めらている。ここで，水平方向のみを問題にしているのは，水平投影面積により定める（不登規則100条（旧不登令第4条に同じ））ものとされていることからである（地震程度の垂直方向の移動は筆界の平面的位置に影響を及ぼさない。）。垂直方向の移動による登記の扱いについては，後記3（228頁）に記述した。

【運用指針：兵庫県南部地震による土地の水平地殻変動と登記の取扱いの運用について】

1　地表面の移動に当たり土地の区画の形状の変化を伴っている場合の考え方

　（1）　地表面の移動に当たり土地の区画の形状の変化を伴っている場合には，関係所有者間で筆界の調整を図る必要がある。

　（2）　土地の区画の形状の変化は，登記所備付けの17条地図又は地積測量図による地震前の区画の形状（筆界点座標値等を含む。）と，地震後の区画の形状（関係土地所有者等によって確認されたもの）の測量の結果との比較により判断する。

　（3）　関係土地所有者間での筆界の調整は，実質的には合意的な合意を尊重するものであって，通常の取扱いと変わるところはない。なお，区画の形状の変化に伴い地積に変更が生じているときは，地積変更の登記を要する。

2　地表面の移動・土地の区画の形状の変化が地図の誤差の限度内である場合の考え方

　　地表面の移動・土地の区画の形状の変化が地図又は地積測量図の誤差の限度内である場合には，変動がないものとして取り扱う。

3　申請等の取扱い

　（1）　分筆・地積更正等の申請が地震前の測量の成果に基づき行われた場合

　　申請書に地震前の測量の成果に基づく地積測量図が添付されている場合には，地表面の移動ないし区画の形状の程度により具体的取扱いが異なると考えられるの

で，原則として，実地調査の上処理することになるが，具体的状況の判明に応じて検討する。

　(2)　分筆・地積更正等の申請が地震後の測量の成果に基づき行われた場合

　申請書に添付された地積測量図が関係土地所有者間での調整に基づき作成されたものである場合には，同測量図に複数の境界標又は恒久的地物との位置関係の記載があれば，任意の座標値によるもの又は座標値の記載がないものであっても処理する。なお，この場合においては，可能な限度で座標値の記載及び座標法による求積をすることが望ましい旨の指導が望まれる。

　(3)　国土調査の成果に基づく登記等

　国土調査の成果に基づく登記，土地改良法又は土地区画整理法の換地処分に基づく登記についても，分筆・地積更正等の登記事件の取扱いと同様である。

4　地図等の取扱い

　地震前に備えられた地図，地図に準ずる図面及び地積測量図のうち座標値が表示されているものについては，地震により変動が生じている可能性がある旨を適宜の方法により表示する。

　東北地方太平洋沖地震においては，平成23年4月28日付け事務連絡「東日本大震災による土地の水平地殻変動と登記の取扱いについて」が発せられた（200頁参照）。

　前述のように，地殻変動に伴う筆界の移動の考え方は，基本的に，平成7年1月17日に発生した兵庫県南部地震の際の先例（前掲平7．3．29民三2589号回答。201頁参照）の考え方を踏襲するものである。そして，国土地理院による基準点の成果の改定が行われた後，平成23年11月17日民二第2775号通知（前掲203頁参照）が発せられ，地積測量図の作成等に関する筆界点等の座標値の取扱いについての見解が示された。熊本地震では，地震後間もなく，これらの先例を踏襲する内容の平成28年4月21日民二第333号事務連絡（【資料28】後段参照）が発せられた。

　その後，東北地方太平洋沖地震の時と同様に，国土地理院による基準点の成果の改定を受け，平成28年10月9日民二第515号通知（【資料29】）が発せられた。

　次に，これらの先例等による登記の取扱いについて見ていくこととする。

(1)　**地震による地殻変動に伴い広範囲にわたって地表面が水平移動した場合には，土地の筆界も相対的に移動したものとして取り扱う**

　平成7年3月29日民三第2589号民事局長回答は，土地の筆界は，広範囲にわたる地表面の水平移動に伴って移動する，と明確に示したものである。そして，平成23年4月28日付け事務連絡においても同様の見解を示すとともに，国土地理院から基準点の新しい成果が公表されたら，それに基づき，登記所備付地図の座標値の変換作業を予定している，とし，地図で公示されている土地の区画の座標値が変更される（地理学

225

的位置が移動したとする。）ことを表明している。筆界は，地球上の地理学的位置（世界測地系の座標値等で表わされる位置）に固定されたものではなく，一定の周辺土地との相対的な位置関係において不変であるということができる（そもそも，公共座標付けされた成果を持った土地でなければ，地殻変動に伴ってどの方向にどれだけ移動したかということは分からない。）。

　地震による地殻変動と地表面の移動は，必ずしも一致するものではない。広く平坦な土地においては，局部的な断層等を除いて，地表面は，地殻変動に伴い水平移動していると考えることは難しくないと思われる。しかし，震源に近く，地殻変動量が大きく，かつ，高低差のある土地にあっては，地表面は，地殻の移動した方向に加えて，低い方向へのずれが発生する（この"ずれ"は，つぎに記述する局部的な崖崩れ等による地表面の土砂の移動の場合とは異なるものである。）。兵庫県南部地震の際の高低差のある土地での事例が報告されているので，参考とされたい（「兵庫県南部地震報告資料」80頁）。

　この地殻変動とは別の地表面の"ずれ"に対しても，ある一定程度の範囲において，相対的に水平移動していると認められ，周辺土地との均衡も取れるのであれば，筆界が移動したとして，取り扱うことになろう。

(2)　局部的な地表面の土砂の移動（崖崩れ等）の場合はには，土地の筆界は移動しないものとして取り扱う

　土地の一部又は全部についての移動が，崖崩れや地滑り等の土砂の移動によるものであると認められる場合には，筆界は移動しないことを示したものである。もっともである，と考えることはやさしいが，実際には，前記(1)の水平移動として扱う場合との線引きや，周辺土地との調整，経済的な事情など総合的に判断して合理的な処理が求められると考えられる（「兵庫県南部地震報告資料」70頁，75頁，85頁でも，ひな壇状の造成地での事例が報告されている。）。

2　筆界の認定と登記の取扱いについて

　前記1の先例等を踏まえて，地殻変動に伴い移動した土地の筆界の認定と登記の取扱いについて概観する。筆界の認定については，それぞれの移動の状況や資料の有無によってケースバイケースであろうが，次のように考えることができる。

(1)　地表面の移動前の土地の区画形状を明確に表した資料がない場合

　地図の備付けがなく，地図に準ずる図面が備え付けられている地区において，地積測量図の備付けがないとき又は，地積測量図があっても，土地の区画形状の再現性の乏しいものであるときには，筆界の認定と登記の取扱いは，通常の場合と同様である。変動後の現地の境界について，関係土地所有者間による確認作業を経て，筆界の認定を行うこととなる。また，分筆や地積の更正の登記についても，通常の取扱いのとおりである。

　なお，地図混乱地域についても，今までの取扱いと同様に，移動後の境界について集団和解方式により確定することとなる。

(2)　地表面の移動前の土地の区画形状を明確に表した資料がある場合

　地図，地積測量図，土地区画整理事業等による換地確定図等，移動前の土地の区画形状を明確に表した資料が存する場合，当該土地及び隣接土地はもちろん，その存する街区及び周辺街区の土地の移動状況も把握した上で，移動後の現地において復元の基点となる点，又は，合理的と認められる復元の方法を探求する。そして，当該資料に基づいて境界の復元を行い，関係土地所有者間による確認作業を経て，筆界を認定することとなる。

　実際には，単純に既存資料に基づいて復元をしただけで解決することは少ないと思われる。おそらく多くの場合，前記1(1)で述べた地殻変動とは別の地表面の“ずれ”が，その高低や硬軟の状況により，一律でない複雑な変動となって出現し，土地の区画の形状が変化していると考えられるからである。

　区画の形状が変化しているということは，境界の位置について調整を図る必要があることを意味する。その場合，現地の様々な状況を考慮し，関係土地所有者間の合理的な合意を尊重しながら，筆界の位置を判断していくこととなる。

　このような場合の例として，既存資料を基に単純に復元すると，塀や擁壁などが越境してしまう場合を考えてみる。これらの塀等が築造し直す必要があるほどに損壊している状態ならば，復元した線に沿って築造し直すことでスッキリと解決するが，築造し直す必要がない状態のときには，わざわざ取り壊して築造し直すことは，経済的にみて合理的とは言い難いことも多いと思われる。そこで，そのような場合，①将来改修工事等を行うこととなった場合には，境界の内側に築造することとして現状の越境状態を互いに確認し，最終的な問題解決は将来に委ねる，②越境した塀等の地物の権利関係を調整する，③越境部分の土地を分筆して所有権を移転する，④塀等の地物による現況の線を追認し，土地の区画の変更があったものとする，などの方法が考え

られる。④の方法については，前記１の先例等をかなり柔軟に解釈することとなるが，兵庫県南部地震の際にもこのような方法により処理をした例も少なくないようである。いたずらに紛争を起こすこととならないよう，状況に応じて対応する必要がある（筆界の復元等についての参考資料として，「兵庫県南部地震報告資料」等に詳しい。）。

　このようにして判断した移動後の現地における区画の形状が，当該土地の誤差の限度内である場合には，登記の取扱いは通常と同様であるが，誤差の限度を超えることとなる場合には，地積の変更の登記申請や，（地図が備え付けられている場合）地図の訂正の申出を行うこととなる。

3　垂直方向の移動について

　東北地方太平洋沖地震に伴い，東日本の広い範囲で地殻が大きく変動し，電子基準点牡鹿（宮城県石巻市）で水平方向に5.3メートル（暫定値）垂直方向に－1.2メートル（暫定値）の変動が確認された。

　熊本地震においても一連の地震による地殻変動は，最大で水平約１メートル，上下約２メートルの大きなものであった。

　登記実務では，「陸地と公有水面との境界は，潮の干満の差のある水面にあっては，春分秋分における満潮位を，その他の水流水面にあっては高水位を標準として定めるべきもの」（昭31.11.10民甲2612号事務代理回答）として，陸地と公有水面との境界の定め方の原則を示している。そして，「春分及び秋分の満潮時において，海面下に没する土地（土地台帳上の一筆の土地の全部又はその一部）については，私人の所有権は認められない」（昭33.4.11民三発203号事務代理回答）。また，「所問の土地でその全部又は一部が春分又は秋分における満潮時に海面下に没するものであるときは，土地所有者の申告又は登記所の職権調査により，土地台帳上滅失の処理をすべきである。」（昭34.6.26民甲1287号回答及び通達）として，春分秋分における満潮位において海面下となる土地は，私人の権利の客体とはならず，また，登記の対象とはならないものであることを示している。ただし，「土地が海面下に至った経緯が，天災等によるものであり，かつ，その状態が一時的なものである場合には，私人の所有権は消滅しない。」（昭36.11.9民甲2801号回答）として，一定条件の下に海面下に没した土地の登記能力を認めている。

　一方，海底が隆起した場合には，「寄州は，その符合した土地の一部である」（昭36.6.6民三459号電報回答）とする先例を根拠として，これに接続する既存の土地の地積が増加したとして扱う（地積の変更の登記）という考え方と，新たに国有の土地が

生じたとして扱う（土地の表題登記）という考え方がある。前者の根拠とする寄州の場合は，既存の土地に動産である土砂が附合して新しい土地の区画を形成するものであるが，海底隆起の場合は，海底下であった地盤が隆起して海面上に現れたものであり，動産の附合の場合と同様に解するのは適当ではないように思われる[注5]。

(注5)　『境界の理論』242〜271頁，『表示登記総論』98〜189頁に，海面下の地盤の扱い及び隆起や寄州による土地の扱いについて詳しく論じられている。

　東北地方太平洋沖地震に伴う地殻変動では，太平洋側で地盤面が大きく沈下し，日本海側で僅かに隆起したことが，前掲資料（本震（M9.0）に伴う地殻変動，200頁）により確認することができる。

　ここで問題となるのは，地盤が沈下して，春分秋分における満潮位において海面下となった土地の登記の取扱いはどのようになるのかであるが，前述の先例（昭36.11.9民甲2801号回答）のように，春分秋分における満潮位において海面下となる状態が一時的なものである場合には，登記能力のある土地であることに疑いはない。さらに，この「一時的なもの」に限らず，田原湾事件最高裁判決（最三小判昭61.12.16民集40巻7号1236頁）では，「人による支配利用の可能性」及び「他の海面と区別しての認識の可能性」があれば，自然海没地については，その登記能力を失わないとしている。また，海没前の私人の所有権等の権利を保護する観点からも可能な限り登記能力を認めるべきであるとの説もある（『表示登記総論』128頁）。

　地盤の沈下の程度にもよると考えるが，東北地方太平洋沖地震による沈下の程度では，春分秋分の満潮位において海面下となった土地であっても，区画が特定でき，支配利用し得る状態であるならば，海面下となった事のみをもって登記能力が失われたとし，滅失又は一部滅失の登記をするものではないと考える。

資　　料

【1】 不動産登記法（平成16年法律第123号）（抄）

（最終改正：平成28年5月27日法律第51号）

第18条（申請の方法） 登記の申請は，次に掲げる方法のいずれかにより，不動産を識別するために必要な事項，申請人の氏名又は名称，登記の目的その他の登記の申請に必要な事項として政令で定める情報（以下「申請情報」という。）を登記所に提供してしなければならない。

一　法務省令で定めるところにより電子情報処理組織（登記所の使用に係る電子計算機（入出力装置を含む。以下この号において同じ。）と申請人又はその代理人の使用に係る電子計算機とを電気通信回線で接続した電子情報処理組織をいう。）を使用する方法

二　申請情報を記載した書面（法務省令で定めるところにより申請情報の全部又は一部を記録した磁気ディスクを含む。）を提出する方法

第21条（登記識別情報の通知） 登記官は，その登記をすることによって申請人自らが登記名義人となる場合において，当該登記を完了したときは，法務省令で定めるところにより，速やかに，当該申請人に対し，当該登記に係る登記識別情報を通知しなければならない。ただし，当該申請人があらかじめ登記識別情報の通知を希望しない旨の申出をした場合その他の法務省令で定める場合は，この限りでない。

第22条（登記識別情報の提供） 登記権利者及び登記義務者が共同して権利に関する登記の申請をする場合その他登記名義人が政令で定める登記の申請をする場合には，申請人は，その申請情報と併せて登記義務者（政令で定める登記の申請にあっては，登記名義人。次

条第1項，第2項及び第4項各号において同じ。）の登記識別情報を提供しなければならない。ただし，前条ただし書の規定により登記識別情報が通知されなかった場合その他の申請人が登記識別情報を提供することができないことにつき正当な理由がある場合は，この限りでない。

第29条（登記官による調査） 登記官は，表示に関する登記について第18条の規定により申請があった場合及び前条の規定により職権で登記しようとする場合において，必要があると認めるときは，当該不動産の表示に関する事項を調査することができる。

2　登記官は，前項の調査をする場合において，必要があると認めるときは，日出から日没までの間に限り，当該不動産を検査し，又は当該不動産の所有者その他の関係者に対し，文書若しくは電磁的記録に記録された事項を法務省令で定める方法により表示したものの提示を求め，若しくは質問をすることができる。この場合において，登記官は，その身分を示す証明書を携帯し，関係者の請求があったときは，これを提示しなければならない。

第35条（地番） 登記所は，法務省令で定めるところにより，地番を付すべき区域（第39条第2項及び第41条第2号において「地番区域」という。）を定め，一筆の土地ごとに地番を付さなければならない。

第61条（登記原因証明情報の提供） 権利に関する登記を申請する場合には，申請人は，法令に別段の定めがある場合を除き，その申請情報と併せて登記原因を証する情報を提供しなければならない。

【2】 不動産登記令（平成16年政令第379号）（抄）

（最終改正：平成27年11月26日政令第392号）

第2条（定義） この政令において，次の各号に掲げる用語の意義は，それぞれ当該各号に定めるところによる。

一　添付情報　登記の申請をする場合において，法第22条本文若しくは第61条の規定，次章の規定又はその他の法令の規定により

その申請情報と併せて登記所に提供しなければならないものとされている情報をいう。

二　土地所在図　一筆の土地の所在を明らかにする図面であって，法務省令で定めるところにより作成されるものをいう。

三　地積測量図　一筆の土地の地積に関する

測量の結果を明らかにする図面であって，法務省令で定めるところにより作成されるものをいう。

四　地役権図面　地役権設定の範囲が承役地の一部である場合における当該地役権設定の範囲を明らかにする図面であって，法務省令で定めるところにより作成されるものをいう。

五　建物図面　一個の建物の位置を明らかにする図面であって，法務省令で定めるところにより作成されるものをいう。

六　各階平面図　一個の建物の各階ごとの平面の形状を明らかにする図面であって，法務省令で定めるところにより作成されるものをいう。

七　嘱託情報　法第16条第1項に規定する登記の嘱託において，同条第2項において準用する法第18条の規定により嘱託者が登記所に提供しなければならない情報をいう。

八　順位事項　法第59条第8号の規定により権利の順位を明らかにするために必要な事項として法務省令で定めるものをいう。

第3条（申請情報）　登記の申請をする場合に登記所に提供しなければならない法第18条の申請情報の内容は，次に掲げる事項とする。

一　申請人の氏名又は名称及び住所

二　申請人が法人であるときは，その代表者の氏名

三　代理人によって登記を申請するときは，当該代理人の氏名又は名称及び住所並びに代理人が法人であるときはその代表者の氏名

四　民法（明治29年法律第89号）第423条その他の法令の規定により他人に代わって登記を申請するときは，申請人が代位者である旨，当該他人の氏名又は名称及び住所並びに代位原因

五　登記の目的

六　登記原因及びその日付（所有権の保存の登記を申請する場合にあっては，法第74条第2項の規定により敷地権付き区分建物について申請するときに限る。）

七　土地の表示に関する登記又は土地についての権利に関する登記を申請するときは，次に掲げる事項

イ　土地の所在する市，区，郡，町，村及び字

ロ　地番（土地の表題登記を申請する場合，法第74条第1項第2号又は第3号に掲げる者が表題登記がない土地について所有権の保存の登記を申請する場合及び表題登記がない土地について所有権の処分の制限の登記を嘱託する場合を除く。）

ハ　地目

ニ　地積

八　建物の表示に関する登記又は建物についての権利に関する登記を申請するときは，次に掲げる事項

イ　建物の所在する市，区，郡，町，村，字及び土地の地番（区分建物である建物にあっては，当該建物が属する一棟の建物の所在する市，区，郡，町，村，字及び土地の地番）

ロ　家屋番号（建物の表題登記（合体による登記等における合体後の建物についての表題登記を含む。）を申請する場合，法第74条第1項第2号又は第3号に掲げる者が表題登記がない建物について所有権の保存の登記を申請する場合及び表題登記がない建物について所有権の処分の制限の登記を嘱託する場合を除く。）

ハ　建物の種類，構造及び床面積

ニ　建物の名称があるときは，その名称

ホ　附属建物があるときは，その所在する市，区，郡，町，村，字及び土地の地番（区分建物である附属建物にあっては，当該附属建物が属する一棟の建物の所在する市，区，郡，町，村，字及び土地の地番）並びに種類，構造及び床面積

ヘ　建物又は附属建物が区分建物であるときは，当該建物又は附属建物が属する一棟の建物の構造及び床面積（トに掲げる事項を申請情報の内容とする場合（ロに規定する場合を除く。）を除く。）

ト　建物又は附属建物が区分建物である場合であって，当該建物又は附属建物が属する一棟の建物の名称があるときは，その名称

九　表題登記又は権利の保存，設定若しくは移転の登記（根質権，根抵当権及び信託の登記を除く。）を申請する場合において，表題部所有者又は登記名義人となる者が二人以上であるときは，当該表題部所有者又は登記名義人となる者ごとの持分

十　法第30条の規定により表示に関する登記を申請するときは，申請人が表題部所有者又は所有権の登記名義人の相続人その他の一般承継人である旨

十一　権利に関する登記を申請するときは，次に掲げる事項

イ　申請人が登記権利者又は登記義務者（登記権利者及び登記義務者がない場合にあっては，登記名義人）でないとき（第4号並びにロ及びハの場合を除く。）は，登記権利者，登記義務者又は登記名義人の氏名又は名称及び住所

ロ　法第62条の規定により登記を申請するときは，申請人が登記権利者，登記義務者又は登記名義人の相続人その他の一般承継人である旨

ハ　ロの場合において，登記名義人となる登記権利者の相続人その他の一般承継人が申請するときは，登記権利者の氏名又は名称及び一般承継の時における住所

ニ　登記の目的である権利の消滅に関する定め又は共有物分割禁止の定めがあるときは，その定め

ホ　権利の一部を移転する登記を申請するときは，移転する権利の一部

ヘ　敷地権付き区分建物についての所有権，一般の先取特権，質権又は抵当権に関する登記（法第73条第3項ただし書に規定する登記を除く。）を申請するときは，次に掲げる事項

（1）　敷地権の目的となる土地の所在する市，区，郡，町，村及び字並びに当該土地の地番，地目及び地積

（2）　敷地権の種類及び割合

十二　申請人が法第22条に規定する申請をする場合において，同条ただし書の規定により登記識別情報を提供することができないときは，当該登記識別情報を提供することができない理由

十三　前各号に掲げるもののほか，別表の登記欄に掲げる登記を申請するときは，同表の申請情報欄に掲げる事項

第4条（申請情報の作成及び提供）　申請情報は，登記の目的及び登記原因に応じ，一の不動産ごとに作成して提供しなければならない。ただし，同一の登記所の管轄区域内にある二以上の不動産について申請する登記の目的並びに登記原因及びその日付が同一であるときその他法務省令で定めるときは，この限りでない。

第7条（添付情報）　登記の申請をする場合には，次に掲げる情報をその申請情報と併せて登記所に提供しなければならない。

一　申請人が法人であるとき（法務省令で定める場合を除く。）は，当該法人の代表者の資格を証する情報

二　代理人によって登記を申請するとき（法務省令で定める場合を除く。）は，当該代理人の権限を証する情報

三　民法第423条その他の法令の規定により他人に代わって登記を申請するときは，代位原因を証する情報

四　法第30条の規定により表示に関する登記を申請するときは，相続その他の一般承継があったことを証する市町村長（特別区の区長を含むものとし，地方自治法（昭和22年法律第67号）第252条の19第1項の指定都市にあっては，区長とする。第16条第2項及び第17条第1項を除き，以下同じ。），登記官その他の公務員が職務上作成した情報（公務員が職務上作成した情報がない場合にあっては，これに代わるべき情報）

五　権利に関する登記を申請するときは，次に掲げる情報

イ　法第62条の規定により登記を申請するときは，相続その他の一般承継があったことを証する市町村長，登記官その他の公務員が職務上作成した情報（公務員が職務上作成した情報がない場合にあっては，これに代わるべき情報）

ロ　登記原因を証する情報。ただし，次の（1）又は（2）に掲げる場合にあっては当該（1）又は（2）に定めるものに限るものとし，別表の登記欄に掲げる登記を申請する場合（次の（1）又は（2）に掲げる場合を除く。）にあっては同表の添付情報欄に規定するところによる。

（1）　法第63条第1項に規定する確定判決による登記を申請するとき　執行力のある確定判決の判決書の正本（執行力のある確定判決と同一の効力を有するものの正本を含む。以下同じ。）

（2）　法第108条に規定する仮登記を命ずる処分があり，法第107条第1項の規

定による仮登記を申請するとき　当該仮登記を命ずる処分の決定書の正本

　　ハ　登記原因について第三者の許可，同意又は承諾を要するときは，当該第三者が許可し　同意し，又は承諾したことを証する情報

　六　前各号に掲げるもののほか，別表の登記欄に掲げる登記を申請するときは，同表の添付情報欄に掲げる情報

２　前項第１号及び第２号の規定は，不動産に関する国の機関の所管に属する権利について命令又は規則により指定された官庁又は公署の職員が登記の嘱託をする場合には，適用しない。

３　次に掲げる場合には，第１項第５号ロの規定にかかわらず，登記原因を証する情報を提供することを要しない。

　一　所有権の保存の登記を申請する場合（敷地権付き区分建物について法第74条第２項の規定により所有権の保存の登記を申請する場合を除く。）

　二　法第11条第１項の規定により民事保全法（平成元年法律第91号）第53条第１項の規定による処分禁止の登記（保全仮登記とともにしたものを除く。次号において同じ。）に後れる登記の抹消を申請する場合

　三　法第11条第２項において準用する同条第１項の規定により処分禁止の登記に後れる登記の抹消を申請する場合

　四　法第11条の規定により保全仮登記とともにした処分禁止の登記に後れる登記の抹消を申請する場合

第10条（添付情報の提供方法）　電子情報処理組織を使用する方法（法第18条第１号の規定による電子情報処理組織を使用する方法をいう。以下同じ。）により登記を申請するときは，法務省令で定めるところにより，申請情報と併せて添付情報を送信しなければならない。

第15条（添付情報の提供方法）　書面を提出する方法（法第18条第２号の規定により申請情報を記載した書面（法務省令で定めるところにより申請情報の全部又は一部を記録した磁気ディスクを含む。）を登記所に提出する方法をいう。）により登記を申請するときは，申請情報を記載した書面に添付情報を記載した書面（添付情報のうち電磁的記録で作成さ

れているものにあっては，法務省令で定めるところにより当該添付情報を記録した磁気ディスクを含む。）を添付して提出しなければならない。この場合において，第12条第２項及び前条の規定は，添付情報を記録した磁気ディスクを提出する場合について準用する。

第16条（申請情報を記載した書面への記名押印等）　申請人又はその代表者若しくは代理人は，法務省令で定める場合を除き，申請情報を記載した書面に記名押印しなければならない。

２　前項の場合において，申請情報を記載した書面には，法務省令で定める場合を除き，同項の規定により記名押印した者（委任による代理人を除く。）の印鑑に関する証明書（住所地の市町村長（特別区の区長を含むものとし，地方自治法第252条の19第１項の指定都市にあっては，市長又は区長とする。次条第１項において同じ。）又は登記官が作成するものに限る。以下同じ。）を添付しなければならない。

３　前項の印鑑に関する証明書は，作成後３月以内のものでなければならない。

４　官庁又は公署が登記の嘱託をする場合における嘱託情報を記載した書面については，第２項の規定は，適用しない。

５　第12条第１項及び第14条の規定は，法務省令で定めるところにより申請情報の全部を記録した磁気ディスクを提出する方法により登記を申請する場合について準用する。

第18条（代理人の権限を証する情報を記載した書面への記名押印等）　委任による代理人によって登記を申請する場合には，申請人又はその代表者は，法務省令で定める場合を除き，当該代理人の権限を証する情報を記載した書面に記名押印しなければならない。復代理人によって申請する場合における代理人についても，同様とする。

２　前項の場合において，代理人（復代理人を含む。）の権限を証する情報を記載した書面には，法務省令で定める場合を除き，同項の規定により記名押印した者（委任による代理人を除く。）の印鑑に関する証明書を添付しなければならない。

３　前項の印鑑に関する証明書は，作成後３月以内のものでなければならない。

４　第２項の規定は，官庁又は公署が登記の嘱

託をする場合には，適用しない。

第19条（承諾を証する情報を記載した書面への記名押印等）　第7条第1項第5号ハ若しくは第6号の規定又はその他の法令の規定により申請情報と併せて提供しなければならない同意又は承諾を証する情報を記載した書面に

は，法務省令で定める場合を除き，その作成者が記名押印しなければならない。

2　前項の書面には，官庁又は公署の作成に係る場合その他法務省令で定める場合を除き，同項の規定により記名押印した者の印鑑に関する証明書を添付しなければならない。

【3】不動産登記規則（平成17年法務省令第18号）（抄）

（最終改正：平成28年3月24日法務省令第12号）

第55条（添付書面の原本の還付請求）　書面申請をした申請人は，申請書の添付書面（磁気ディスクを除く。）の原本の還付を請求することができる。ただし，令第16条第2項，第18条第2項若しくは第19条第2項又はこの省令第48条第1項第3号（第50条第2項において準用する場合を含む。）若しくは第49条第2項第3号の印鑑に関する証明書及び当該申請のためにのみ作成された委任状その他の書面については，この限りでない。

2　前項本文の規定により原本の還付を請求する申請人は，原本と相違ない旨を記載した謄本を提出しなければならない。

3　登記官は，第1項本文の規定による請求があった場合には，調査完了後，当該請求に係る書面の原本を還付しなければならない。この場合には，前項の謄本と当該請求に係る書面の原本を照合し，これらの内容が同一であることを確認した上，同項の謄本に原本還付の旨を記載し，これに登記官印を押印しなければならない。

4　前項後段の規定により登記官印を押印した第2項の謄本は，登記完了後，申請書類つづり込み帳につづり込むものとする。

5　第3項前段の規定にかかわらず，登記官は，偽造された書面その他の不正な登記の申請のために用いられた疑いがある書面については，これを還付することができない。

6　第3項の規定による原本の還付は，申請人の申出により，原本を送付する方法によることができる。この場合においては，申請人は，送付先の住所をも申し出なければならない。

7　前項の場合における書面の送付は，同項の住所に宛てて，書留郵便又は信書便の役務であって信書便事業者において引受け及び配達の記録を行うものによってするものとする。

8　前項の送付に要する費用は，郵便切手又は

信書便の役務に関する料金の支払のために使用することができる証票であって法務大臣が指定するものを提出する方法により納付しなければならない。

9　前項の指定は，告示してしなければならない。

第63条（登記識別情報の通知の方法）　登記識別情報の通知は，法務大臣が別に定める場合を除き，次の各号に掲げる申請の区分に応じ，当該各号に定める方法によるものとする。

一　電子申請　法務大臣の定めるところにより，登記官の使用に係る電子計算機に備えられたファイルに記録された登記識別情報を電子情報処理組織を使用して送信し，これを申請人又はその代理人（以下この条において「申請人等」という。）の使用に係る電子計算機に備えられたファイルに記録する方法

二　書面申請　登記識別情報を記載した書面を交付する方法

2　登記官は，前項の通知をするときは，法第21条本文の規定により登記識別情報の通知を受けるべき者及び前条第1項各号に定める者並びに同条第2項の代理人（申請人から登記識別情報を知ることを特に許された者に限る。）以外の者に当該通知に係る登記識別情報が知られないようにするための措置を講じなければならない。

3　送付の方法により登記識別情報を記載した書面の交付を求める場合には，申請人は，その旨並びに次項及び第5項の場合の区分に応じた送付先の別（第5項に規定する場合であって自然人である代理人の住所に宛てて書面を送付することを求めるときにあっては，当該代理人の住所）を申請情報の内容とするものとする。

4　前項の場合における登記識別情報を記載し

た書面の送付は，次の各号に掲げる場合の区分に応じ，当該各号に定める方法によってするものとする。

一　申請人等が自然人である場合において当該申請人等の住所に宛てて書面を送付するとき，又は申請人等が法人である場合において当該申請人等である法人の代表者の住所にあてて書面を送付するとき（第3号に掲げる場合を除く。）　日本郵便株式会社の内国郵便約款の定めるところにより名宛人本人に限り交付し，若しくは配達する本人限定受取郵便又はこれに準ずる方法

二　申請人等が法人である場合において当該申請人等である法人の住所に宛てて書面を送付するとき（次号に掲げる場合を除く。）　書留郵便又は信書便の役務であって信書便事業者において引受け及び配達の記録を行うもの

三　申請人等が外国に住所を有する場合　書留郵便若しくは信書便の役務であって信書便事業者において引受け及び配達の記録を行うもの又はこれらに準ずる方法

5　前項の規定にかかわらず，前条第2項の規定により代理人が登記識別情報の通知を受ける場合であって，当該代理人が法第23条第4項第1号に規定する代理人（以下「資格者代理人」という。）であるときは，登記識別情報を記載した書面の送付は，次の各号に掲げる場合の区分に応じ，当該各号に定める方法によってするものとする。

一　当該代理人が自然人である場合において当該代理人の住所にあてて書面を送付するとき，又は当該代理人が法人である場合において当該代理人である法人の代表者の住所にあてて書面を送付するとき　日本郵便株式会社の内国郵便約款の定めるところにより名あて人本人に限り交付し，若しくは配達する本人限定受取郵便又はこれに準ずる方法

二　当該代理人が自然人である場合において当該代理人の事務所の所在地にあてて書面を送付するとき，又は当該代理人が法人である場合において当該代理人である法人の住所にあてて書面を送付するとき　書留郵便又は信書便の役務であって信書便事業者において引受け及び配達の記録を行うもの

6　送付の方法により登記識別情報を記載した書面の交付を求める場合には，送付に要する費用を納付しなければならない。

7　前項の送付に要する費用は，郵便切手又は信書便の役務に関する料金の支払のために使用することができる証票であって法務大臣が指定するものを申請書と併せて提出する方法により納付しなければならない。

8　第6項の送付は，申請人が当該郵便物をこれと同一の種類に属する他の郵便物に優先して送達する取扱いの料金に相当する郵便切手を提出したときは，当該取扱いによらなければならない。第4項第2号若しくは第3号又は第5項第2号の場合において，信書便の役務であって当該取扱いに相当するものの料金に相当する当該信書便事業者の証票で法務大臣が指定するものを提出したときも，同様とする。

9　前二項の指定は，告示してしなければならない。

第63条の2　官庁又は公署が登記権利者のために登記の嘱託をしたときにおける登記識別情報の通知は，官庁又は公署の申出により，登記識別情報を記載した書面を交付する方法によりすることもできる。この場合においては，官庁又は公署は，当該申出をする旨並びに送付の方法による交付を求めるときは，その旨及び送付先の住所を嘱託情報の内容とするものとする。

2　前項の場合における登記識別情報を記載した書面の送付は，同項の住所に宛てて，書留郵便又は信書便の役務であって信書便事業者において引受け及び配達の記録を行うものその他の郵便又は信書便によって書面を送付する方法によってするものとする。

3　前条第6項から第9項までの規定は，官庁又は公署が送付の方法により登記識別情報を記載した書面の交付を求める場合について準用する。

第64条（登記識別情報の通知を要しない場合等）　法第21条ただし書の法務省令で定める場合は，次に掲げる場合とする。

一　法第21条本文の規定により登記識別情報の通知を受けるべき者があらかじめ登記識別情報の通知を希望しない旨の申出をした場合（官庁又は公署が登記権利者のために登記の嘱託をした場合において，当該官庁又は公署が当該登記権利者の申出に基づい

て登記識別情報の通知を希望しない旨の申出をしたときを含む。）

二　法第21条本文の規定により登記識別情報の通知を受けるべき者（第63条第1項第1号に定める方法によって通知を受けるべきものに限る。）が，登記官の使用に係る電子計算機に備えられたファイルに登記識別情報が記録され，電子情報処理組織を使用して送信することが可能になった時から30日以内に自己の使用に係る電子計算機に備えられたファイルに当該登記識別情報を記録しない場合

三　法第21条本文の規定により登記識別情報の通知を受けるべき者（第63条第1項第2号に定める方法によって通知を受けるべきものに限る。）が，登記完了の時から3月以内に登記識別情報を記載した書面を受領しない場合

四　法第21条本文の規定により登記識別情報の通知を受けるべき者が官庁又は公署である場合（当該官庁又は公署があらかじめ登記識別情報の通知を希望する旨の申出をした場合を除く。）

2　前項第1号及び第4号の申出をするときは，その旨を申請情報の内容とするものとする。

3　登記官は，第1項第2号に規定する場合には同号に規定する登記識別情報を，同項第3号に規定する場合には同号に規定する登記識別情報を記載した書面を廃棄することができる。

4　第29条の規定は，前項の規定により登記識別情報又は登記識別情報を記載した書面を廃棄する場合には，適用しない。

第73条（土地所在図，地積測量図，建物図面及び各階平面図の作成方式）　電子申請において送信する土地所在図，地積測量図，建物図面及び各階平面図は，法務大臣の定める方式に従い，作成しなければならない。書面申請においてこれらの図面を電磁的記録に記録して提出する場合についても，同様とする。

2　前項の土地所在図，地積測量図，建物図面及び各階平面図には，作成の年月日並びに申請人及び作成者の氏名又は名称を記録しなければならない。

第74条　土地所在図，地積測量図，建物図面及び各階平面図（これらのものが書面である場合に限る。）は，0.2ミリメートル以下の細線により，図形を鮮明に表示しなければならない。

2　前項の土地所在図，地積測量図，建物図面及び各階平面図には，作成の年月日を記録し，申請人が記名するとともに，その作成者が署名し，又は記名押印しなければならない。

3　第1項の土地所在図，地積測量図，建物図面及び各階平面図は，別記第1号及び第2号の様式により，日本工業規格B列四番の丈夫な用紙を用いて作成しなければならない。

第77条（地積測量図の内容）　地積測量図には，次に掲げる事項を記録しなければならない。

一　地番区域の名称
二　方位
三　縮尺
四　地番（隣接地の地番を含む。）
五　地積及びその求積方法
六　筆界点間の距離
七　国土調査法施行令第2条第1項第1号に規定する平面直角座標系の番号又は記号
八　基本三角点等に基づく測量の成果による筆界点の座標値
九　境界標（筆界点にある永続性のある石杭又は金属標その他これに類する標識をいう。以下同じ。）があるときは，当該境界標の表示
十　測量の年月日

2　近傍に基本三角点等が存しない場合その他の基本三角点等に基づく測量ができない特別の事情がある場合には，前項第7号及び第8号に掲げる事項に代えて，近傍の恒久的な地物に基づく測量の成果による筆界点の座標値を記録しなければならない。

3　第1項第9号の境界標の表示を記録するには，境界標の存する筆界点に符号を付し，適宜の箇所にその符号及び境界標の種類を記録する方法その他これに準ずる方法によってするものとする。

4　地積測量図は，250分の1の縮尺により作成するものとする。ただし，土地の状況その他の事情により当該縮尺によることが適当でないときは，この限りでない。

5　第10条第4項の規定は，地積測量図について準用する。

第78条（分筆の登記の場合の地積測量図）　分筆の登記を申請する場合において提供する分筆後の土地の地積測量図には，分筆前の土

を図示し，分筆線を明らかにして分筆後の各土地を表示し，これに符号を付さなければならない。

第93条（実地調査） 登記官は，表示に関する登記をする場合には，法第29条の規定により実地調査を行わなければならない。ただし，申請に係る不動産の調査に関する報告（土地家屋調査士又は土地家屋調査士法人が代理人として登記を申請する場合において，当該土地家屋調査士（土地家屋調査士法人の場合にあっては，その代表者）が作成したものに限る。）その他の申請情報と併せて提供された情報又は公知の事実若しくは登記官が職務上知り得た事実により登記官が実地調査をする必要がないと認めたときは，この限りでない。

第100条（地積） 地積は，水平投影面積により，平方メートルを単位として定め，1平方メートルの100分の1（宅地及び鉱泉地以外の土地で10平方メートルを超えるものについては，1平方メートル）未満の端数は，切り捨てる。

第182条（登記完了証の交付の方法） 登記完了証の交付は，法務大臣が別に定める場合を除き，次の各号に掲げる申請の区分に応じ，当該各号に定める方法による。

一　電子申請　法務大臣の定めるところにより，登記官の使用に係る電子計算機に備えられたファイルに記録された登記完了証を電子情報処理組織を使用して送信し，これを申請人又はその代理人の使用に係る電子計算機に備えられたファイルに記録する方法

二　書面申請　登記完了証を書面により交付する方法

2　送付の方法により登記完了証の交付を求める場合には，申請人は，その旨及び送付先の住所を申請情報の内容としなければならない。

3　第55条第7項から第9項までの規定は，送付の方法により登記完了証を交付する場合について準用する。

4　官庁又は公署が送付の方法により登記完了証の交付を求める場合の登記完了証の送付は，嘱託情報に記載された住所に宛てて，書留郵便又は信書便の役務であって信書便事業者において引受け及び配達の記録を行うものその他の郵便又は信書便によって書面を送付する方法によってするものとする。

第182条の2（登記が完了した旨の通知を要しない場合） 登記官は，次の各号に掲げる場合には，第181条第1項の規定にかかわらず，申請人に対し，登記が完了した旨の通知をすることを要しない。この場合においては，同条第2項の規定により作成した登記完了証を廃棄することができる。

一　前条第1項第1号に規定する方法により登記完了証を交付する場合において，登記完了証の交付を受けるべき者が，登記官の使用に係る電子計算機に備えられたファイルに登記完了証が記録され，電子情報処理組織を使用して送信することが可能になった時から30日を経過しても，自己の使用に係る電子計算機に備えられたファイルに当該登記完了証を記録しないとき。

二　前条第1項第2号に規定する方法により登記完了証を交付する場合において，登記完了証の交付を受けるべき者が，登記完了の時から3月を経過しても，登記完了証を受領しないとき。

2　第29条の規定は，前項の規定により登記完了証を廃棄する場合には，適用しない。

【4】不動産登記事務取扱手続準則（抄）

（平成17年2月25日民二第456号民事局長通達）

第50条（地積測量図における筆界点の記録方法） 地積測量図に規則第77条第1項第7号の規定により基本三角点等に基づく測量の成果による筆界点の座標値を記録する場合には，当該基本三角点等に符号を付した上，地積測量図の適宜の箇所にその符号，基本三角点等の名称及びその座標値も記録するものとする。

2　地積測量図に規則第77条第1項第7号の規定により近傍の恒久的な地物に基づく測量の成果による筆界点の座標値を記録する場合には，当該地物の存する地点に符号を付した上で，地積測量図の適宜の箇所にその符号，地物の名称，概略図及びその座標値も記録するものとする。

第51条（土地所在図及び地積測量図の作成方法） 規則第78条の規定により地積測量図に付する分筆後の各土地の符号は，①②③，(イ)(ロ)(ハ)，ＡＢＣ等適宜の符号を用いて差し支え

ない。

2　規則第73条第1項の規定により作成された地積測量図は，土地所在図を兼ねることができる。

3　規則第74条第3項に規定する用紙により地積測量図を作成する場合において，当該用紙に余白があるときは，便宜，その余白を用いて土地所在図を作成することができる。この場合には，図面の標記に「土地所在図」と追記するものとする。

4　前項の場合において，地積測量図の縮尺がその土地について作成すべき土地所在図の縮尺と同一であって，当該地積測量図によって

土地の所在を明確に表示することができるときは，便宜，当該地積測量図をもって土地所在図を兼ねることができるものとする。この場合には，当該図面の標記を「土地所在図兼地積測量図」と記載するものとする。

5　一の登記の申請について，規則第74条第3項に規定する用紙により土地所在図又は地積測量図を作成する場合において，用紙が数枚にわたるときは，当該土地所在図又は地積測量図の余白の適宜の箇所にその総枚数及び当該用紙が何枚目の用紙である旨を記載するものとする。

【5】土地台帳事務取扱要領（抄）

（昭和29年6月30日民事甲第1321号民事局長通達）

第59（地籍測量図）　申告書に添附すべき地積の測量図には，方位及び三しや法による地積の計算表（三しや法により地積の計算をすることが困難である土地につきプラニメーターを使用して地積の計算をした場合には，その計算表）をも記載させるものとする。

2　地積の測量図には，作成者が記名押印しなければならない。

第64（分筆の申告）　分筆の申告をする場合において，土地台帳の地積に増減がないときは，地積の測量図に代えて，分筆境界点に対し屈曲点を起点とした間尺を記載した地形図を提出させてもさしつかえないものとする。但し，登記官吏において地積の測量図を提出させる必要があると認めるときは，この限りでない。

2　原地積に対する分筆地積の増減が，宅地及び鉱泉地については，100分の5以上，その他の土地については，100分の10以上の差異がある場合には，分筆の申告の外，地積訂正の申告をさせるものとする。

第78（地積の測量）　地積の測量は，左の各号により行われなければならない。

一　測量は，平板式による。

二　距離は，すべて境界点から水平に測定する。

三　畦畔，小径，小池は，本地に入算する。

四　測量図の縮尺は，600分の1の割合による。但し，地積の特に狭小なもの，又は広大なものについては，適宜の縮尺によってさしつかえない。この場合には，その割合を註記する。

五　宅地及び鉱泉地の測量については，厘（1間の100分の1）未満の端数は切り捨て，その積算上勺未満の端数は切り捨てる。

六　宅地及び鉱泉地以外の土地の測量については，5厘未満の端数は切り捨て，5厘以上1分（1間の10分の1）未満は5厘とし，その積算上歩未満の端数は切り捨てる。但し，一筆の土地の地積が1歩未満のものは，勺位まで残し，勺未満の端数を切り捨てる。

2　測量の結果申告地積と測量地積との差が左の範囲内であるときは，その申告を相当と認めることができる。

宅地，鉱泉地
　測量地積に対し　100分の2以内
田，畑，塩田
　同　　　　　　　100分の3以内
その他の土地
　同　　　　　　　100分の7以内

【6】地図の備え付けのない土地についての登記（登録）事務の取扱いについて

【照会】
（昭和41年1月25日民三第96号法務省民事局第

三課長照会）

　不動産登記法第17条の地図又は不動産登記事

務取扱手続準則第29条にかかげる確定図並びに旧土地台帳法施行細則第2条の地図の備え付けがない地域における不動産の表示に関する登記及び土地台帳の登録に関しては，次による取扱いをしたいと考えますが，これについて貴意を得たく照会いたします。

記

1　地図の備え付けがない地域について始めて土地の地積の更正，分筆又は合筆の登記を申請する場合には，申請書に地積更正，分筆又は合筆後の土地の方位，形状，隣接地の地番を記載した土地の所在図並びに隣接地の所有者の同意書又は同意書を添付できないときはその理由を記載した書面を添付させるものとする。

2　前項の土地の所在図を作成する場合には，土地の存する位置を明らかにするため，当該土地から概ね100メートル以内の地点に，土地の位置を特定するに足りる恒久的目標物，例えば道路　河川，橋梁，鉄塔，軌道等又は地目を異にする土地が存するときはその支距離を記載するものとする。

3　一定の地域を集合的に整地して，住宅地として分譲等をする場合において，その所有権移転の登記を申請する場合には，事前に整地前の土地の全部についての土地の区画図面（地域内の土地の所有者全員の同意書又は同意書を添付できないときはその理由を記載した書面を添付する。）及び整地後の土地の区画図面を提出させるようつとめて関係業者と連絡を図ること。

4　土地の所在図及び土地の区画図面は，一定の地区ごとに整理し，二重登記等を防止するに役立てるものとする。

5　前項より整理された土地の所在図に図示されている土地に隣接する周囲の土地に関して，第1項の登記の申請があった場合には，登記官は，申請書に添付された土地の所在図に基づき前項の土地の所在図に当該申請にかかる土地の地形及び地番を図示するものとする。

【回答】

（昭和41年2月1日全調連総第60号全国土地家屋調査士会連合会会長回答）

昭和41年1月25日民三第96号をもって照会のあった標記の件については，貴見のとおり取扱って差し支えないものと考えます。

【7】土地建物調査要領第25条第2項及び第27条の街区基準点の取扱いの適用開始に伴う事務の取扱いについて（依命通知）

（平成20年2月22日1不登1第52号民事行政部首席登記官（不動産登記担当）依命通知）

標記事務の取扱いについては、平成20年2月14日付け1不登1第44号民事行政部長依命通達をもって発せられたところですが、下記の点に留意し，適正な事務処理に配意願います。

記

1　街区基準点が測量地からおおむね100メートル以内に存在し，かつ，直接視通できる場合に適用するものとする。

2　街区基準点の取扱いの適用日以前の測量（調査報告書に記載された測量年月日を基準とする。）に基づき提供された地積測量図については，適用しないものとする。

3　設置された街区基準点が使用できる状況にない場合は，その理由を具体的に調査報告書等に記載するよう指導するものとする。

4　街区基準点に基づく測量を実施している場合であっても，地積測量図に近傍の恒久的地物（引照点）の記載をするよう指導するものとする。

【8】土地の地積の定め方について

（昭和41年9月30日民事三発第604号民事局第三課長回答）

標記について，左記のとおり管内の事務取扱いを統一したいと思いますのでその可否についてご指示願います。

記

一，登記簿の地積が尺貫法の単位で表示され

ている土地の一部を実測して分筆する場合の残地積の定め方は，昭和41年3月1日付民事甲第279号民事局長通達「記」の二により平方メートルに換算した分筆前の地積（宅地，鉱泉地にあっては小数点以下4位

まで，それ以外の土地にあつては小数点以下2位までの換算値）により，求積した分割地の地積（宅地，鉱泉地にあつては小数点5位以下，それ以外の土地にあつては小数点3位以下の切り捨てを行わない地積の合計）を控除した地積とする。

二，登記簿の地積が尺貫法の単位で表示されている土地について，合筆登記を申請する場合の合筆後の地積の定め方は，合筆前の地積を平方メートルに換算することなく，登記簿上の地積をそのまま合算して，これを平方メートルに換算した地積とする。

回　答

昭和41年6月1日付登日記第318号をもつて問合せのあつた標記の件については，次のとおり取り扱つてさしつかえないもの考える。

記

一，分筆前の土地の地積について土地建物面積換算書又は昭和41年3月1日付民事甲第279号民事局長通達第2項により求めた小数点以下第2位までの平方メートル換算値より，分割地の地積（不動産登記法施行令第4条の端数切り捨てを行わないもの）を控除したものを残地積とする。

二，貴見のとおり。

【9】 分筆又は合筆する際の地積の算出方法について

（昭和41年10月5日民事三発953号民事局民事第三課長回答）

標記の件について左記のとおり各々二説あり，当職はそれぞれ(イ)説によつて取扱うのを相当と考えますが，些か疑義がありますので，何分の御指示を願います。

記

一　不動産登記法施行令（昭和35年政令第228号）第4条（以下「政令」と略称）により，切捨てられた数値の取扱いについて。

(イ)　地積の測量図により，切捨てられた数値（但し実測したものについてのみ）が明らかな場合は，登記簿上の地積に当該数値を加えたものを，分筆または合筆後の地積算出の計算の基礎として差支えない。

(ロ)　右(イ)の場合においても，登記簿の記載のみによるべきであり，切捨てられた数値を地積算出計算の資料とすることはできない。

二　分筆または合筆前の土地の地積の表示が尺貫法によつてなされている場合の取扱について。

1　合筆の場合

(イ)　尺貫法による単位のまま合算したのちに平方メートルに換算する。

(ロ)　合筆する各土地を平方メートルに換算したのち合算する。

2　分筆の場合

(イ)　平方メートルに換算した数値は，そのまま分筆後の地積算出の計算の資料としてさしつかえない。

(ロ)　平方メートルに換算した値は，「政令」の基準による切捨てを行なつた後地積算出の計算の資料とすべきである。

回　答

本年9月2日付日記第5454号をもつて民事局長あて問合せのあつた標記の件は，いずれも貴見による取扱いでさしつかえないものと考える。

【10】 地目変更又は分筆の際の端数について

（昭和54年1月8日民三第343号民事局長回答）

標記について，山形県土地家屋調査士会長から別紙のとおり照会があり，当職は左記のとおり回答したいと考えますが，一元化及びメートル法書き替え作業を併行して行つたため旧尺貫法による表示がなされていない場合の登記事務処理との均衡上疑義を生じましたので何分の御指示を願います。

記

メートル法書き替えにより朱抹された旧尺貫法による表示が登記簿になされている場合は，貴見のとおりと思考する。

参照　昭和41・9・30民事三発第604号民事局第三課長回答

　　　昭和41・10・5民事三発第953号民

事局第三課長回答

山調発第67号
　昭和53年8月21日
　　　　　　　山形県土地家屋調査士会
　　　　　　　　会長　岡崎孝之介
山形地方法務局長　行　茂三　殿
　地目変更又は分筆の際の端数について
（お伺い）
　表題部のメートル法換算により表示されている，土地の地目変更又は分筆の際の端数につき，登記官の解釈の相違で左記の説がありますが，（イ）説により処理するべきと存じますが，会員の指導上統一したいので御指示賜り

度御照会します。
　　　　記
（イ）説　旧尺貫法の換算により，平方メートルまで記載されている土地の地目変更又は分筆の際は旧尺貫法を換算し，平方メートル以下2位まで求め処理すべきである。
（ロ）説　旧尺貫法を換算し平方メートルとしたので，旧尺貫法の反畝歩は朱抹されたので，平方メートル以下はあり得ないので平方メートル以下は○○とすべきである。
　　回　答
　客年9月19日付け登第354号をもつて照会のあつた標記の件については，貴見のとおり取り扱つて差し支えないものと考える。

【11】 測量法及び水路業務法の一部を改正する法律の施行に伴う不動産登記事務の取扱いについて（通知）

（平成15年12月9日民二第3641号民事局民事第二課長通知）

　測量法及び水路業務法の一部を改正する法律（平成13年法律第53号）の施行に伴う公共座標に関する不動産登記事務の取扱い等については，平成14年8月1日付け当課上席補佐官事務連絡の別添「改正測量法の施行に伴う登記事務処理上の実施細目（案）」により運用しているところですが，今般，その内容の一部を変更することとしましたので，改めて「測量法及び水路業務法の一部を改正する法律の施行に伴う不動産登記事務処理実施細目」として通知します。

測量法及び水路業務法の一部を改正する法律の施行に伴う不動産登記事務処理実施細目

第1　地積測量図の取扱いに関する基本的考え方
　　測量法及び水路業務法の一部を改正する法律（平成13年法律第53号。以下「改正法」という。）が平成14年4月1日から施行されたことに伴い，基本三角点等（不動産登記事務取扱手続準則（昭和52年9月3日付け民三第4473号通達。以下「準則」という。）第25条第2項の基本三角点等をいう。以下同じ。）の公共座標値を用いて地積測量図を作製する場合の取扱いについては，原則として，次のとおりとする。
　1　公共座標値を用いて地積測量図を作製する場合の協力依頼
　　(1)　基本三角点等の成果の管理者又は国

土地理院（以下「管理者等」という。）が改正法による改正後の測量法（昭和24年法律第188号）第11条第3項の世界測地系（以下「世界測地系」という。）による基本三角点等の座標値を新成果として公開している場合には，申請人又はその代理人（以下「申請人等」という。）に対し，当該基本三角点等の座標値に基づいて測量するよう協力を求めるものとする。
　　(2)　管理者等が従来の日本測地系（以下「旧測地系」という。）による基本三角点等の座標値を成果として公開しており，かつ，筆界点の近傍に当該基本三角点等がある場合であっても，他に世界測地系による新設の基本三角点等の座標値が新成果として公開されているときは，申請人等に対し，当該新設の基本三角点等の座標値に基づいて測量するよう協力を求めるものとする。
　　(3)　管理者等が旧測地系による基本三角点等の座標値を成果として公開している場合において，当該座標値に基づいて測量するとき（(2)の場合を除く。）は，申請人等に対し，国土地理院が作成した座標変換プログラムTKY2JGD（以下「TKY2JGD」という。）を用いて，筆界点又は与点である基本

三角点等の座標値の座標変換を行うよう協力を求めるものとする。

2　地積測量図への測地系等の記載の協力依頼

申請人等に対し，地積測量図の適宜の箇所に，次に掲げる表記をするよう協力を求めるものとする。

(1) 与点の基本三角点等の座標値が旧測地系である場合には，「旧測地系」である旨の表記

(2) 与点の基本三角点等の座標値が世界

測地系である場合には，「世界測地系」である旨の表記

(3) 筆界点の座標値が「TKY2JGD」を用いて座標変換された世界測地系である場合には，「世界測地系」である旨の表記，変換パラメータ・バージョンの表記（例えば「世界測地系（ParVer.2.0.6）等を併記する。また，与点については，旧測地系の座標値と世界測地系の座標値を併記する。）

〈以下略〉

【12】 国土調査法に基づく地籍調査への協力について（通達）

（平成16年6月30日民二第1870号民事局長通達）

国土調査法（昭和26年法律第180号）に基づく地籍調査事業は，不動産登記法（明治32年法律第24号）第17条に規定する地図（以下「法17条地図」という。）の最大の供給源となっていますが，都市部における地籍調査事業は，農山村部に比べて立ち遅れている現状になります。

このような状況を踏まえて，平成15年6月26日，内閣の都市再生本部において，「民活と各省連携による地籍整備の推進」と題する方針が示され，都市再生の円滑な推進のため，国において，全国の都市部における登記所備付地図の整備事業を強力に推進することとされました。

この方針に基づき，平成16年度から，法務省と国土交通省とが連携して，地籍整備事業を実施されることとなりましたが，都市部における地籍調査事業の困難性にかんがみ今後，地籍調査の実施に当たっては，下記のとおり，法務局又は地方法務局の職員（以下「法務局職員」という。）が積極的に協力することとしましたので，下記の点に留意され，遺憾のないよう取り扱い願います。

なお，この点に関しては，国土交通省と協議済みであり，同省土地・水資源局長から各都道府県知事あてに別添のとおり通知されましたので，念のため申し添えます。

記

1　対象地域

地籍調査への法務局職員の協力は，原則として，都市部であり，かつ，必要性及び緊急性の高い地域を対象とする。ただし，都市部以外であっても，必要性及び緊急性の高い地域については，各局の実情に応じ

て，協力の対象として差し支えない。

2　関係機関との協議

地籍調査への法務局職員の協力は，地籍調査連絡会議等（昭和54年6月18日付け民三第3462号民事局第三課長通知参照）及びその他の打合せ会において，関係機関（都道府県，市区町村等）と十分に協議を行いつつ，実施するものとする。

3　協力の範囲及び内容

地籍調査への協力の範囲及び内容は，次の(1)から(3)までの事項について，各法務局及び地方法務局の体制を勘案しつつ，関係機関（都道府県，市区町村等）と協議の上，定めるものとする。

(1) 地元住民に対する説明会への出席

地籍調査を実施するに当たっては，その意義及び作業の内容を周知し，協力を得る目的で，地元住民に対して説明会等を開催することとされているが，その際に，法務局職員が不動産登記に関する説明や質問について対応する。

(2) 現地調査への協力

地籍調査の工程において最も重要かつ困難な作業である現地調査を実施する際に，法務局職員が可能な範囲で協力をする。

(3) 成果案の閲覧への協力

地籍調査の実施によって作成された成果案（地図及び簿冊）は，一般の閲覧に供され，土地の所有者等から誤り等の申出があれば，調査の上，修正手続を行うものとされているが，この場合において，

法務局職員が必要な範囲で協力する。
4　地籍調査に協力するための体制の整備
　　地籍調査への協力は，当面，法務局若しくは地方法務局若しくはこれらの支局又はこれらの出張所に配置された表示登記専門官が中心となって行うが，法17条地図の整

備の重要性にかんがみ，各法務局及び地方法務局においては，総括表示登記専門官を中心として，組織的かつ効果的に協力をするための体制の整備を図るものとする。
〈以下略〉

【13】 都市再生街区基本調査による街区基準点の活用について
（平成18年8月15日民二第1794号民事局民事第二課長通知）

　平成15年6月に内閣の都市再生本部から示された「民活と各省連携による地籍整備の推進」（以下「平成地籍整備」という。）の方針に基づき，都市再生街区基本調査が平成16年度から実施されてきたところであり，その成果として，標記の街区基準点が設置されたところです。

　今般，国土交通省土地・水資源局国土調査課長から，別添のとおり街区基準点の成果に係る情報の提供がありましたが，その取扱いについては下記のとおりとすることとしましたので，貴管下登記官に対し，その旨周知するとともに，同成果の活用方につき配慮願います。

　なお，街区基準点の活用については，日本土地家屋調査士会連合会に通知済みであることを申し添えます。

　おって，下記の内容については，国土交通省土地・水資源局国土調査課とも協議済みです。

記

1　街区基準点の整備
　(1)　整備の内容
　　　平成地籍整備の方針に基づいて実施される基礎的調査として，同方針に基づく後続事業（地籍調査素図の作成，地籍調査の実施等）における測量の基準となる基準点の整備を行うものである。
　　　街区基準点の整備における成果は，次のとおりである。

設置点名称	相当する公共基準点	備　考
街区三角点	2級相当公共基準点	500mおきに設置
街区多角点	3級相当公共基準点	200mおきに設置
補助点	4級相当公共基準点	新点間の距離の制限なし

　(2)　整備の主体
　　　街区基準点の整備は，国土交通省が実施するものとされている。ただし，整備後の

街区基準点の維持及び管理については，市区町が行うものとされている。
　(3)　街区基準点の成果の公開
　　　整備された街区基準点に関する街区基準点網図，街区基準点成果表及び点の記（以下これらを総称して「街区基準点の成果」という。）については，市区町において公開されることが予定されている。
2　街区基準点の成果の活用
　　街区基準点は，平成地籍整備に係る都市再生街区基本調査の後続事業において活用することが予定されているものであるが，適正な維持及び管理がされているものであるから，平成地籍整備以外の調査及び測量に活用することも可能である。
　　特に，街区基準点が整備された地域においては，分筆の登記や地積に関する登記等（以下「分筆の登記等」という。）に伴って登記所に提供される地積測量図を作成するための測量の基準として利用することが可能である。
　　そこで，登記所においても，街区基準点及び街区基準点の成果の活用を図るため，次の施策を実施するものとする。
　(1)　街区基準点の成果の登記所への送付
　　　法務省に送付された街区基準点の成果は，速やかに，法務局又は地方法務局を経由して，各管轄登記所に送付する。
　　　なお，街区基準点の成果は，電磁的記録に記録された情報をもって送付する。
　(2)　登記所における街区基準点の成果の備付け及び公開等
　　　街区基準点の成果の送付を受けた登記所においては，登記所にあるパソコンを用いてその成果を出力する。
　　　出力した街区基準点の成果は，バインダーに編てつする等して，登記所内の適宜の場所に備え付け，これを一般に公開する。

なお，街区基準点の成果の公開方法は，紙による閲覧のみとし，その写しの交付又は電子媒体での提供は行わないものとする。

(3)　街区基準点の成果の周知及び活用

街区基準点の成果の送付を受けた各法務局又は地方法務局は，その管轄区域に設立された土地家屋調査士会（支部を含む。）を通じて，会員である土地家屋調査士に対し，街区基準点の成果の送付を受けた旨並びに同成果の管轄登記所への備付け及び公開について周知を図るとともに，分筆の登記等の申請に伴い提供される地積測量図を作成するための調査及び測量をする際には，管轄登記所に備え付けられた街区基準点の成果を利用するよう通知する。

(4)　分筆の登記等の申請があった場合の取扱

い

街区基準点の成果を管轄登記所に備え付けた後，街区基準点の整備が完了した地域内の土地について，地積測量図を添付してする分筆の登記等の申請があった場合には，登記官は，登記所に備え付けられている街区基準点の成果に基づいて調査及び測量がされているかを確認し，街区基準点を利用することができるにもかかわらず，この街区基準点に基づかない地積測量図が作成されている場合には，基本三角点等に基づく測量ができない特段の事情がある場合（不動産登記規則第77条第1項第7号）に該当しないものとして，当該分筆の登記等の申請を却下することとして差し支えない（不動産登記法第25条第9号）。

【14】　登記基準点を不動産登記規則第10条第3項に規定する「基本三角点等」として取り扱うことについて

【照会】

（平成20年6月6日日調連発第62号日本土地家屋調査士会連合会照会）

平素は，当連合会の会務運営に対しまして，御指導賜り厚くお礼申し上げます。

さて，土地家屋調査士，土地家屋調査士法人又は公共嘱託登記土地家屋調査士協会（以下「土地家屋調査士等」という。）は，公共基準点の整備されていない地域等において一筆地測量の与点として使用するための点（以下「登記基準点」という。）を数多く自ら設置し，管理しています。これら登記基準点は，全国的に多数存在するものの，当連合会の調査によれば，多くの登記基準点が公共基準点としての位置付けがされていない実態があります。

ところで，平成17年3月7日に不動産登記法（平成16年法律第123号）及び不動産登記規則（平成17年法務省令第18号，以下「規則」という。）が施行され，地積測量図には，特別な事情のある場合を除いて，近傍の「基本三角点等」に基づく測量の成果による筆界点の座標値を記録することが原則化されました（規則第10条第3項，第77条第1項第7号）。

したがって，公共基準点としての位置付けのない登記基準点は，任意の点にすぎず，近傍に基本三角点等がない場合に恒久的地物に基づく測量の成果として用いられることはあっても，

無条件に登記基準点を公共基準点に準ずるものとして扱うことには問題があります。

しかしながら，登記基準点は，公共基準点が整備されていない地域にあって事実上の公共基準点として利用されてきた実態があり，地域によっては，公共基準点と同様に登記基準点網が整備され，維持管理がされていることを考慮すれば，一定の要件を満たす登記基準点については，測量法上の公共基準点ではないものの，規則第10条第3項にいう「基本三角点等」に該当するものとして，測量法（昭和24年法律第188号）第2章の規定による基本測量の成果である三角点及び電子基準点，国土調査法（昭和26年法律第180号）第19条第2項の規定により認証され，若しくは同条第5項の規定により指定された基準点又はこれらと同等以上の精度を有すると認められる基準点として取り扱うことができるものと解されます。

当連合会では，関係機関と協議を重ね，この度，土地家屋調査士等が設置した登記基準点及びその他の一筆地測量の与点として使用するための点を「基本三角点等」として取り扱うことのできるための要件及びその認定手続を別紙のとおり策定いたしました。

つきましては，登記官において，当連合会が認定をした登記基準点を規則第10条第3項に規定する「基本三角点等」として取り扱っていた

だくことの可否につき照会いたします。

なお，差し支えない場合には，その旨各法務局・地方法務局へ通知していただきますようお願い申し上げます。

【手続の骨子】（別添9参照）

1　土地家屋調査士等は，日本土地家屋調査士会連合会登記基準点評価委員会（以下「評価委員会」という。別添1参照）に登記基準点測量作業規程（別添6参照）に基づき設置した登記基準点の認定申請（別添3参照）をすることができる。

2　認定申請は，各土地家屋調査士会を経由しなければならない。

3　評価委員会は，第三者検定機関に成果の検定を委託しなければならない。

4　評価委員会は，第三者検定機関の検定の結果等を踏まえ，登記基準点を認定することができる。

5　評価委員会は，申請者及び法務省に登記基準点の認定結果を通知する。

　　別添1「日本土地家屋調査士会連合会登記基準点評価委員会設置規程」

　　別添2「日本土地家屋調査士会連合会登記基準点有識者協議会規程」

　　別添3「登記基準点認定規程」

　　別添4「付録登記基準点認定規程標準様式集」

　　別添5「登記基準点管理規程」

　　別添6「登記基準点測量作業規程」

　　別添7「登記基準点測量作業規程運用基準」

　　別添8「登記基準点測量作業規程運用基準別表」

　　別添9「登記基準点認定手続フロー図」

　　　　　　　　　　　　　　〈別添省略〉

【回答】

（平成20年6月12日法務省民二第1669号法務省民事局長回答）

　平成20年6月6日付け日調連発第62号をもって照会のありました標記の件については，貴見のとおり取り扱われて差し支えありません。

　なお，この旨法務局長及び地方法務局長に通知しましたので，申し添えます。

【依命通知】

（平成20年6月12日法務省民二第1670号法務省民事局民事第二課長依命通知）

　標記について，別紙甲号のとおり日本土地家屋調査士会連合会会長から民事局長あてに照会があり，別紙乙号のとおり回答したので，この旨貴管下登記官に周知方取り計らい願います。

【15】 不動産登記規則等の一部を改正する省令の公布及び地図証明書の様式変更について

（平成22年4月1日日調連発第3号日本土地家屋調査士会連合会長通知）

　不動産登記規則等の一部を改正する省令（平成22年法務省令第17号）が，本日公布され，不動産登記事務取扱手続準則（平成17年2月25日付け法務省民二第456号民事局長通達）の一部が改正されましたので，通知します。

　つきましては，貴会所属会員に周知していただき，円滑に業務が行われるよう指導方配意願います。

　なお，主な改正点及びその取扱いは，下記のとおりです。

　　　　　　　　　記

1　不動産登記規則等の一部を改正する省令

　(1)　主な改正点

　　　不動産登記規則第77条に規定する地積測量図に記録しなければならない事項に，国土調査法施行令第2条第1項第1号に規定する平面直角座標系の番号又は記号及び測量の年月日が追加された。

　(2)　改正後の取扱い

　　①　本年7月1日以降にされる登記の申請又は不動産登記規則第16条第1項の申出から適用される。

　　②　一定の期間をかけて測量作業が行われ，地積測量図を作成した場合，測量の年月日としては，現地における測量が完了した年月日を記録することで差し支えない。

2　不動産登記事務取扱手続準則

　　地図情報システムに登録された地図及び地図に準ずる図面に係る証明書（地図証明書）の様式（別記第98号）が，本月5日から一部変更され，地番区域見出図が追加される。

不動産登記規則等の一部を改正する省令
（不動産登記規則の一部改正）（抄）
　　　　　　　（平成22年4月1日法務省令第17号）
　不動産登記規則等の一部を改正する省令を次のように定める。
　第77条第1項中第8号を第9号とし，同項第7号中「（近傍に基本三角点等が存しない場合その他の基本三角点等に基づく測量ができない特別の事情がある場合にあつては，近傍の恒久的な地物に基づく測量の成果による筆界点の座標値）」を削り，同号を同項第8号とし，同項第6号の次に次の1号を加える。
　七　国土調査法施行令第2条第1項第1号に規定する平面直角座標系の番号又は記号
　第77条第1項に次の1号を加える。
　十　測量の年月日

　　　　　　附　　則
　（施行期日）
第1条　この省令は，公布の日から施行する。
　　ただし，第1条中不動産登記規則第77条及び第231条第6項の改正規定は，平成22年7月1日から施行する。
　（不動産登記規則の一部改正に伴う経過措置）
第2条　この省令による改正後の不動産登記規則の規定（他の省令において準用する場合を含む。）は，この附則に特別の定めがある場合を除き，この省令の施行前に生じた事項にも適用する。ただし，改正前の不動産登記規則により生じた効力を妨げない。
第3条　この省令の施行前にされた登記の申請又は不動産登記規則第16条第1項の申出については，なお従前の例による。

【16】「表示に関する登記における実地調査に関する指針」の改訂に伴う土地及び建物の実地調査に関する要領の見直し及びその実施時期について
　　　　　　　　　　　　　（平成23年3月23日法務省民事局民事第二課事務連絡）

　「表示に関する登記における実地調査に関する指針」（平成18年8月25日付け法務省民二第1997号民事局第二課長通知）の改定については，本日付け法務省民二第728号をもって民事第二課長から通知されたところであり，各局においては，この改定後の指針（以下「改定指針」という。）を踏まえて，これまで以上に実地調査の推進を図っていただく必要があります。
　ところで，実地調査の判断基準や実施方法等については，上記指針を踏まえて，各局において土地及び建物の実地調査に関する要領（以下「各局要領」という。）を定めており，各局要領に従って実地調査が実施されているところです。
　つきましては，今般，改定指針が発出された

ことを受けて，速やかに各局要領の見直しを行い，体制の整備及び貴管下登記官への周知を図った上で，できるだけ早期に実施するようお願いします。
　ただし，本月11日に発生した東北地方太平洋沖地震によって被害を受けた地域を管轄する法務局及び地方法務局においては，同地震による被害からの復旧状況等を勘案しつつ，適宜の時期から運用するようお願いします。
　なお，同地域における同地震に起因する建物の滅失の登記及び地図情報の補正等については，被災状況を調査把握の上，別途措置を講ずることを検討していることを申し添えます。

【17】「表示に関する登記における実地調査に関する指針」の改定について（通知）
　　　　　　（平成23年3月23日法務省民二第728号法務省民事局民事第二課長通知）

　標記について，別紙のとおり改定しましたので，表示に関する登記事件の処理に当たっては，改定後の指針を踏まえて，効率的かつ効果的な事件処理を行うよう貴管下登記官に周知方取り計らい願います。

表示に関する登記における実地調査に関する指針（改訂）

（凡例）
法＝不動産登記法（平成16年法律第123号）
令＝不動産登記令（平成16年政令第379号）
規則＝不動産登記規則（平成17年法務省令第18号）
準則＝不動産登記事務取扱手続準則（平成17年2月25日法務省民二第456号民事局長通達）

第1　総　論

1　目的

　実地調査は，不動産の物理的現況を正確に公示することを目的とする表示に関する登記を行うに当たって登記官が行使すべき実質審査権の最も重要かつ基本的な行使の形態である（法第29条及び規則第93条本文）。したがって，その適正な実施は，表示に関する登記の正確性を確保するために必要不可欠なものである。

　一方で，近年の登記所の統廃合の進捗による管轄面積の拡大，効率的な行政運営の必要性の一層の高まり，筆界特定制度の円滑な運営のための体制の整備等の表示登記制度を取り巻く諸情勢がある。

　このため　本指針は，表示に関する登記の正確性を確保する手段である実地調査の重要性を十分に踏まえつつ，表示に関する登記事件の処理を全体として効率的かつ効果的に行うため，実地調査の実施の判断に関する基準について指針を示すとともに，実地調査を実施する上での留意点を示すことを目的とする。

2　実地調査の実施の判断

　登記官は，表示に関する登記の申請又は地図等の訂正の申出（以下これらを「申請等」と総称する。）のあった事件につき，申請情報，添付情報及び登記官が登記所内外で収集した資料（法第14条第1項の地図，地積測量図等を含む。以下同じ。）等を総合的に勘案して実地調査の実施を判断すべきである（※1）。

　その際，事件の種類，申請人等から提供された情報及び登記官が職務上知り得た事実等，申請等の内容が真正であると判断することができる要素を踏まえて，実地調査を実施すべきかを判断するものとし，全体として適正な事件処理を行う。

　具体的には，土地家屋調査士又は土地家屋調査士法人（以下これらを「調査士等」と総称する。）を代理人として申請等がされた場合であって，申請等に係る不動産の現況，調査士等の判断及びその根拠等に係る事項が必要かつ十分に記録された規則第93条ただし書に規定する調査に関する報告書（以下「調査報告書」という。）が登記所に提供された場合において，当該調査報告書と，それ以外に登記所に提供された情報及び登記官が登記所内外で収集した資料等によって職務上知り得た事実とを併せ考慮することによって，登記

官が申請等の内容が真正であると判断することができるときに限って，実地調査を要しないと判断することができるものとする（登記の種類別の判断基準については，第3を参照）（※2，※3）。

※1　添付情報により申請等の内容が真正であることを確認することができる以下の類型の登記については，実地調査を要しないものとして取り扱って差し支えない。

　（1）　土地に関する登記

　　ア　所在の変更又は更正の登記

　　イ　表題部所有者の氏名若しくは名称又は住所についての変更又は更正の登記

　（2）　建物に関する登記

　　ア　敷地権に関する建物表題部の変更又は更正の登記

　　イ　共用部分又は団地共用部分に関する登記

　　ウ　表題部所有者の氏名若しくは名称又は住所についての変更又は更正の登記

※2　ここでいう調査報告書は，平成19年2月19日付け民二第407号通知の様式によるものとする。

※3　官公署による嘱託の場合であって，嘱託に係る不動産の現況，官公署の判断及びその根拠等に係る必要かつ十分な情報（調査報告書に記録されるべき情報と同程度のもの）が登記所に提供された場合については，本文記載の場合と同様に，当該情報と，それ以外に登記所に提供された情報及び登記官が登記所内外で収集した資料等によって職務上知り得た事実とを併せ考慮することによって，登記官が嘱託の内容が真正であると判断することができるときに限って，実地調査を要しないと判断することができるものとする。

第2　実地調査

1　登記官による判断

　実地調査の実施の判断は，登記官が自ら行うものとし，実地調査を要しないと判断したものについては，その理由を具体的に，明らかにしておくものとする（※）。

※　実地調査を要しないと判断した理由については，別紙実地調査省略理由書又はこれ

と同程度の内容を記載することとした様式
に具体的に記載し，申請情報等と共に保管
しなければならない。

2　実地調査の通知及び連絡調整等

(1)　登記官は，実地調査を行う場合において
は，立会いを求めるべき者に対し，事案の
内容に応じて，立会日時及び立会いを求め
る旨その他必要な事項を立会依頼書に記載
してこれを事前に送付する方法又はこれら
の事項を電話その他適宜の方法によって事
前に連絡をする方法のいずれかにより通知
するものとする（※）。

※　立会依頼書の様式は，各局の実地調査
要領で定める様式を使用して差し支えな
い。

(2)　登記官は，実地調査を行うに当たっては，
必要に応じ，関係官署と緊密な連絡を取り，
意見の聴取又は資料の提供若しくは立会い
の要請等の措置を講ずるものとする。

3　実地調査簿への記載

登記官は，実地調査を行う場合には，あら
かじめ実地調査簿に必要な事項を記載しなけ
ればならない（※）。

※　実地調査簿の様式は，各局の実地調査要
領で定める様式を使用して差し支えない。

4　事前調査

(1)　登記官は，実地調査を行うに当たっては，
あらかじめ，法定の添付情報のほか，登記
記録，地図等の登記所に保管されている資
料等に基づき，対象となる不動産の所在，
位置，形状，隣接地又は隣接の建物等につ
いて，必要な調査を行うものとする。

(2)　登記官は，実地調査を行うに当たっては，
あらかじめ準則第62条第2項の規定による
実地調査書（準則別記第58号様式）又はこ
れに準ずる様式に，「不動産所在事項」及
び「受付（立件）年月日・番号」を記載す
るほか，「調査を要する事項」を簡潔かつ
具体的に記載して明らかにするものとする。

**5　登記所の職員に実地調査を代行させる場合
の事前確認・指示**

(1)　登記官は，当該職員が申請等に関して法
第10条に定める除斥事由と同様の関係を有
しないことを確認しなければならない。

(2)　登記官は，当該職員に身分証明書を常に
携帯させ，関係人の請求がある場合にこれ
を提示するよう指示するものとする。

6　実地調査における留意点

(1)　実地調査担当者は，実地調査を行うに当
たっては，まず，現地において対象となる
不動産を特定した上で，4の(2)により実地
調査書上に明確にされた「調査を要する事
項」の内容等に応じて，目視により単に申
請等に係る事項と現況が明らかに反してい
ないかどうかを調査するだけではなく，
トータルステーション，簡易型レーザー距
離測定器，鋼巻き尺等を用いた測量，計測
等を行い，申請等に係る事項が現況と符合
しているかど
うかを調査しなければならない。

(2)　実地調査担当者は，実地調査を行うに当
たっては，「調査を要する事項」の内容等
に応じて，対象となる不動産の現況又は境
界標等の埋設状況を写真撮影するとともに，
立ち会った関係人の供述を記録する等して，
証拠の作成・保存に努めなければならない
（※）。

※　写真撮影等に当たっては，申請人等の
了解を得るなどしてプライバシーに十分
配慮するものとする。

7　実地調査拒否等に対する措置

(1)　登記官は，実地調査を拒否される等の理
由により，実地調査を行うことが困難であ
ると判断した場合には，これを中止し，必
要に応じて所属長にその旨の報告をするも
のとする。

(2)　登記官は，登記所の職員に実地調査を代
行させた場合において，当該実地調査を代
行した者から，実地調査を拒否される等の
理由によりその代行が困難であるとの報告
を受けた場合には，直ちにその代行を中止
させるとともに，必要に応じて所属長にそ
の旨を報告し，更に実地調査を継続するか
どうかを判断するものとする。

(3)　報告を受けた所属長は，速やかに報告に
係る事実を調査し，申請情報及び添付情報
の写しを添えて，その結果を所属する法務
局又は地方法務局の長に報告するとともに，
実地調査の拒否が法第162条（検査妨害罪）
の構成要件に該当すると思われる場合には，
所轄の警察署に告発をするものとする。

8　実地調査完了後の措置

(1)　実地調査担当者は，実地調査を行った後
速やかに，実地調査書に「調査を要する事

項」ごとに調査の方法及びその結果を具体的に記載するものとする（※）。
※　「調査を要する事項」に係る調査結果の記載は，撮影した写真等を用いて行って差し支えない。
(2)　登記官は，実地調査を行った後速やかに，実地調査簿に所要の事項を記載するものとする。

9　申請等の取下げ又は却下の場合における取扱い

(1)　登記官は，実地調査を行った後，申請等の取下げ又は却下があった場合には，添付書面の還付に先立って，調査報告書の写しを作成するものとする。
(2)　登記官は，実地調査簿に申請等の取下げ又は却下があった旨を記載するとともに，取下書又は却下した申請に係る申請情報と共に，実地調査書及び調査報告書の写しを申請書類つづり込み帳又は職権表示登記等書類つづり込み帳につづり込むものとする（※）。
※　実地調査書及び調査報告書（写し）は，検索等の便宜のため，申請書類つづり込み帳又は職権表示登記等書類つづり込み帳の別冊として，別途保管しても差し支えない。

10　登記監査による積極的な実地調査の促進

法務局又は地方法務局で実施する不動産登記に係る監査においては，「表示に関する登記のうち実地調査を実施していないものについて，本指針に照らして正当な理由があるか」との観点からの監査事項を盛り込み，当該監査を実施した結果，実地調査を実施しないことにつき正当な理由がない事案があった場合には，同様の事案について積極的な実地調査を行うよう指導するものとする。

第3　登記の種類別の実地調査実施の判断基準

実地調査の実施の判断は，第1の2に定められた基準のとおりに行うものとするが，このときの「当該調査報告書と，それ以外に登記所に提供された情報及び登記官が登記所内外で収集した資料等によって職務上知り得た事実とを併せ考慮することによって，登記官が申請等の内容が真正であると判断することができるとき」といえるためには，少なくとも以下の1及び2に掲げられた登記の種類別に定められたそれぞ

れの要件を満たしたものでなければならない（※）。
なお，表題登記がない不動産についてする所有権保存の登記（法第75条）又は所有権の処分の制限の登記（法第76条第3項）をするときにおける表題登記については，当該登記が完了した後に遅滞なく，全て実地調査を実施するものとする。
※　①表題部所有者についての更正又は表題部所有者である共有者の持分についての更正の登記，②合筆の登記，③建物の分割，区分又は合併の登記については，第1の2に定められた基準のとおりに実地調査の実施を判断することになるため，以下の1及び2に掲げていない。

1　土地の表示に関する登記

(1)　表題登記
該当土地の所在，地目及び地積が明らかとなる官公署の証明書が提供されており，かつ，表題登記に伴って提供される土地所在図及び地積測量図の内容が登記所に備え付けられた法第14条第1項の地図（これと同等の精度を有する同条第4項の地図に準ずる図面を含む。以下同じ。）と整合していること。
(2)　地目の変更又は更正の登記
次のア又はイの場合のいずれかに該当すること。ただし，農地からの地目の変更又は更正の登記の申請等については，農地に該当しない旨又は農地の転用許可があったことを証する官公署の証明書が提供されている場合に限る。
ア　宅地への地目の変更又は更正の登記の申請等であって，該当土地を建物の敷地等とする建物の表題登記がされている場合又は当該建物の建築に関する官公署若しくは指定確認検査機関の証明書が提供されている場合
イ　調査報告書において，写真が貼り付けられ，当該写真が現地を示したものであると確実に判断することができる資料が提供されている場合（例えば，当該写真中に住宅地図や地形図に照らして合致する画像が提供されている場合等）
(3)　分筆の登記
次のア及びイの要件のいずれにも該当すること。

ア　提供された地積測量図の内容が，申請
等に係る土地につき登記所に備え付けら
れている法第14条第1項の地図又は現地
を復元することができる地積測量図若し
くは筆界特定図面と整合していること。

イ　調査報告書において，地積測量図に記
録された分筆線が申請人の意思に合致し
たものであることが分かる記録がされて
おり，かつ，当該分筆線の現地における
位置を示したものであると確実に判断す
ることができる写真が添付されているこ
と。

(4)　地積に関する変更又は更正の登記
　次のア又はイの要件のいずれかに該当す
ること。

ア　地積の計算誤りの場合等の新たに測量
した地積測量図の提供を要しない場合で
あること。

イ　提供された地積測量図の内容が，申請
等に係る土地につき登記所に備え付けら
れている現地復元性のある地積測量図又
は筆界特定図面と整合していること。

(5)　土地の滅失の登記
　該当土地が滅失したことが明らかとなる
官公署の証明書が提供されていること。

2　建物の表示に関する登記

(1)　表題登記（区分建物を含む。）
　調査報告書において，該当建物に関する
写真が貼り付けられ，当該写真により該当
建物の外観及び内部を確認することができ
る場合であって，次のア又はイの証明書の
いずれかが提供されていること。

ア　該当建物の所在，種類，構造及び床面
積並びに所有者が明らかとなる官公署又
は指定確認検査機関の証明書

イ　該当建物の所在，種類，構造及び床面
積並びに所有者が明らかとなる建築請負
人の証明書

(2)　建物の表題部（表題部所有者に係る事項
を除く。）の変更又は更正の登記調査報告
書において，該当建物に関する写真が貼り
付けられ，当該写真により該当建物の外観
及び内部を確認することができる場合で

あって，次のア又はイの証明書のいずれか
が提供されていること。

ア　該当建物の表題部の変更後又は更正後
の事項が明らかとなる官公署又は指定確
認検査機関の証明書

イ　該当建物の表題部の変更後又は更正後
の事項が明らかとなる建築請負人の証明
書

(3)　合体による登記等
　調査報告書において，該当建物に関する
写真が貼り付けられ，当該写真により該当
建物の外観及び内部を確認することができ
る場合であって，次のア又はイの証明書の
いずれかが提供されていること。

ア　合体後の建物の所在，種類，構造及び
床面積並びに所有者が明らかとなる官公
署又は指定確認検査機関の証明書

イ　合体後の建物の所在，種類，構造及び
床面積並びに所有者が明らかとなる建築
請負人の証明書

(4)　建物の滅失の登記
　次のアからウまでの場合のいずれかに該
当すること。

ア　該当建物が滅失したことが明らかとな
る官公署の証明書が提供されている場合

イ　該当建物が存した同一の箇所に異なる
建物が新築されていることが明らかな場
合

ウ　第三者の権利に関する登記がされてい
ない場合（第三者の権利に関する登記が
されている場合において，当該権利が消
滅していることが明らかとなる資料が提
供されているときを含む。）において，
次の(ア)又は(イ)の要件のいずれかに該当す
るとき。

(ア)　該当建物を取り壊したことについて
の解体業者等の証明書が提供されてい
ること。

(イ)　調査報告書において，写真が貼り付
けられ，当該写真が該当建物が滅失し
た後の現地を示したものであると確実
に判断することができる資料が提供さ
れていること。

別紙

実地調査省略理由書

○○地方法務局○○支局　登記官○○○○

申請年月日	平成23年○月○日
受付番号	第○○号
登記の種類	分筆登記
省略理由	添付情報　調査報告書　地積測量図 （記載例） 　申請に係る土地は，法第14条第1項の地図が備え付けられている地域にあり，本件申請の添付情報である地積測量図の筆界点座標値は，地図の筆界点座標値の誤差の範囲内にあった。 　また，調査報告書の○○の記載から，地積測量図に記録された分筆線は，申請人の申請意思に合致するものであることが認められるとともに，調査報告書添付の写真から，分筆した各筆界点に境界標が埋設されていることが認められ，地積測量図の記録とも合致していると認められる。 　このため，実地調査により分筆線を含む各筆界点の座標値を確認する必要はないものと判断した。

【18】 オンラインによる不動産の表示に関する登記の申請又は嘱託における法定外添付情報の原本提示の取扱いについて（お知らせ）

（平成27年4月6日日調連発第9号）

　当連合会の会務運営につきましては，ご理解とご協力をいただき感謝申し上げます。

　さて，標記については，本年3月23日付け日調連発第356号をもってお知らせしたところでありますが，本月3日付けで，法務省民事局民事第二課から各法務局・各地方法務局あてに事務連絡が別添のとおり発出されましたので，お知らせします。

　つきましては，当該連絡の趣旨をご理解いただくとともに，下記の事項をご留意いただき，各法務局・各地方法務局と協議いただきますよう，貴職の特段のご配意をお願いします。

記

1　原本提示を省略する取扱いについて

　　資格者代理人がオンラインにより表示に関する登記の申請又は嘱託をする場合において，法定外添付情報（法定外添付情報に添付されることがある印鑑に関する証明書及び法人の代表者の資格を証する情報を含む。）を電磁的記録に記録したもの（PDF）及びこれらが原本と相違ない旨の記録がされた調査報告書を提出したときは，法定外添付情報を電磁的記録に記録したものが不鮮明である等の理由により登記官から原本の提示を求められた場合を除き，当該法定外添付情報の原本の提示を省略することができるものとされた。ただし，農地を農地以外の地目に変更する地目の変更の登記の申請をする場合に提供する農地に該当しない旨又は農地の転用許可があったことを証する官公署の証明書，都市計画法（昭和43年法律第100号）第36条第2項の規定に基づく検査済証等，通達等で添付の取扱いが定められているものは，その通達等に従うものとされている。

2　運用開始日等について

　　事務連絡では，運用開始日を平成27年6月1日（月）とされているので，それまでの間に，各法務局・地方法務局との間で本件につ

いて協議を行う。

3　調査報告書の記載について

　調査報告書に，法定外添付情報を電磁的記録に記録したもの（PDF）が原本と相違ない旨の記載をするときは，原則として，「Ⅱ資料に関する調査又は確認」欄の「特記事項」欄とするものとされた。

　この場合における記載内容は「電磁的記録（PDF）で添付した法定外添付情報については原本の写しに相違ない。」等の記載をする。

4　申請書類の保管について

　登記処理期間中については，登記官から原本の提示を求められる場合を考慮し，速やかに提示することができるよう，資格者代理人は，登記完了まで可能な限り原本を保管する。

　また，当該法定外添付情報は，その写し又は原本（原本保管が可能な場合）を登記完了の日から概ね３年間程度を目安に保管するよ

う努める。

　なお，各土地家屋調査士会における会則に，登記関係書面等の保管期間等を定めている場合は，当該会則の規定に準ずることで差し支えない。

5　PDF作成時の留意事項等

　登記官において印影確認を要する法定外添付情報をPDF化するときは，当該印影が鮮明に写るように処理を行う。またＡ４サイズを超える書面（図面等）を電磁的記録にする場合は，当該書面の写し（コピー）を提出する，又は小さな文字や細かい線を判別しやすいように，複数頁に分割して記録を行う等，登記官が調査を円滑に行えるよう配慮する。

　なお，法定外添付情報を電磁的記録に記録したものに電子署名が行われている場合，原本還付等の取扱いは必要ない。

【19】不動産登記規則第93条ただし書に規定する不動産の調査に関する報告に係る報告書の様式の改定について（依命通知）

【照会】
（平成27年12月17日日調連発第256号日本土地家屋調査士会連合会照会）

　平素は，当連合会の会務運営に対しまして，御指導賜り厚く御礼申し上げます。

　さて，標記の様式につきましては，平成19年２月14日付け日調連発第431号をもって貴省へ照会し，同月19日付け法務省民二第406号法務省民事局長回答により，「不動産登記規則第93条不動産調査報告書日調連様式」（以下「現行様式」という。）として，その記載方法等を各土地家屋調査士会へ指導し８年を経過しました。

　今般，表示に関する登記事務の適正・効率化への更なる寄与をはじめ，報告書作成事務の軽減等を目指し，現行様式の改定について検討を重ねた結果，別添のとおり，現行様式の改定版を策定いたしました。

　改定版の運用開始に当たりましては，開始時期を平成28年３月14日からとし，運用開始後は，６か月の経過措置を講じたいと考えております。

　今後，改定版をもって，運用するよう各土地家屋調査士会及び会員へ指導するとともに，改定版については，その内容を大きく変更して運用することのないよう，また，経過措置期間終了後は，改定版のみを使用することを周知した

いと考えております。

　つきましては，改定版の内容及びその取扱いに関し，貴省の御意見をいただきたく，照会します。

【回答】
（平成28年１月８日法務省民二第４号法務省民事局長回答）

　平成27年12月17日付け日調連発第256号をもって照会のありました標記の件については，貴見のとおりとして差し支えありません。

　なお，本件照会に係る改定様式については，本年３月14日以降にする登記の申請又は嘱託について使用するものとし，経過措置として，現行様式についても本年９月16日までの間使用して差し支えありません。

　おって，この旨を法務局長及び地方法務局長に通知しましたので，申し添えます。

【依命通知】
（平成28年１月８日法務省民二第５号法務省民事局民事第二課長依命通知）

　標記について，別紙甲号のとおり日本土地家屋調査士会連合会会長から照会があり，別紙乙号のとおり回答したので，貴管下職員に周知方

お取り計らい願います。

不動産調査報告書　土地

不動産登記規則第93条ただし書

以下のとおり調査をしたので、その結果を報告します。

平成　年　月　日

土地家屋調査士＋申所属

登録No.

電話番号

報告書No.

土地家屋調査士

電子署名又は職印

01 登記の目的

申請番号	所在		事件名			
		□表題 □分筆	□合筆 □所在 □土地所在図訂正	□地積	□地図訂正（ ）□その他（ ）	□変更 □更正
		□表題 □分筆 □地積測量図訂正	□合筆 □所在 □土地所在図訂正	□地積	□地図訂正（ ）□その他（ ）	□変更 □更正

02 調査した土地（表題登記以外は、申請前の状況を記載すること。）

申請番号	所在	地番	地目	地積 ㎡	第三者の権利の有無	利用状況	地積測量図の有無
					□有 □無		□有 □無
					□有 □無		□有 □無
					□有 □無		□有 □無
					□有 □無		□有 □無

03 所有権登記名義人等

地番		所有権登記名義人（□立会人）
	住所（登記記録と異なる場合）	
	氏名	
	本人確認方法	□運転免許証 □個人番号カード □面識有り □その他（ ）
	持分	□単有 □共有（持分 ）
	連絡先（電話番号等）	
		立会人
	住所	
	氏名	
	本人確認方法	□運転免許証 □個人番号カード □面識有り □その他（ ）
	所有権登記名義人との関係	□親族（ ）□管理者 □代表者 □その他（ ）
	連絡先（電話番号等）	
	立会・確認状況等	平成　年　月　日　立会・確認

04 登記原因及びその日付

申請番号	地　番	原因日付	原　因	登記原因及びその日付の具体的判断理由

05 調査資料・証言・事実等

資料等区分	資料等番号	資料等名
登記所資料		□ 土地登記記録 □ 土地閉鎖登記記録・閉鎖登記簿 □ 建物登記記録・閉鎖登記簿 □ 地図（　　　　　） □ 地図に準ずる図面（　　　　　） □ 閉鎖地図及び閉鎖地図に準ずる図面 □ 地積測量図・土地所在図 □ 筆界特定関係資料等 □ 旧土地台帳 □ 旧土地台帳附属地図（和紙公図） □ 基準点成果 □ その他（　　　　　） □ その他（　　　　　）
官公署等資料		□ 台帳申告書写し □ 地籍図等 □ 国土調査等関係資料 □ 道路台帳附属地図 □ 道路境界確定図等 □ 法定外公共物境界確定協議書等 □ 公共用地払下げ図面等 □ 河川法の適用河川境界系図等 □ 換地確定図 □ 戦災復興図画整理図 □ 空中写真 □ 農業委員会の許可書等 □ 基準点成果 □ その他（　　　　　） □ その他（　　　　　）
その他の資料		□ 地形地物・段差・石垣・のり地・崖・沢・道路・水路・尾根・谷・その他 □ 工作物・境界標識・土留め・ブロック塀・コンクリート擁壁・その他 □ 筆界確認書・立会証明書等 □ 売渡図面
その他の事実等		□ 承諾書 □ 証言（証言者　　　　　） □ その他（　　　　　） □ その他（　　　　　）
原結果認果		

06 資料・証言・事実等の分析

資料等番号	地　番	分析手法、分析結果その他必要な事項
		作成年月日　昭和○年○月○日　□座標法　□三斜法　□その他（　　　） 求積方法 作成年月日　昭和○年○月○日　□座標法　□三斜法　□その他（　　　） 求積方法 証言者

地　番

	所有権登記名義人（□立会人）
住所（登記記録と異なる場合）	
氏名	
本人確認方法	□運転免許証　□個人番号カード　□面識有り　□その他（　　　） 持分　□単有　□共有（　　　）
連絡先（電話番号等）	
	立会人

地　番

	所有権登記名義人（□立会人）
住所（登記記録と異なる場合）	
氏名	
本人確認方法	□運転免許証　□個人番号カード　□面識有り　□その他（　　　） 持分　□単有　□共有（　　　）　□管理者　□代表者　□その他（　　　）
所有権登記名義人との関係	□親族（　　　）□管理者（　　　）□代表者
連絡先（電話番号等）	
立会・確認状況等	平成　年　月　日　立会・確認

地　番

	所有権登記名義人（□立会人）
住所（登記記録と異なる場合）	
氏名	
本人確認方法	□運転免許証　□個人番号カード　□面識有り　□その他（　　　） 持分　□単有　□共有（　　　）
連絡先（電話番号等）	
	立会人

地　番

	所有権登記名義人（□立会人）
住所（登記記録と異なる場合）	
氏名	
本人確認方法	□運転免許証　□個人番号カード　□面識有り　□その他（　　　） 持分　□単有　□共有（　　　）　□管理者　□代表者　□その他（　　　）
所有権登記名義人との関係	□親族（　　　）□管理者（　　　）□代表者
連絡先（電話番号等）	
立会・確認状況等	平成　年　月　日　立会・確認

07 現地の状況　□別紙のとおり

点名	現地の状況（遠景・近景）	境界標	確認の状況	撮影年月日	備考
		□新設 □既存 □復元 □入替え			
		□新設 □既存 □復元 □入替え			
		□新設 □既存 □復元 □入替え			
		□新設 □既存 □復元 □入替え			

その他必要な事項

08 地域区分・精度区分

地域区分	□市街地地域（甲2まで）　□村落・農耕地域（乙1まで）　□山林・原野地域（乙3まで）
地図等の精度区分	□甲1 □甲2 □甲3 □乙1 □乙2 □乙3 □なし

09 筆界点位置の計測

基準点測量等

測地系	□世界測地系 □変換パラメータ（　　）□任意座標（　　）
使用機器	□TS □GNSS □その他（　　）
観測方法	□放射 □開合 □単回 □複回 □平均 □その他（　　）　□スタティック □短縮スタティック □RTK □ネットワーク型RTK □その他（　　）
観測日	平成　年　月　日　～　平成　年　月　日

使用した基本三角点等	点名	等級・種別	標識

補助基準点	点名	名称・種別	標識

恒久的地物	点名	名称・種別	地物の名称

遠景 / 近景　撮影年月日　備考

基本三角点等に基づく測量ができない理由

一筆地測量

使用機器	□TS □GNSS □その他（　　）
観測日	平成　年　月　日　～　平成　年　月　日

地番	登記地積	実測面積	較差	公差	地積更正の要否
	㎡	㎡	㎡	㎡	□要 □否
求積・誤差の許容限度の検証					□要 □否

257

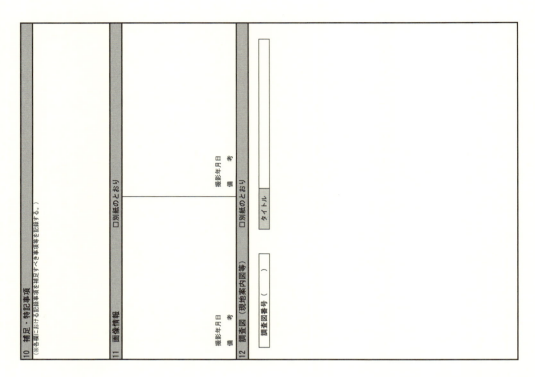

10　補足・特記事項
（※各欄における記録事項を補足すべき事項等を記録する。）

11　画像情報
□別紙のとおり

撮影年月日

備　考

12　調査図（現地案内図等）
□別紙のとおり

撮影年月日

備　考

調査図番号（　　）

タイトル

〈※　以下，建物に係る様式は略〉

【20】登記基準点測量作業規程

第1章　総　則

（目的）

第1条　この規程は，不動産に係る国民の権利の保全を図るため，不動産の表示に関する登記制度の基礎的データの整備に必要な登記基準点の測量について，その作業方法等を定めることにより，必要な精度を確保すること等を目的とする。

（用語の定義）

第2条　この規程における用語並びにその定義は，登記基準点認定規程第2条及び次に定めるところによるものとする。

　　登記基準点測量　既知点に基づき，登記基準点の位置を定める作業をいう。

（登記基準点測量の作業及び区分）

第3条　登記基準点測量の作業は，次に掲げるとおりとする。

（1）　資料収集及び現地踏査

（2）　登記基準点測量

2　登記基準点測量は，既知点の種類，既知点間の距離及び新点間の距離に応じて，1級登記基準点測量，2級登記基準点測量，3級登記基準点測量及び4級登記基準点測量に区分する。

3　1級登記基準点測量により設置される基準点を1級登記基準点，2級登記基準点測量により設置される基準点を2級登記基準点，3級登記基準点測量により設置される基準点を3級登記基準点及び4級登記基準点測量により設置される基準点を4級登記基準点という。

（計量単位）

第4条　登記基準点測量における計算単位は，計算量（平成4年法律第51号）第8条第1項に規定する法定計量単位（同法附則第3条及び第4条の規定により法定計量単位とみなされる計量単位を含む。）によるものとする。

（作業計画の作成）

第5条　調査士等は，必要に応じて作業着手前に，作業の方法，使用する主要な機器，要員，日程等について適切な作業計画を作成するものとする。

第2章　資料収集及び現地踏査

（資料の収集）

第6条　調査士等は，登記基準点測量に関連す

る資料の収集を行うものとする。

2　資料収集は，計画的，まつ，効率的に実施するものとし，後続作業を勘案して取りまとめるものとする。

（現地踏査の実施）

第7条　現地踏査は，前条の規定により収集した資料に基づき，第9条各号に掲げる基準点等及び登記基準点の状況について，現地において調査するものとする。

第3章　登記基準点測量

第1節　総則

（登記基準点測量の方式）

第8条　登記基準点測量は，次に方式により行うものとする。ただし，他の方式により精度が確認できる場合は，この限りでない。

(1)　結合多角方式

(2)　単路線方式

（測量の基礎とする点）

第9条　登記基準点測量は，次の各号のいずれかに掲げる基準点（以下「基準点等」という。）を基礎として行わなければならない。

(1)　不動産登記規則第10条第3項に規定する基本三角点等

(2)　測量法第41条第1項の規定により審査され，十分な精度を有すると認められた測量成果である基準点（前号に掲げるものを除く。）

(3)　認定登記基準点

（位置及び方向角の表示の方法）

第10条　登記基準点の位置は，国土調査法施行令（昭和27年政令第59号。以下「令」という。）別表第1に掲げる平面直角座標系（以下「座標系」という。）による平面直角座標値（以下「座標値」という。）及び測量法施行令（昭和24年政令第322号）第2条第2項に規定する日本水準原点を基準とする高さ（以下「標高」という。）で表すものとする。

2　方向角は，当該地点が属する座標系のX軸に平行な当該地点を通る軸の正の方向を基準とし，右回りに表示するものとする。

（登記基準点の配置）

第11条　登記基準点は，登記基準点測量を行う地域における基準点等の配置を考慮し，適切

な密度をもって配置するものとする。

（点検・検査）

第12条　調査士等は，当該測量が誤りなく，かつ，別に定める誤差の限度内の精度を保って行われるように，常に各種の方法によって点検又は検査を行わなければならない。

（記録等の保管）

第13条　調査士等は，測量の観測，計算等の測量記録を作成し，当該測量の結果である測量成果とともに保管しなければならない。

2　永久標識又は一時標識の敷地の所有者等からの使用権の取得等に関する書類は，保管しなければならない。

第2節　登記基準点測量

（登記基準点の選定）

第14条　登記基準点は，後続作業における利用等を考慮し，標識の保存が確実である位置に選定するものとする。

（選点図）

第15条　登記基準点及び路線の選定の結果は，登記基準点選点図に取りまとめるものとする。

（標識）

第16条　新点の位置には原則として標識を設置し，その保全及び管理のための適切な措置を講ずるものとする。

2　前項の標識を設置する場合には，当該標識を設置する土地の所有者又は管理者の承諾を得るものとする。

3　設置した標識については，点の記を作成するものとする。

（観測，測定，計算及び成果）

第17条　登記基準点における観測及び測定は，地図及び簿冊に別に定める限度以上の誤差が生じないように行うものとする。

2　登記基準点の座標値及び標高は，前項の観測及び測定の結果に基づいて求めるものとし，その結果は，登記基準点網図及び登記基準点測量成果簿に取りまとめるものとする。

（準用）

第18条　この規程に具体的な定めのない観測方法については，国土交通省公共測量作業規程を準用する。　　　　　　　　　　　〈附則略〉

【21】 登記基準点測量作業規程運用基準

第1章　総則

（目的）―規程第1条

第1条　登記基準点測量作業規程の運用については，この運用基準に定めるところによる。

（器械及び器材）―規程第5条

第2条　登記基準点測量に用いる器械及び器材は，別表第1に定める性能又は規格を有するものでなければならない。

2　観測に使用する機器は，所定の検定を受けたものとし，適宜，点検及び調整するものとする。

第2章　現地踏査

（現地踏査）―規程第7条

第3条　規程第9条に掲げる基準点等の現地踏査においては，収集した資料に基づいて，基準点標識の保存状態並びに登記基準点測量の基礎とすることの可否について調査を行うものとする。

第3章　登記基準点測量
第1節　総　則

（登記基準点測量の準備）―規程第8条

第4条　登記基準点測量の計画においては，基準点及び登記基準点の配置及び精度並びに世界測地系への座標変換の必要性についてまとめるとともに，登記基準点の位置及び路線の選定方法に基づいて測量の計画図（以下「平均計画図」という。）を作成するものとする。

（既知点の種類等）―規程第3条

第5条　既知点の種類，既知点間の距離及び新点間の距離は別表第4に定めるところによる。

（基準点等の座標変換）―規程第9条

第6条　登記基準点測量の基礎として基準点等を使用する場合において，当該基準点等が測量法第11条に定める基準に適合していない場合は，別表第2により座標変換を行うものとする。

（登記基準点の点検測量）―規程第12条

第7条　登記基準点の点検測量は，別表第3に定めるところによる。

第2節　登記基準点測量

（登記基準点測量）―規程第8条

第8条　登記基準点測量の作業方法は別表第5に定めるところによる。

（標識の規格及び設置方法）―規程第16条

第9条　登記基準点測量の標識の規格及び設置方法は，別表第6に定めるところによる。

2　3～4級登記基準点には，標杭を用いることができる。

（観測，測定及び計算）―規程第17条

第10条　登記基準点測量における観測及び測定は，必要に応じて，水平角，鉛直角，器械高，目標の視準高，距離，温度，気圧，基線ベクトル及び高低差についても行うものとする。測標水準測量は直接水準測量により行うものとするが，地形，その他の状況により間接水準測量を併用することができる。

2　前項における観測及び測定の方法は，別表第7に定めるところによる。

3　観測における許容範囲は，別表第8のとおりとする。

4　観測及び測定において偏心がある場合には，別表第9に定めるところにより，偏心要素を測定するものとする。

5　計算の単位は，別表第10に定めるところによる。

6　点検計算の許容範囲は，別表第11に定めるところによる。

7　平均計算は，別表第12に定めるところによる。

（成果）―規程第17条

第11条　登記基準点測量の成果は，次に掲げるものを標準とする。

(1)　成果表
(2)　登記基準点網図
(3)　観測手簿
(4)　観測記簿
(5)　計算簿
(6)　点の記
(7)　建標承諾書
(8)　精度管理表
(9)　点検測量簿
(10)　平均図
(11)　測量標の地上写真
(12)　基準点現況調査報告書
(13)　その他の資料

【22】　登記基準点測量作業規程運用基準別表

別表第1　登記基準点測量に用いる器械及び器材の性能又は規格（運用基準第2条第1項）
観測に使用する機器は，次表に掲げるもの又はこれらと同等以上のものを標準とする。

区　分	性　能	摘　要
1級トータルステーション		1～4級登記基準点測量
2級トータルステーション		2～4級登記基準点測量

3級トータルステーション		4級登記基準点測量
1級GNSS測量機		1～4級登記基準点測量
2級GNSS測量機		1～4級登記基準点測量
1級セオドライト		1～4級登記基準点測量
2級セオドライト	作業規程の準則別表1による。※	2～4級登記基準点測量
3級セオドライト		4級登記基準点測量
測距儀		1～4級登記基準点測量
3級レベル		測標水準測量
2級標尺		測標水準測量
鋼巻尺	JIS 1級	

※ 作業規程の準則 平成20年国土交通省告示第413号

別表第2 基準点等の座標変換（運用基準第6条）

座標変換の方法については，「測地成果2000導入に伴う公共成果座標変換マニュアル」（国土地理院技術資料A1-No.244）を準用する。この場合において，当該マニュアル第2章第5節「地域ごとに適合した変換パラメーターによる座標変換」により座標変換した任意の点の座標値と当該点を再計算又は改測によって座標変換したときの差異（以下「外部誤差」という。）を求めたときの限度は次表によるものとする。

外部誤差の限度

平均二乗誤差	2 cm
公差	6 cm

別表第3 点検測量（運用基準第7条）

点検測量率は，次表を標準とする。

測量種別	率
1・2級登記基準点測量	10%
3・4級登記基準点測量	5%

別表第4 登記基準点測量の，既知点の種類，既知点間及び新点間の距離は，次表を標準とする。（運用基準第5条）

1. 既知点の種類，既知点間及び新点間の距離は，次表を標準とする。

区分　　　　　　　項目	既知点の種類	既知点間距離（m）	新点間距離（m）
1級登記基準点測量	電子基準点 一～四等三角点 1級基準点 1級登記基準点	4,000	1,000
2級登記基準点測量	電子基準点 一～四等三角点 1～2級基準点 1～2級登記基準点 街区三角点	2,000	500
3級登記基準点測量	電子基準点 一～四等三角点 1～2級基準点 1～2級登記基準点 地籍図根三角点 街区三角点	1,500	200

4級登記基準点測量	電子基準点 一～四等三角点 1～3級基準点 1～3級登記基準点 地籍図根三角点 地籍図根多角点 街区三角点 街区三角節点 街区多角点	500	50

2．3～4級登記基準点測量における既知点は，厳密水平網平均計算及び厳密高低網平均計算又は三次元網平均計算により設置された同級の基準点を既知点とすることができる。ただし，使用する既知点数の1/2以下とする。

種　　別	相当する公共基準点	相当する街区基準点	相当する図根点
3級登記基準点	3級基準点	街区三角節点 街区多角点	地籍図根多角点
4級登記基準点	4級基準点	街区多角節点	地籍細部図根点

3．既設の登記基準点から直接一筆地の筆界点を測量することが困難な場合は，別表13・14の方式により登記補助点を設置する。許容誤差等については別表第15によることができる。

4．1級登記基準点測量においては，既知点を電子基準点（付属標を除く。以下同じ。）のみとすることができる。この場合，既知点間の距離の制限は適用しない。ただし，既知点とする電子基準点は，作業地域に最も近い2点以上を使用するものとする。

別表第5　作業方法（運用基準第8条）

1．作業方法は，次表を標準として行うものとする。

区分／項目	1級登記 基準点測量	2級登記 基準点測量	3級登記 基準点測量	4級登記 基準点測量
結合多角方式／1個の多角網における既知点数	$2+\dfrac{新点数}{5}$ 以上（端数切上げ）		3点以上	
	ただし，電子基準点のみを既知点とする場合はこの限りでない。	――――		
単位多角形の辺数	10辺以下	12辺以下	――――	
路線の辺数	5辺以下	6辺以下	7辺以下	10辺以下
	伐採樹木及び地形の状況等によっては，辺数を増やすことができる。			
節点間の距離	250m以上	150m以上	70m以上	20m以上
路線長	3km以下	2km以下	1km以下	500m以下
	GNSS測量機を使用する場合は5km以下とする。			
偏心距離の制限	$S/e≧6$　S：測点間距離　e：偏心距離			
路線図形	多角網の外周路線に属する新点は，外周路線に属する隣接既知点を結ぶ直線から外側40°以下の地域内に選点することを原則とする。路線の中の夾角は，60°以上を原則とする。ただし，地形の状況によりやむを得ないときは，この限りではない。		多角網の外周路線に属する新点は，外周路線に属する隣接既知点を結ぶ直線から外側50°以下の地域内に選点することを原則とする。路線の中の夾角は，60°以上を原則とする。ただし，地形の状況によりやむを得ないときは，この限りではない。	
平均次数	――――	――――	簡易水平網平均計算を行う場合は平均次数を2次までとする。	

注1．路線とは，既知点から他の既知点まで，既知点から交点まで，又は交点から他の交点までをいう。
　2．単位多角形とは，路線によって多角形が形成され，その内部に路線をもたない多角形をいう。
　3．3～4級登記基準点測量において，条件式による簡易水平網平均計算を行う場合は方向角の取付を行う。
　4．1級登記基準点測量において，既知点を電子基準点のみとする場合は，路線長の制限は適用しない。

項　目	区　分	1級登記 基準点測量	2級登記 基準点測量	3級登記 基準点測量	4級登記 基準点測量
単路線方式	方向角の取付け	既知点の1点以上において方向角の取付を行う。ただし，GNSS測量機を使用する場合は方向角の取付は省略する。			
	路線の辺数	7辺以下	8辺以下	10辺以下	15辺以下
	新点の数	2点以下	3点以下	——	——
	路線長	5km以下	3km以下	1.5km以下	700m以下
	路線図形	新点は，両既知点を結ぶ直線から両側40°以下の地域内に選点することを原則とする。 路線の中の夾角は，60°以上を原則とする。ただし，地形の状況によりやむを得ないときは，この限りではない。		新点は，両既知点を結ぶ直線から両側50°以下の地域内に選点することを原則とする。 路線の中の夾角は，60°以上を原則とする。ただし，地形の状況によりやむを得ないときは，この限りではない。	
	準用規定	節点間の距離，偏心距離の制限，平均次数，路線の辺数制限緩和及びGNSS測量機を使用する場合の路線図形は，結合多角方式の各々の項目の規定を準用する。			

注　1級登記基準点測量において，既知点を電子基準点のみとする場合は，路線長の制限は適用しない。

別表第6　登記基準点の標識の標準規格及び設置方法（運用基準第9条）

区　分	1～2級 登記基準点	3級 登記基準点	凡　　例
金属標の寸法 及び形状D＜L	φ50以上 ×70mm以上	φ30以上 ×50mm以上	
材　　　質	真鍮又はこれと同等以上の合金		
中心標示の方法	直径3mm以下		

1．金属標は　コンクリート柱の頭部に埋め込みにより標示するものとする。
2．コンクリート柱は，金属標の埋め込みが可能な径を有した円筒形またはこれと同等以上のものとし，その長さは40cm以上とする。
3．この方法による設置が困難な場合においては，金属標の頭部のみを接着剤等により固定することを妨げない。

区　分	4級登記基準点	凡　　例
金属標の寸法 及び形状D＞L	座金　　φ40×6mm（d8mm）を標準とする 十字釘　φ15×55mm（d7mm）を標準とし，座金を確実に固定できるもの	
材　　　質	座金　　アルミ合金（耐食性，耐力等に優れたもの）を標準とする 十字釘　鉄（クロームメッキ等耐食処理をしたもの）	
中心標示の方法	直径3mm以下	

別表第7　登記基準点測量における観測及び測定方法等（運用基準第10条第2項）
登記基準点測量における観測及び測定方法
1．TS等観測方法は，次表のとおりとする。

区　分 項　目		1級登記 基準点測量	2級登記基準点測量		3級登記 基準点測量	4級登記 基準点測量
			1級トータルス テーション，セオ ドライト	2級トータルス テーション，セオ ドライト		
水平 角観 測	読　定　単　位	1″	1″	10″	10″	20″
	対　回　数	2	2	3	2	2
	水平目盛位置	0°，90°	0°，90°	0°，60°，120°	0°，90°	0°，90°
鉛直 角観 測	読　定　単　位	1″	1″	10″	10″	20″
	対　回　数	1				
距離 測定	読　定　単　位	1 mm				
	セ　ッ　ト　数	2				

備考　水平角観測において，目盛変更が不可能な機器は，1対回の繰り返し観測を行う。

2．GNSS観測

観測方法	観測時間	データ取得間隔	摘　　要
スタティック法	60分以上	30秒以下	1級登記基準点測量（10km未満）※1 2～4級登記基準点測量
短縮スタティック法	20分以上	15秒以下	3～4級登記基準点測量
キネマティック法	10秒以上	5秒以下	3～4級登記基準点測量
RTK法	10秒以上	1秒	3～4級登記基準点測量
ネットワーク型 RTK法	10秒以上	1秒	3～4級登記基準点測量
備　　考			※1　観測距離が10kmを超える場合は，節点を設けるか，1級GNSS測量機により 　　　120分以上の観測を行うものとする。 ※2　10エポック以上のデータが取得できる時間とする。 ※3　FIX解を得てから10エポック以上のデータが取得できる時間とする。

観測方法による使用衛星数は，次表を標準とする。

観測方法 GNSS 衛星の組合せ	スタティック法	短縮スタティック法 キネマティック法 RTK法 ネットワーク型RTK法
GPS衛星	4衛星以上	5衛星以上
GPS衛星及び GLONASS衛星	5衛星以上	6衛星以上
摘　　要	1　GLONASS衛星を用いて観測する場合は，GPS衛星及びGLONASS衛星を，それ 　　ぞれ2衛星以上用いること。 2　スタティック法による10km以上の観測では，GPS衛星のみを用いて観測する場 　　合は5衛星以上とし，GPS衛星及びGLONASS衛星を用いて観測する場合は6衛星 　　以上とする。	

別表第8　観測における許容範囲（運用基準第10条第3項）

観測における許容範囲は，次表を標準とする。

項　目	区　分	1級登記 基準点測量	2級登記基準点測量		3級登記 基準点測量	4級登記 基準点測量
			1級トータル ステーショ ン，1級セオ ドライト	2級トータル ステーショ ン，2級セオ ドライト		
水平角観測	倍　角　差	15″	20″	30″	30″	60″
	観　測　差	8″	10″	20″	20″	40″
鉛直角観測	高度定数の較差	10″	15″	30″	30″	60″
距離測定	1セット内の 測定値の較差	2 cm				
	各セットの 平均値の較差	2 cm				

測標水準	往復観測値の較差	$20\text{mm}\sqrt{S}$
備　考		Sは観測距離（片道，km単位）とする

別表第9　登記基準点の観測及び測定において偏心がある場合（運用基準第10条第4項）

1．偏心角の測定は，次表を標準とする。

偏心距離	機器及び測定方法	測定単位	点検項目・許容範囲
30cm未満	偏心測定紙に方向線を引き，分度器によって偏心角を測定する。	1°	
30cm以上 2m未満	偏心測定紙に方向線を引き，計算により偏心角を算出する。	10′	
2m以上 10m未満	トータルステーション又はセオドライトを用いて別表第7に準じて測定する。	1′	倍角差　120″ 観測差　90″
10m以上 50m未満		10″	倍角差　60″ 観測差　40″
50m以上 100m未満		1″	倍角差　30″ 観測差　20″
100m以上 250m未満			倍角差　20″ 観測差　10″

2．偏心距離の測定は，次表を標準とする。

偏心距離	機器及び測定方法	測定単位	点検項目・許容範囲
30cm未満	物差により測定する。	mm	
30cm以上 2m未満	鋼巻尺により2読定，1往復を測定する。	mm	往復の較差　5mm
2m以上 50m未満			
50m以上	トータルステーション又は測距儀を用いて別表第7に準じて測定する。	mm	別表第8に準ずる。

3．本点と偏心点間の高低差の測定は，次表を標準とする。

偏心距離	機器及び測定方法	測定単位	点検項目・許容範囲
30cm未満	独立水準器を用いて，偏心点を本点と同標高に設置する。	—	
30cm以上 100m未満	4級水準測量に準じて測定する。ただし後視及び前視に同一標尺を用いて，片道観測の測点数を1点とすることができる。	mm	往復の較差$20\text{mm}\sqrt{S}$
	4級登記基準点測量の鉛直角観測に準じて測定する。ただし，正，反方向の鉛直角観測に代えて，器械高の異なる片方向による2対回の鉛直角観測とすることができる。	20″	高度定数の較差60″ 高低差の正反較差 10cm
100m以上 250m未満	4級水準測量に準じて測定する。	mm	往復の較差$20\text{mm}\sqrt{S}$
	2～3級登記基準点測量の鉛直角観測に準じて測定する。	10″	高度定数の較差30″ 高低差の正反較差 15cm
備　考	Sは測定距離（km単位）とする。		

4．GNSS観測において，偏心要素のための零方向の視通が確保できない場合は，方位点を設置することができる。

　　GNSS観測による方位点の設置距離は200m以上で，かつ，偏心距離の4倍以上を標準とする。観測は別表第7に準ずる。

別表第10　登記基準点における計算の単位及び計算値（運用基準第10条第5項）
　計算は，次表に掲げる桁まで算出する。
1．TS等観測

区分 項目	平面直角座標	経緯度	標 高	ジオイド高	角 度	辺 長
単位	m	秒	m	m	秒	m
位	0.001	0.0001	0.001	0.001	1	0.001

2．GNSS観測

項目	単 位	位
基線ベクトル成分	m	0.001

別表第11　点検計算の許容範囲（運用基準第10条第6項）
　点検計算の許容範囲は，次表を標準とする。
1．TS等観測

区 分 項 目	1級登記基準点測量	2級登記基準点測量	3級登記基準点測量	4級登記基準点測量
結合多角・単路線 水平位置の閉合差	$10cm+2cm\sqrt{N}\Sigma S$	$10cm+3cm\sqrt{N}\Sigma S$	$15cm+5cm\sqrt{N}\Sigma S$	$15cm+10cm\sqrt{N}\Sigma S$
結合多角・単路線 標高の閉合差	$20cm+5cm\Sigma S/\sqrt{N}$	$20cm+10cm\Sigma S/\sqrt{N}$	$20cm+15cm\Sigma S/\sqrt{N}$	$20cm+30cm\Sigma S/\sqrt{N}$
単位多角形 水平位置の閉合差	$1cm\sqrt{N}\Sigma S$	$1.5cm\sqrt{N}\Sigma S$	$2.5cm\sqrt{N}\Sigma S$	$5cm\sqrt{N}\Sigma S$
単位多角形 標高の閉合差	$5cm\Sigma S/\sqrt{N}$	$10cm\Sigma S/\sqrt{N}$	$5cm\Sigma S/\sqrt{N}$	$5cm\Sigma S/\sqrt{N}$
標高差の正反較差	30cm	20cm	15cm	10cm

（注）　N：辺数　　ΣS：路線長（km）

2．GNSS観測
（1）　環閉合差及び各成分の較差の許容範囲

区 分	許 容 範 囲		備 考
基線ベクトルの環閉合差	水平（ΔN，ΔE）	$20mm\sqrt{N}$	N：辺数 ΔN：水平面の南北方向の閉合差 ΔE：水平面の東西方向の閉合差 ΔU：高さ方向の閉合差
	高さ（ΔU）	$30mm\sqrt{N}$	
重複する基線ベクトルの較差	水平（ΔN，ΔE）	20mm	
	高さ（ΔU）	30mm	

（2）　電子基準点のみの場合の許容範囲

区 分	許 容 範 囲		備 考
結合多角 又は単路線	水平（ΔN，ΔE）	$60mm+20mm\sqrt{N}$	N：辺数 ΔN：水平面の南北方向の閉合差 ΔE：水平面の東西方向の閉合差 ΔU：高さ方向の閉合差
	高さ（ΔU）	$150mm+30mm\sqrt{N}$	

別表第12　平均計算（運用基準第10条第7項）
1．平均計算は，次に定めるところにより行うものとする。
（1）　TS等観測による1～2級登記基準点測量
　①　水平位置は，厳密水平網平均計算を行って求める。

② 標高は，厳密高低網平均計算を行って求める。

(2) TS等観測による3～4級登記基準点測量

① 水平位置は，厳密水平網平均計算又は簡易水平網平均計算を行って求める。

② 標高は，厳密高低網平均計算又は簡易高低網平均計算を行って求める。

(3) GNSS観測による，1～4級登記基準点測量における水平位置及び標高は，三次元網平均計算を行って求める。

2. 既知点1点を固定するGNSS測量機による場合の三次元網平均計算（以下「仮定三次元網平均計算」という。）を次のとおり行う。ただし，既知点が電子基準点のみの場合は省略することができる。

(1) 仮定三次元網平均計算の重量（P）は，次のいずれかの分散・共分散行列の逆行列を用いる。

① 基線解析により求められた値。ただし，全ての基線解析方法・解析時間が同じ場合に限る。

② 水平及び高さの分散を固定値として求めた値

ただし，分散の固定値は，$d_N = (0.004\mathrm{m})^2$　$d_E = (0.004\mathrm{m})^2$　$d_U = (0.007\mathrm{m})^2$とする。

(2) 仮定三次元網平均計算による許容範囲は，次のいずれかによる。

① 基線ベクトルの各成分による許容範囲は，次表を標準とする。

区　分　項　目	1級登記基準点測量	2級登記基準点測量	3級登記基準点測量	4級登記基準点測量
基線ベクトルの各成分の残差	20mm			
水平位置の閉合差	$\Delta S = 10\mathrm{cm} + 4\mathrm{cm}\sqrt{N}$　ΔS：既知点の成果値と仮定三次元網平均計算結果から求めた距離　　N：既知点までの最少辺数（辺数が同じ場合は，路線長の最短のもの）			
標高の閉合差	$25\mathrm{cm} + 4.5\mathrm{cm}\sqrt{N}$を標準とする。　　N：辺数			

② 方位角，斜距離，楕円体比高による場合の許容範囲は，次表を標準とする。

区　分　項　目	1級登記基準点測量	2級登記基準点測量	3級登記基準点測量	4級登記基準点測量
方位角の残差	5秒	10秒	20秒	80秒
斜距離の残差	$20\mathrm{mm} + 4 \times 40^{-6}\mathrm{D}$　D：測定距離（km）			
楕円体比高の残差	$30\mathrm{mm} + 4 \times 40^{-6}\mathrm{D}$　D：測定距離（km）			
水平位置の閉合差	$\Delta S = 10\mathrm{cm} + 4\mathrm{cm}\sqrt{N}$　ΔS：既知点の成果値と仮定三次元網平均計算結果から求めた距離　　N：既知点までの最少辺数（辺数が同じ場合は，路線長の最短のもの）			
標高の閉合差	$25\mathrm{cm} + 4.5\mathrm{cm}\sqrt{N}$を標準とする。　　N：辺数			

3. 既知点2点以上を固定する厳密水平網平均計算，厳密高低網平均計算及び簡易水平網平均計算，簡易高低網平均計算並びに三次元網平均計算は，次のとおり行う。

(1) TS等観測

① 厳密水平網平均計算の重量（P）には，次表の数値を用いる。

1. $m_s = 10\mathrm{mm}$

2. $\gamma = 5 \times 10^{-6}$

3. m_t（次表による）

1級登記基準点測量	2級登記基準点測量	3級登記基準点測量	4級登記基準点測量
1.8″	3.5″	4.5″	13.5″

② 簡易水平網平均計算及び簡易高低網平均計算を行う場合，方向角については各路線の観測点数の逆数，水平位置及び標高については，各路線の距離の総和（単位はkmとし，0.01位までとする。）の逆数を重量（P）とする。

③ 厳密水平網平均計算及び厳密高低網平均計算による各項目の許容範囲は，次表を標準と

する。

項　目＼区　分	1級登記基準点測量	2級登記基準点測量	3級登記基準点測量	4級登記基準点測量
一方向の残差	12″	15″	—	—
距離の残差	8 cm	10cm	—	—
単位重量の標準偏差	10″	12″	15″	20″
新点位置の標準偏差	10cm			
高低角の残差	15″	20″	—	—
高低角の標準偏差	12″	15″	20″	30″
新点標高の標準偏差	20cm			

④　簡易水平網平均計算及び簡易高低網平均計算による各項目の許容範囲は，次表を標準とする。

項　目＼区　分	3級登記基準点測量	4級登記基準点測量
路線方向角の残差	50″	120″
路線座標差の残差	30cm	
路線高低差の残差	30cm	

(2)　GNSS観測

①　ジオイド高は，次の方法により求めた値とする。

ア．国土地理院が提供するジオイドモデルから求める。

イ．アのジオイドモデルが構築されていない地域においては，GNSS観測と水準測量等で求めた局所ジオイドモデルから求める。

②　三次元網平均計算の重量（P）は，別表第12　2.(1)を準用する。

③　三次元網平均計算による許容範囲は，次表を標準とする。

項　目＼区　分	1級登記基準点測量	2級登記基準点測量	3級登記基準点測量	4級登記基準点測量
斜距離の残差	8 cm	10cm	—	—
新点水平位置の標準偏差	10cm			
新点標高の標準偏差	20cm			

別表第13　多角路線の選定の方法（別表第4-3）

1．TS等観測

①　4級以上の基準点を既知点とする単路線方式を原則とする。

②　やむを得ない事情があるときは，辺長100m以内，多角点2点以内の開放多角方式，又は辺長200m以内，多角点10点以内の同一既知点に閉合する単位多角方式により行うことができる。

2．GNSS観測

4級以上の基準点を既知点とする単路線方式を原則とする。

別表第14　観測及び測定の方法（別表第4-3）

1．TS等観測

(1)　単路線方式

① 角の観測

セオドライト及びトータルステーションの種類		最小目盛値 20秒以下
水平角	対回数	1
	輪　郭	任意
	較　差	40″
鉛直角	対回数	1
	定数差	90″

② 距離の測定（原則として下記の補正を行う。）

区　　分		規格条件
測距儀及びトータルステーション	定数補正	要
	気象補正	要
	傾斜補正	要
	測定単位	mm
	読取回数	1セット
	読取値の較差	15mm以内

(2) 放射法による

① 角の観測

セオドライト及びトータルステーションの種類		最小目盛値 20秒以下
水平角	対回数	2
	輪　郭	0°，90°
	倍角差	60″
	観測差	40″
鉛直角	対回数	1
	定数差	60″

② 距離の測定

1 ．(1)②による

2 ．GNSS観測

4級登記基準点測量に準じて行うものとする。

別表第15 計算の単位，点検計算の許容範囲及び平均計算（別表第4―3）

1 ．計算は，次表に掲げる桁まで算出する。

(1) TS等観測

項目	平面直角座標	標　高	角　度	辺　長
単位	m	m	秒	m
位	0.001	0.001	1	0.001

(2) GNSS観測

項　　目	単　位	位
基線ベクトル成分	m	0.001

2 ．点検計算の許容範囲は，次表のとおりとする。

(1) TS等観測

区　　分		許　容　範　囲
結合多角網又は単路線	方向角の閉合差	$50″ + 60″\sqrt{n}$
	水平位置の閉合差	$20cm + 10cm\sqrt{N}\Sigma S$
	標高の閉合差	$20cm + 30cm\Sigma S/\sqrt{N}$
単位多角型	方向角の閉合差	$60″\sqrt{n}$
	水平位置の閉合差	$10cm\sqrt{N}\Sigma S$
	標高の閉合差	$30cm\Sigma S/\sqrt{N}$

(注)　N ：辺数　　　　　　n ：測角数
　　　ΣS ：路線長（km）
　　　方向角の閉合差は，方向角の取付観測を行った場合に適用する。

(2)　GNSS観測
　①　環閉合差及び各成分の較差の許容範囲
　　別表第11①による
3．平均計算
(1)　厳密網平均計算又は三次元網平均計算における重量
　①　GNSS法以外による法
　　4級登記基準点測量による
　②　GNSS法
　　別表第12　2．による
(2)　簡易水平網平均計算及び簡易高低網平均計算
　別表第12　3．②による

【23】地積測量図の作成要領

（日調連調測要領第71条関係）

登記の申請書に添付する地積の測量図（以下「測量図」という。）の作成は，次の要領によるものとする。

1　図式は，別紙に示すものを標準とし墨を用い，0.2mm以下の細線で鮮明に作成する。

2　縮尺は，250分の1を原則とする。この縮尺が適当でないときは，100分の1，500分の1，1000分の1……（500×n）分の1縮尺によることができる。

　前記の縮尺では明確に図示することができない道路，水路等の長狭物や，広大な土地の僅少な部分及び求積のための辺長については，その部分を拡大して図示することができる。この場合，部分拡大図と全体図との間には符合を付けるなどして，相互に関連性をもたせなければならない。

3　方位は，できる限り図面の上方を北方向になるよう記載するものとする。

4　申請地及び隣接地の地番並びに地番界を記入する。隣接地が国有地等，地番のない土地であるときは，その利用目的に従って，「道路」，「水路」などの例により記入し，これにより難い場合は「公有地」，「国有地」などの例による。

　なお，地番が付されている道路，水路などは地番をも記入する。

5　求積の方法及び地積の記載は，次に示すとおりとする。

(1)　求積のための各距離は，小数点以下第3位までは記載し，求積計算で算出された数値は，切り捨てることなく全部記載する。

(2)　宅地，鉱泉地及び10㎡に満たないその他の土地の地積は，100分の1㎡未満の端数を切り捨てて記載する。

(3)　前号以外の土地の地積は，1㎡未満の端数を切り捨てて記載する。

(4)　求積の方法は，原則として座標法によるものとする。数値測量をしている場合は，筆界点の座標値及び筆界点間距離も記載する。

6　分筆登記のための測量図は，分筆線によって分筆後の土地を明らかにしたものでなければならない。この場合，第48条の規定により，いわゆる残地部分についても測量を実施し，その成果及び座標値・筆界点間距離を図示しなければならない。ただし，これにより難い場合は，その限りでない。

7　分筆登記申請の目的地について，登記所に測量図が備え付けられているときは，分筆前の土地の地積として，その測量図に記載されている有効数値のすべてを用いて差引計算することができる。

8　測量図は，分筆前の土地1筆ごとに1図面用紙を用いて作成する。作図は，その右半面に行い，図の余白又は左半面に求積方法，地積及び境界標を記載する。

　所定の縮尺では用紙の右半面に作図することができないときは，昭和52年12月7日民事三発第5940号依命回答六によって作成する。

9　分筆後の各土地に付す符合は，①②③，イロハ，又はⒶⒷⒸの適宜のものを用いて差し支えない。

10　筆界点には，原則として永続性のある境界標を設置し，筆界点に符合を付し，その符合

及び境界標の種類座標値を記載する。

11 地籍調査実施地域で筆界基準杭が設置してある場合は，これを記載する。

12 測量年月日及び測地座標系は，これを記載する。使用与点成果についても記載する。

13 作成年月日は，作成した年月日を記載する。

14 作成者欄には，事務所の所在及び職・氏名を記載し，職印を押印する。

15 申請人欄には，申請人の氏名を記載し，押印する。

申請人が多数の場合には，図の余白又は別紙に全員が押印する。なお，申請人が会社その他の法人であるときは，その法人の代表者又は支店若しくは事務所の長が署名押印する。

16 図式の標準は，次の表によるものとする。

図式の標準（基本三角点等）

名称	図式	線幅	解説
電子基準点	⌓△	0.2	(図)
三角点（1等～4等）	△	0.2	(図)
公共基準点（1級～4級）	⊙	0.2	(図)
図根三角点	▷	0.1	(図)
図根多角点	⊖	0.1	(図)
登記基準点	⊕	0.1	(図)

（単位/mm）

図式の標準（筆界線等）

名称	図式	線幅	解説
筆界基準杭	○	0.2	(図)
筆界点	⊙	0.2	(図)
多角線		0.1	(図)
区画線 交さ記号	＋	0.1	(図)
筆界線		0.2	
隣接地		0.2	
分筆線		0.2	地役権境界も同じ

（単位/mm）

図式の標準（境界標種別等）

名称	図式	線幅	解説
石標	⊡	0.15	(図)
コンクリート標	⊞	0.15	(図)
金属標	⊕	0.15	(図)
金属プレート標		0.15	(図)
刻印標	◇	0.15	(図)
プラスチック標	⊠	0.15	(図)
簡易	⊗	0.15	(図)
その他	○	0.15	(図)
直線上分筆点	◖	0.15	(図)
分割番号	Ⓐ	0.20	(図)
図葉番号	⑭	0.3	(図)
引出線	／	0.20	(図)
図面分割線	―――――	0.20	(図)

（単位/mm）

測点名の参考事例

境界点名の記号　多角点　T　境界点　K
現況点　G　印照点　IN

応用記号　新設境界杭　SK　多角点・引照点併用　TN

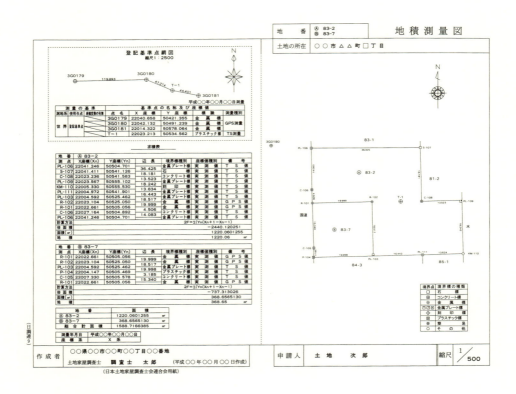

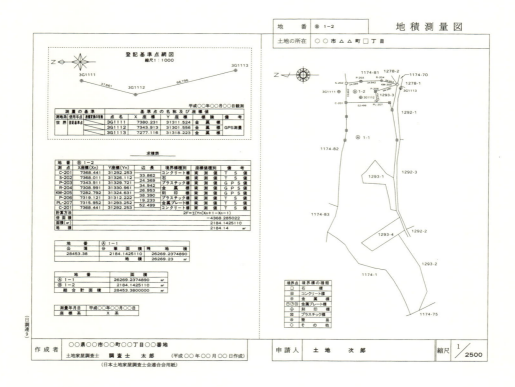

【XML図面の場合／詳細資料１．４．４⑶イ㋐】

■ 筆の描画仕様

主題属性	線種
筆界線	————————————

■ 筆界点の描画仕様

主題属性	マーカ種別	説明（単位※：ミリメートル）
筆界点	筆界点	基点　1.5　0.1

■ 基本三角点等の描画仕様

基本三角点等種別	マーカ種別	説明（単位：ミリメートル）
電子基準点	電子基準点	2.5　0.5　0.3　2.5　2.5　基点　2.5
三角点	三角点	0.1　基点　2.0　3.0　1.0　3.5
公共基準点	公共基準点	基点　2.5　0.1
図根三角点	図根三角点	3.5　1.0　2.0　3.0　基点　0.1
図根多角点	図根多角点	基点　2.5
登記基準点	登記基準点	基点　2.0

■ 恒久的地物の描画仕様

主題属性	マーカ種別	説明（単位※：ミリメートル）
恒久的地物	恒久的地物	基点　1.5　2.0

【24】東日本大震災に伴う地殻変動により停止されていた基準点測量成果の再測量後の成果が公表されたことに伴う地積測量図の作成等における留意点の解説資料について（抄）　　　　　　　　　　　　　　（平成23年12月2日日調連発第348号）

客月29日付け日調連発第342号をもって通知しました標記の地積測量図の作成等における留意点について、別添のとおり解説資料を取りまとめましたので参考までに送付します。

平成23年11月30日
日本土地家屋調査士会

解説資料

２．地積測量図への参考記載例（民事局通知１の地域）

　　以下の各号参考記載例は民事局通知２の各号に対応させています。

（1）前段

　　近傍の基本三角点等の成果値が改定されている場合

　　　＊　測地系は、「世界測地系（測地成果2011）」と記載

測量の基準			既知点の名称及び座標値				備考
測地系	既知点	座標変換	点名	X座標	Y座標	標識	
世界測地系（測地成果2011）	7	街区三角点	－	1001A	1234.567	1234.567	金属標	

（1）後段

　　近傍の基本三角点等の成果値が改定されていない場合

　　　＊　測地系は「世界測地系（測地成果2000）」と記載

　　　＊　成果値が改定されるまでの当分の間は、備考に「地震前の基本三角点等の成果に基づき測量」と記載

測量の基準			既知点の名称及び座標値				備考
測地系	既知点	座標変換	点名	X座標	Y座標	標識	
世界測地系（測地成果2000）	7	街区三角点	－	1001A	1234.567	1234.567	金属標	地震前の基本三角点等の成果に基づき測量

（2）基本三角点等を使用して本年3月11日から10月31日までの間の測量に基づき作成された地積測量図で、測量データが残っていて基本三角点等の成果値が改定されている場合

　　　＊　基本三角点等の座標値を改定された成果値に入れ替え計算し、筆界点座標値を「改算」し、求めます。

　　　＊　測地系は「世界測地系（測地成果2011）」と記載

　　　＊　備考に「筆界点は改定成果値により改算」と記載

測量の基準			既知点の名称及び座標値				備考
測地系	既知点	座標変換	点名	X座標	Y座標	標識	
世界測地系（測地成果2011）	7	街区三角点	－	1001A	1234.567	1234.567	金属標	筆界点は改定成果値により改算

（4）基本三角点等の管理者が成果値の改定を行っておらず、土地家屋調査士が補正ソフトウェア「PatchJGD」と補正パラメータ・ファイルを用いた改算（座標補正）をする場合

　　　＊　測地系は「世界測地系（測地成果2011）」と記載

　　　＊　座標変換は「有」と記載

　　　＊　備考に「補正パラメータの名称」と「バージョン」を記載

測量の基準			既知点の名称及び座標値				備考
測地系	既知点	座標変換	点名	X座標	Y座標	標識	
世界測地系（測地成果2011）	7 街区三角点	有	1001A	1234.567	1234.567	金属標	touhokutaiheiyouoki2011.par.Ver1.0.0

（補足）

※民事局通知の「再測量又はパラメータ変換がされたものであることの記録（使用する基本三角点等の点名の横に記録）」は「世界測地系（測地成果 2011）」の表記で対応させています。

※基本三角点等の管理者が行った成果値の改定の方法は表記しません。

※世界測地系（測地成果2011）に移行したため、世界測地系（測地成果2000）の座標値は、広義の意味で任意座標値として取り扱われることとなります。
なお、この取り扱いに際し、地積測量図に「任意座標」の記載は必要とされていません。

※ 民事局通知2の(4)の「管理者がパラメータ変換を行なったものに準じた取り扱い」を示すため、座標変換欄にその有無及び備考欄にその方式を記しています。

3．不動産登記規則第93条不動産調査報告書への参考記載例
民事局通知2の(3)の「記録」は次の記載例を参考としてください。
＊ 「震災後も筆界の相対的位置関係に移動は生じてない。」を調査報告書Ⅴ編「地積の測量方法に関する情報」内の「報告事項」欄に記載

20	誤差の許容限度	精度区分	□甲1 □甲2 □甲3 □乙1 □乙2 □乙3
		判断の概要	地積更正の必要性 □有 □無　地図訂正の必要性 □有 □無　その他（　　　）
		特記事項	
	報告事項		震災後も筆界の相対的位置関係に移動は生じてない。
総合報告			

(著者注：本記載例は平成19年様式によるものです。)

4．地積測量図への参考記載例（民事局通知1の以外の地域）
＊ 従前の取り扱いの内、測地系を「世界測地系（測地成果 2011）」と記載してください。

（その他）
参考として別紙フローチャートをご利用ください。

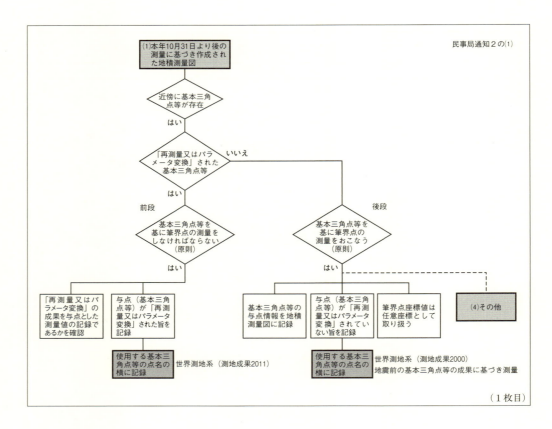

民事局通知2の(1)

(1枚目)

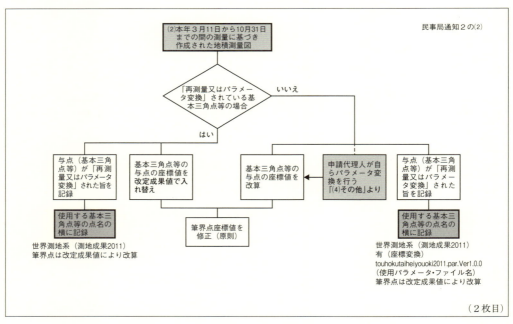

民事局通知2の(2)

(2枚目)

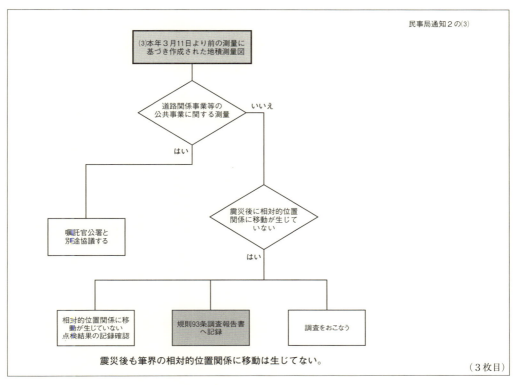

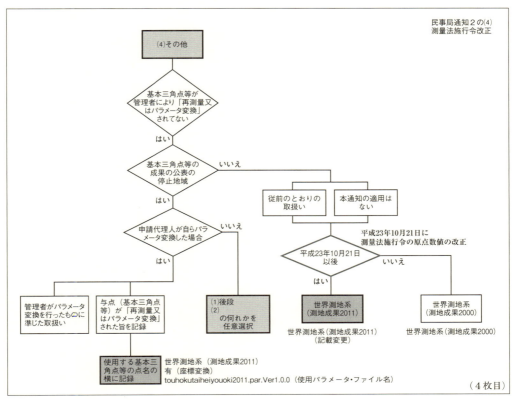

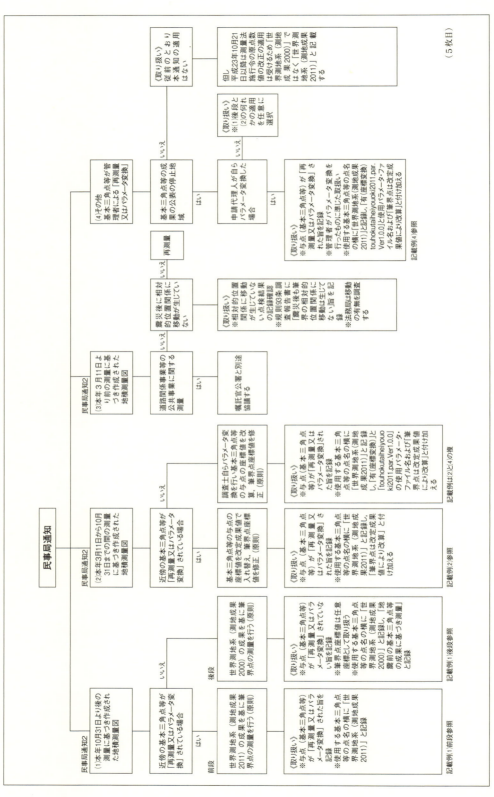

※著者により一部加筆

（5枚目）

278

【25】 平成23年東北地方太平洋沖地震に伴う基準点測量成果の公表が停止された地域における地積測量図の取扱いについて

（平成23年10月7日東京法務局民事行政部首席登記官（不動産登記担当）事務連絡）

標記については，本年３月25日付け当職事務連絡により取扱いを行っているところですが，今般，その取扱いについて，下記のとおりとしたので，貴管下職員に周知するとともに，基本三角点等の成果の活用方につき配意願います。

なお，この事務連絡を発出するに当たっては，東京土地家屋調査士会と協議済みであることを申し添えます。

記

1 標記地震前の測量成果に基づく登記申請について

（1）測量成果の再点検

申請代理人である土地家屋調査士又は土地家屋調査士法人に対し，当該測量成果の再点検を行わせるものとし，相対的位置に変動がない（公差の範囲内）場合は，その旨を不動産登記規則第93条ただし書きの調査報告書に記載させるものとする。（別紙参照）

なお，本取扱いは，官公署等の嘱託についても同様とする。

（2）地積測量図への付記

測量に使用した既設の基本三角点等がある場合には，これを表記するとともに，地積測量図の余白部分に「この測量に使用した基本三角点等は，地震前の○○○の公表成果（日本測地系又は又は世界測地系）を使用したものである。」又は「地震前の基本三角点等の成果（日本測地系又は又は世界測地系）に基づき測量」と記載させるものとする（※○○○は基本三角点等の成果公開先を記載）。（別紙参照）

2 標記地震後の測量成果に基づく登記申請について

基準点の改定の成果が公表されるまでの間は，任意座標による測量成果として取り扱うものとする。

ただし，不動産登記規則第77条第２項による恒久的地物として，地震前の基本三角点等の成果を使用することは差し支えない。この場合の地積測量図への付記については，今後パラメータ変換等を行う際に有効となることから上記1（2）と同様とする。（別紙参照）

【別紙】

	地積測量図における測地系の表記	地積測量図余白の付記の要否	規則93条の調査報告書の記載
地震前に基本三角点等を用いた測量成果	日本測地系又は世界測地系である旨の表記	要 「この測量に使用した基本三角点等は，地震前の○○○の公表成果（日本測地系又は世界測地系）を使用したものである。」又は「地震前の基本三角点等の成果（日本測地系又は世界測地系）に基づき測量」 （※○○○は基本三角点等の成果公開先を記載） 別添１-(1)参照	再点検した結果，多角点及び筆界点の相対的位置関係に変動がない（公差の範囲内）旨の記載 ＊範囲外であれば受理することはできない。 別添１-(2)参照
地震前に任意座標を用いた測量成果	なし （任意座標系）	不要	再点検した結果，筆界点の相対的位置関係に変動がない（公差の範囲内）旨の記載 ＊範囲外であれば受理することはできない。 別添２-(1)参照
地震後に基本三角点等を用いた測量成果	なし （任意座標系）	要（基本三角点を用いた測量成果の場合） 「この測量に使用した基本三角点等は，地震前の○○○の公表成果（日本測地系又は世界測地系）を使用したものである。」又は「地震前の基本三角点等の成果（日本測地系又は世界測地系）に基づき測量」 （※○○○は基本三角点等の成果公開先を記載） 別添３-(1)参照	公差の範囲内である旨の記載は不要 別添３-(2)参照

279

【26】平成28年熊本地震による災害復旧における境界標識等の保存について（依頼）

（平成28年4月21日法務省民二第254号法務省民事局民事第二課長依頼）

標記地震による被災地域において，今後，がれきの除去や倒壊家屋の撤去等の復旧作業が見込まれるところですが，復旧作業の実施に当たっては，土地の境界を示す境界石，コンクリート杭，金属鋲等の境界標識はもとより，塀・石垣の基礎部分，側溝なども土地の位置，境界を確認するために重要な役割を果たすものがありますので，これらについても可能な限り保存するよう関係作業機関等への周知を依頼しました。

ついては，貴会会員が土地関係の相談等に当たる場合にも，この趣旨を踏まえて対応をされるよう関係者に周知方配慮をお願いします。

【27】（参考）基本基準点成果の改定及び公表について

表　基本基準点の対応状況（9月12日現在）

種　別	公表年月日	点　数	備　考
三角点	平成28年8月31日	285点	震源断層に近い地域を再測量した三角点。
	平成28年9月12日	170点	停止範囲全域で再測量した三角点。
		3,598点	停止範囲全域で座標・標高補正パラメータを用いて再計算した三角点。（座標のみ補正したのは3,068点）
		—	補正パラメータを公表（地震断層の周辺地域の局所的で複雑な地殻変動が生じている地域を除く）。
水準点	平成28年8月31日	155点	成果の公表を停止している残りの水準点のうち，74点は地震前の成果を同日付で再公表。その他の点は引き続き公表停止。
	平成28年9月12日	1点	
電子基準点	平成28年5月19日及び6月16日	38点	全ての点で改定後の成果を公表。
	平成28年8月31日	9点	標高成果を改定。
	平成28年9月12日	29点	標高成果を改定。
電子基準点付属標	平成28年9月12日	38点	全ての点で改定後の成果を公表。

（出典：国土地理院ホームページ）

【28】平成28年熊本地震に伴い基準点測量成果の公表が停止された地域における地積測量図の作成等に関する留意点について（通知）

（平成28年4月22日日調連発第28号通知）

標記について，法務省民事局民事第二課長から別添のとおり依頼がありましたので，適切な対応をとられるよう通知します。

なお，各土地家屋調査士会においては，本件の留意点を所属会員に周知いただき，特に関係する土地家屋調査士会においては，管轄の法務局及び地方法務局と十分な打合せをするなど表示に関する登記の申請についての処理に遺漏のないよう配意願います。

また，地積測量図に記載された筆界点の座標値が，地震前の測量成果に基づくものなのか，地震後の測量成果に基づくものなのかが重要となりますので，測量年月日は，必ず記載するようお願いします。

平成28年熊本地震に伴い基準点測量成果の公表が停止された地域における地積測量図の作成等に関する留意点について

（平成28年4月21日法務省民二第334号依頼）

国土交通省国土地理院（以下「地理院」という。）は，本月14日及び16日に発生した標記地震の影響に伴い，熊本県熊本地方及びその周辺で地殻変動が大きかった市町村の基準点測量成果（電子基準点，三角点，水準点）の公表を停止しています。

そこで，その改定の成果が公表されるまでの

間，分筆の登記等に伴って登記所に提出される地積測量図の作成に当たっては，下記の点に留意されるよう，土地家屋調査士会及び同会会員に周知をお願いします。

　また，関係する土地家屋調査士会においては，管轄の法務局及び地方法務局と十分な打合せをするよう指導するなど表示に関する登記の申請についての処理に遺漏のないよう配意願います。

記

1　基準点測量成果の公表が停止された市町村
　(1)　熊本県
　　　天草市及び苓北町を除く全ての市町村
　(2)　大分県
　　　日田市，竹田市，豊後大野市，九重町，玖珠町
　(3)　福岡県
　　　久留米市，八女市，うきは市，広川町
　(4)　長崎県
　　　島原市，雲仙市，南島原市
　(5)　宮崎県
　　　椎葉村
2　基準点測量成果の公表が停止された市町村を管轄する登記所において提出される地積測量図の取扱い
　　基準点測量成果の公表が停止された市町村に所在する不動産に係る分筆の登記等に伴って提出される地積測量図については，以下のとおり取り扱うものとする。
　(1)　筆界点の座標値
　　　当該地積測量図に記録された筆界点の座標値は，「近傍に基本三角点等が存しない場合その他の基本三角点等に基づく測量ができない特別の事情がある場合」（不動産

登記規則（平成17年法務省令第18号。以下「規則」という。）第77条第2項）に該当するものとして，近傍の恒久的地物に基づく測量の成果として取り扱うものとする。

　　したがって，当該地積測量図に記録された筆界点の座標値が既設の基本三角点等に基づいて測量された場合であっても，同座標値は，任意座標値として取り扱うこととなる。

　　ただし，当該地積測量図に記録された筆界点の座標値が既設の基本三角点等に基づいて測量された成果であるときは，土地家屋調査士又は土地家屋調査士法人は，その旨を地積測量図に記録するものとする。
　(2)　地震前の測量成果による筆界点の座標値
　　　当該地積測量図に記録された筆界点の座標値が地震前の測量成果に基づくものである場合において，地震後に，その成果について点検が行われ，その点検結果において相対的位置関係に変動がない（公差の範囲内）と確認されているときは，同座標値は上記(1)と同様に任意座標値として取り扱うものとする。

　　ただし，そのときは，その旨を規則第93条ただし書に規定する土地家屋調査士又は土地家屋調査士法人が作成した不動産に係る調査に関する報告に記録するものとする。
3　その他
　　地理院が基準点の改定を行い，その成果に基づき，地震発生前の座標値から地震発生後の座標値に変換するためのパラメータ等が公表された場合の取扱いについては，追って連絡する。

【29】 平成28年熊本地震に伴い停止されていた基準点測量成果の改定成果が公表されたことに伴う地積測量図の作成等に関する留意点について（通知）

（平成28年10月19日法務省民二第515号通知）

　平成28年熊本地震に伴い基準点測量成果の公表が停止された地域における地積測量図の取扱い等については，本年4月21日付け法務省民二第333号をもって通知したところですが，本年8月31日及び9月12日に国土交通省国土地理院（以下「地理院」という。）は，公表を停止していた基準点の再測量後の成果（以下「改定成果」という。）を公表しました（ただし，再測量をすることができなかった地域の基準点を除

く。また，電子基準点の改定成果については，本年5月19日及び6月16日に公表済み）。

　つきましては，改定成果の公表を踏まえ，分筆の登記等に伴って登記所に提出される地積測量図の作成等に関する留意点を下記のとおり整理しましたので，貴管下登記官に周知願います。

記

1　地理院による改正成果の公表がされた地域
　(1)　熊本県

天草市及び苓北町を除く全ての市町村
(2) 大分県

日田市，竹田市，豊後大野市，九重町，玖珠町
(3) 福岡県

久留米市，八女市，うきは市，広川町
(4) 長崎県

島原市，雲仙市，南島原市
(5) 宮崎県

椎葉村

2　地理院による改定成果の公表がされた地域における地積測量図の作成方法及びその取扱い

地積測量図には，原則として基本三角点等に基づく測量の成果による筆界点の座標値を記録しなければならないとされている（不動産登記規則（平成17年法務省令第18号。以下「規則」という。）第77条第1項第8号）ところ，地理院による改定成果が公表された地域において，分筆の登記等に伴って提出される地積測量図については，当該地積測量図の作成者に対し，次のように求めるものとする。

(1) 改定成果の公表の日より後の測量成果により作成する地積測量図
ア　管理者が近傍の基本三角点の再測量又はパラメータ変換をしている場合

基本三角点等の管理者（以下単に「管理者」という。）が当該測量に当たって使用した近傍の基本三角点等の再測量又は地理院の示す方式による座標変換（以下「パラメータ変換」という。）をしている場合には，地積測量図に記録する当該基本三角点等の点名の横に，再測量又はパラメータ変換がされたものである旨を記録するよう求めるものとする。

なお，この場合の筆界点座標値は，公共座標として取り扱うものとする。
イ　管理者が近傍の基本三角点等の再測量又はパラメータ変換をしていない場合

管理者が，当該測量に当たって使用した近傍の基本三角点等の再測量又はパラメータ変換をしていない場合には，地積測量図に記録する当該基本三角点等の点名の横に，再測量又はパラメータ変換がされていないものである旨を記録するように求めるものとする。

なお，この場合の筆界点座標値は，任意座標として取り扱うものとする。
ウ　地積測量図の作成者がパラメータ変換をしている場合

管理者が，当該測量に当たって使用した近傍の基本三角点等の再測量又はパラメータ変換をしていないものの，地積測量図の作成者である土地家屋調査士又は土地家屋調査士法人（以下「土地家屋調査士等」という。）が自らパラメータ変換をしている場合には，地積測量図に記録する当該基本二角点等の点名の横に，地積測量図の作成者がパラメータ変換をしたものである旨を記録するように求めるものとする。

なお，この場合の筆界点座標値は，公共座標に準ずるものとして取り扱うものとする。

(2) 本年4月16日から改定成果の公表の日までの測量成果により作成する地積測量図
ア　地積測量図の作成者が，公表された改定成果に基づき改算等を行っている場合

地積測量図の作成者が，公表された改定成果に基づき当該測量に当たって使用した近傍の基本三角点等の座標値を改算するとともに筆界点座標値を修正している場合には，地積測量図に記録する当該基本二角点等の点名の横に座標値を改算したものである旨を記録するように求めるものとする。

なお，この場合の筆界点座標値は，公共座標に準ずるものとして取り扱うものとする。
イ　公表された改定成果に基づく改算等がされていない場合

当該測量に当たって使用した近傍の基本三角点等の座標値の改算等が行われていない場合には，地積測量図の作成者に対し，できる限り改算等をするように求めるものとするが，これに応じてもらえないときは，地積測量図に記録する当該基本三角点等の点名の横に座標値を改算していないものである旨を記録するように求めるものとする。

なお，近傍の基本三角点等の座標値の改算等がされていない場合の筆界点座標値は，任意座標として取り扱うものとする。

(3) 本年4月16日より前の測量成果により作成された地積測量図

本年4月16日により前の測量成果により作成された地積測量図については，本年4月21日付け法務省民二第333号当職通知記の2(2)のとおり，地震後に，その成果について点検が行われ，その点検結果において相対的位置関係に変動がない（公差の範囲内）ことが確認されている場合は，任意座標として取り扱うものとする。

ただし，そのときは，その旨を規則第93条ただし書に規定する土地家屋調査士等が作成した不動産に係る調査に関する報告（これと同等の官公署等が作成する調査報告書を含む。）に記録することを求めるものとする。

なお，このような点検・確認がされていない地積測量図が提出された場合には，必要に応じて実地調査を行った上で，その適否を判断するものとする。

(4) 電子基準点に基づく測量成果により作成された地積測量図

改定成果が公表された後の電子基準点に基づき測量がされている場合は，通常の取扱いと異なる点はないが，本年4月16日よりも前の電子基準点を利用した測量成果により作成された地積測量図については，前記(3)と同様に取り扱うものとする。

なお，本年4月16日から改定成果が公表されるまでの間は，電子基準点を利用した測量をすることはできないため，この期間に電子基準点に基づく測量を行ったとする地積測量図の提出があった場合には，当該地積測量図の作成者に内容を確認し，所要の処理をするものとする。

3　地図情報システムの取扱い

地図情報システムに登録されている地図に対して，提出された地積測量図に基づき分筆等の異動修正を行う場合は，登記情報システムに登録されている地図等の筆界点座標値のパラメータ変換がされるまでの間は，按分入力等により行うものとする。

なお，地図情報システムに登録されている地図等のパラメータ変換については，本省側で実施することとして現在手続を進めており，具体的な実施日等は決まり次第別途連絡する。

境界問題相談センター

（2015年4月27日現在）

境界問題センター	郵便番号	所在地	電話番号	法務大臣認証日
さっぽろ境界問題解決センター	064-0804	北海道札幌市中央区南四条西6丁目8番地晴ればれビル8階　札幌土地家屋調査士会内	011-281-8711	（H25.3.15）
土地境界問題相談センター函館	040-0033	北海道函館市千歳町21番13号桐朋会館3階　函館土地家屋調査士会内	0138-26-2020	
旭川境界問題相談センター	070-0032	北海道旭川市2条通17丁目465-1　旭川土地家屋調査士会内	0166-22-5530	
境界問題解決支援センター道東	085-0833	北海道釧路市宮本1丁目2番4号　釧路土地家屋調査士会内	0154-64-5940	
あおもり境界紛争解決支援センター	030-0821	青森県青森市勝田一丁目1番15号　青森県土地家屋調査士会内	017-722-2339	
境界問題相談センターいわて	020-0816	岩手県盛岡市中野一丁目20番33号　岩手県土地家屋調査士会館内	019-908-7830	
みやぎ境界紛争解決支援センター	980-0802	宮城県仙台市青葉区二日町18番3号　宮城県土地家屋調査士会館内	022-225-3804	（H22.3.23）
秋田境界ADR相談室	010-0951	秋田県秋田市山王6-1-1　秋田県土地家屋調査士会内	018-896-1220	
境界ADRセンターやまがた	990-0041	山形県山形市緑町一丁目4番35号　山形県土地家屋調査士会内	023-632-0225	
境界紛争解決支援センターふくしま	960-8131	福島県福島市北五老内町4番22号　福島県土地家屋調査士会館内	024-535-3937	
境界問題解決支援センターいばらき	319-0312	茨城県水戸市大足町1078番地1　茨城土地家屋調査士会内	029-259-7401	（H23.2.8）
境界問題解決センターとちぎ	320-0036	栃木県宇都宮市小幡1丁目4番25号　栃木県土地家屋調査士会内	028-307-2187	（H23.3.29）
境界問題相談センターぐんま	371-0847	群馬県前橋市大友町1丁目6番地6　群馬県土地家屋調査士会内	027-252-3633	
境界問題相談センター埼玉	330-0063	埼玉県さいたま市浦和区高砂4丁目14番1号　埼玉土地家屋調査士会内	048-837-1533	
境界問題相談センターちば	260-0024	千葉県千葉市中央区中央港1丁目23番25号　千葉県土地家屋調査士会館内	043-204-2300	（H21.8.17）
東京土地家屋調査士会境界紛争解決センター	101-0061	東京都千代田区三崎町1丁目2番10号　土地家屋調査士会館　東京土地家屋調査士会内	03-3295-0022	
境界問題相談センターかながわ	220-0003	神奈川県横浜市西区楠町18番地　神奈川県土地家屋調査士会館内	045-290-4505	（H21.10.23）
境界紛争解決支援センターにいがた	951-8068	新潟県新潟市中央区上大川前通6番町1211番地5　三好マンション鏡橋3階　新潟県土地家屋調査士会内	025-378-5444	（H26.5.21）
とやま境界紛争解決支援センター	930-0856	富山県富山市牛島新町8番22号　富山県土地家屋調査士会内	076-413-2040	
境界問題相談センターいしかわ	921-8013	石川県金沢市新神田3丁目9番27号　石川県土地家屋調査士会内	076-291-1125	（H23.11.9）
境界問題相談センターふくい	918-8112	福井県福井市下馬2丁目314番地　福井県土地家屋調査士会館内	0776-33-2770	
境界問題相談センターやまなし	400-0043	山梨県甲府市国母八丁目13番30号　山梨県土地家屋調査士会館内	055-225-3737	
境界問題解決支援センター長野	380-0872	長野県長野市大字南長野妻科399番地2　長野県土地家屋調査士会内	026-232-5501	（H21.12.18）
境界紛争解決センターぎふ	500-8115	岐阜県岐阜市田端町1番地12　岐阜県土地家屋調査士会内	058-245-0236	（H27.4.27）
静岡境界紛争解決センター	422-8006	静岡県静岡市駿河区曲金6丁目16番10号　静岡県土地家屋調査士会館内	054-282-0910	（H22.9.15）
あいち境界問題相談センター	451-0043	愛知県名古屋市西区新道1丁目2番25号　愛知県土地家屋調査士会館内	052-586-1200	（H23.3.29）

境界問題センター	郵便番号	所在地	電話番号	法務大臣認証日
境界問題相談センターみえ	514-0065	三重県津市河辺町3547番地2 三重県土地家屋調査士会館内	059-226-7830	
境界問題解決支援センター滋賀	520-0056	滋賀県大津市末広町7番5号 滋賀県土地家屋調査士会内	077-525-0923	(H21.5.19)
京都境界問題解決支援センター	604-0984	京都府京都市中京区竹屋町通富小路東入魚屋町439番地　京都土地家屋調査士会内	075-221-5258	(H22.4.1)
境界問題相談センターおおさか	540-0023	大阪府大阪市中央区北新町3番5号 大阪土地家屋調査士会館内	06-6942-8750	(H19.12.17)
境界問題相談センターひょうご	650-0017	兵庫県神戸市中央区楠町2丁目1番1号 兵庫県土地家屋調査士会館内	078-341-8280	(H24.7.9)
境界問題相談センター奈良	630-8305	奈良県奈良市東紀寺町2丁目7番2号 奈良県土地家屋調査士会内	0742-22-5711	
境界問題相談センターわかやま	640-8144	和歌山県和歌山市四番丁7番地 和歌山県土地家屋調査士会館内	073-428-0111	
境界問題相談センターとっとり	680-0022	鳥取県鳥取市西町1丁目314番地1 鳥取県土地家屋調査士会館内	0857-22-7032	
境界問題相談センター島根	690-0884	島根県松江市南田町26番地 島根県土地家屋調査士会館内	0852-61-3113	
境界問題相談センター岡山	700-0807	岡山県岡山市北区南方2丁目1番6号 岡山県土地家屋調査士会館内	086-224-8633	
境界問題相談センターひろしま	732-0057	広島県広島市東区二葉の里1丁目2番44号 広島県土地家屋調査士会館内	082-506-1171	
境界問題相談センターやまぐち	753-0042	山口県山口市惣太夫町2番2号 山口県土地家屋調査士会内	083-922-6118	
境界問題解決センターとくしま	770-0823	徳島県徳島市出来島本町2丁目42番5 徳島県土地家屋調査士会館内	088-626-3366	(H21.6.1)
境界問題相談センターかがわ	760-0033	香川県高松市丸の内9番29号　香川県土地家屋調査士会館内	087-821-1890	(H22.10.25)
境界問題相談センター愛媛	790-0062	愛媛県松山市南江戸1丁目4番14号 愛媛県土地家屋調査士会内	089-943-6785	(H20.1.25)
境界問題ADRセンターこうち	780-0928	高知県高知市越前町2丁目7番11号 高知県土地家屋調査士会内	088-875-8477	(H22.10.12)
境界問題解決センターふくおか	810-0073	福岡県福岡市中央区舞鶴3丁目3番4号ライフピア舞鶴201号　福岡県土地家屋調査士会内	092-741-5884	
境界問題相談センターさが	840-0041	佐賀県佐賀市城内2丁目11番10-1号 佐賀県土地家屋調査士会内	0952-65-3201	
境界問題相談センターながさき	850-0031	長崎県長崎市桜町7番6-101号 サンガーデン桜町1階　長崎県土地家屋調査士会内	095-828-0234	
境界紛争解決支援センターくまもと	862-0970	熊本県熊本市渡鹿3丁目14番21号 熊本県土地家屋調査士会内	096-372-5067	
境界紛争解決センター 境界問題相談センター	870-0045	大分県大分市城崎町2丁目3番10号　司調会館2F　大分県土地家屋調査士会内	097-574-7864	
境界問題相談センターみやざき	880-0803	宮崎県宮崎市旭2丁目2番2号 宮崎県土地家屋調査士会内	0985-78-0783	
境界問題相談センターかごしま	890-0064	鹿児島県鹿児島市鴨池新町1番3号司調センタービル　鹿児島県土地家屋調査士会館内	099-214-2958	
おきなわ境界問題相談センター	900-0021	沖縄県那覇市泉崎2丁目1番地4　大建ハーバービューマンション401　沖縄県土地家屋調査士会内	098-836-6767	

【法令・先例・規程・要領・書式等資料索引】

関連告示	頁

作業規程	頁

作成要領・記載要領	頁

運用指針	頁

書式・ひな形	頁

関係機関	頁

著者紹介

【監修者】　國 吉 正 和（くによし　まさかず）

土地家屋調査士／一級建築士／測量士

1954（昭和29）年　東京都生まれ
1977（昭和52）年　早稲田大学理工学部土木工学科卒業
1981（昭和56）年　土地家屋調査士登録
　以後，東京土地家屋調査士会において，研修委員，法令研究委員，理事研修部長，副会長，会長等を歴任。
　日本土地家屋調査士会連合会において，研究室研究員，調査測量実施要領改訂委員，オンライン登記推進室長，常任理事業務部長，常任理事総務部長等を歴任。
　法務省において土地家屋調査士試験委員，総務省において電子政府推進員を歴任。
現　在
　東京土地家屋調査士会名誉会長
　日本土地家屋調査士会連合会制度対策本部員
　東京地方裁判所専門委員，鑑定委員，民事調停委員

【著　者】　内 野　　篤（うちの　あつし）

土地家屋調査士／一級建築士

1962（昭和37）年　東京都生まれ
1985（昭和60）年　早稲田大学理工学部建築学科卒業
1995（平成7）年　土地家屋調査士登録
2003（平成15）年～2009（平成21）年　土地家屋調査士試験委員
2006（平成18）年～現在　東京法務局筆界調査委員
現　在
　東京土地家屋調査士会境界紛争解決センター運営委員
　東京土地家屋調査士会制度対策本部寄附講座専門部会部会員

改訂　表示登記添付情報作成の実務
　　　―地積測量図・調査報告情報―

定価：本体3,200円（税別）

平成23年11月4日　初版発行
平成28年11月29日　改訂版発行

監 修 者　國　吉　正　和
著　　者　内　野　　　篤
発 行 者　尾　中　哲　夫

発行所　日 本 加 除 出 版 株 式 会 社
本　　　社　郵便番号 171-8516
　　　　　　東京都豊島区南長崎 3 丁目 16 番 6 号
　　　　　　TEL （03）3953 - 5757 （代表）
　　　　　　　　（03）3952 - 5759 （編集）
　　　　　　FAX （03）3953 - 5772
　　　　　　URL http://www.kajo.co.jp/
営 業 部　郵便番号 171-8516
　　　　　　東京都豊島区南長崎 3 丁目 16 番 6 号
　　　　　　TEL （03）3953 - 5642
　　　　　　FAX （03）3953 - 2061

組版・印刷　㈱ 郁文 ／ 製本 ㈱ 渋谷文泉閣

第2版
Q&A 表示登記
オンライン申請
の実務

表示登記オンライン申請実務研究会 編著
2015年11月刊 A5判 428頁 本体3,600円＋税 978-4-8178-4274-9

商品番号：40443
略　　号：表オン

- ●利用する際の疑問点、留意点等を167問のQ&Aにまとめた一冊。
- ●手続の流れに沿って実際の画面を掲載し、丁寧かつ実務に活かせる視点で解説。
- ●「ワンポイント」として、申請手続に関わる知識や、パソコン操作に関するテクニック等を紹介。

事例解説 境界紛争
～解決への道しるべ～

大阪土地家屋調査士会「境界問題相談センターおおさか」編
2016年4月刊 A5判 240頁 本体2,300円＋税 978-4-8178-4295-4

商品番号：40620
略　　号：事境

- ●土地家屋調査士と弁護士による実務視点からの解説書。
- ●「どこで迷うか」「何に悩むか」がイメージしやすい対話式での解説を展開。
- ●「初動のあり方」、「資料の収集と分析技法」、「手続選択」、「筆界特定手続・訴訟・ADR」の各留意点を詳説。

山林の境界と所有
資料の読み方から境界判定の手法まで

寳金敏明・右近一男 編著　西田寛・河原光男・西尾光人 著
2016年9月刊 B5判 180頁 本体2,000円＋税 978-4-8178-4338-8

商品番号：40644
略　　号：山境

- ●権利関係の明確化が難しい山林の境界判定につき、境界の第一人者と土地家屋調査士が、理論と実務の両面からその手法と法的問題を解説した唯一の書。
- ●105問のQ&Aで、境界の探索手法、資料の集め方・読み方、境界問題の是正策、紛争の予防と解決、地籍調査、裁判例の傾向などを解説。

日本加除出版

〒171-8516　東京都豊島区南長崎3丁目16番6号
TEL（03）3953-5642　FAX（03）3953-2061（営業部）
http://www.kajo.co.jp/